Sara Hornäk, Susanne Henning (Hgg.)
Das Glatte und das Raue

Sara Hornäk, Susanne Henning (Hgg.)

Das Glatte und das Raue

Transmediale Körper-, Material- und Raumerfahrung

Das Werk einschließlich seiner Teile ist urheberrechtlich geschützt. Jede Verwertung außerhalb der engen Grenzen des Urheberrechtsgesetzes ist ohne Zustimmung des Verlags unzulässig und strafbar. Insbesondere darf kein Teil dieses Werkes ohne vorherige schriftliche Genehmigung des Verlags in irgendeiner Form (unter Verwendung elektronischer Systeme oder als Ausdruck, Fotokopie oder unter Nutzung eines anderen Vervielfältigungsverfahrens) über den persönlichen Gebrauch hinaus verarbeitet, vervielfältigt oder verbreitet werden.

Für alle in diesem Werk verwendeten Warennamen sowie Firmen- und Markenbezeichnungen können Schutzrechte bestehen, auch wenn diese nicht als solche gekennzeichnet sind. Deren Verwendung in diesem Werk berechtigt nicht zu der Annahme, dass diese frei verfügbar seien.

Ein ATHENA-Titel bei wbv Publikation

© 2023 wbv Publikation
ein Geschäftsbereich der
wbv Media GmbH & Co. KG

Gesamtherstellung:
wbv Media GmbH & Co. KG, Bielefeld
wbv.de

Umschlaggestaltung: Susanne Henning nach einem Plakatentwurf von John Morgan

ISBN (Print) 978-3-7639-7385-9
ISBN (E-Book) 978-3-7639-7386-6
Printed in Germany

Bibliografische Information der Deutschen Nationalbibliothek
Die Deutsche Nationalbibliothek verzeichnet diese Publikation in der Deutschen Nationalbibliografie; detaillierte bibliografische Daten sind im Internet über http://dnb.d-nb.de abrufbar.

Inhalt

EINLEITUNG
Sara Hornäk und Susanne Henning — 7

TASTE UND TASTEN
Sara Hornäk — 13

DIES IST MEIN STEIN.
Experiment, Narration und digitale Transformation im Kontext
einer Materialbildung
Sara Burkhardt — 27

ZURÜCK IN DIE ZUKUNFT
Kunstpädagogische Betrachtungen des Skulpturalen im Feld künstlerischer,
sozialer und digitaler Entwicklungen
Susanne Henning — 41

AUF DEM PRÜFSTAND
Tutorials zu künstlerischen Verfahren und Strategien
Jutta Götze und Heike Thienenkamp — 61

TRANSMEDIALE ZUGÄNGE ZUR PLASTIKREZEPTION IN EINEM AGILEN
LERNSETTING
Lars Zumbansen — 69

SUPPORTS/SURFACES_2021
Zeichnung, Malerei und Künstler*innenbuch als digitale und analoge Vorhaben
Annette Hasselbeck und Anke Lohrer — 75

TOUCHING
Potenziale audio-visueller Aufzeichnungen haptischer und
auditiver Phänomene in gestalterisch-künstlerischen Tätigkeiten
Nadia Bader und Michaela Götsch — 89

ZWISCHEN FELDFORSCHUNG UND KARTIERUNG
Maria Jörgens und Stefanie Oelke — 103

TON, STEINE, HANDYS
Christine Moldrickx und Martin Schepers — 115

PERFORMANCE_2021
Transformationen der leiblichen Körper- und Raumerfahrung
in digital erzeugte Bilder
Monique Breuer — 127

SCHALTE DEINE SINNE AN
Wahrnehmungskompetenzen im medial-materiellen Crossover
Tessa Knapp und Susanne Henning — 141

AUTOR*INNEN

Einleitung

Sara Hornäk und Susanne Henning

Die Tagung, aus der dieser Band hervorgegangen ist, fand im September 2021 an der Kunstakademie Düsseldorf statt, inmitten der Covid 19-Pandemie, aber bereits in einer Phase, in der Zusammenkünfte wieder möglich wurden. Die der Pandemie vorangehende Konzeption der Tagung folgt einem von pandemie-bedingten Zuspitzungen unabhängigem kunstpädagogischen Interesse an Fragen nach dem Verhältnis von Digitalität und Kunstunterricht. Wenngleich es sich auch jenseits eines Bezuges zur Pandemie um dringende Fragen handelte und handelt, blieben sie durch diese nicht unbeeinflusst. So bewirkte die Pandemie eine Zäsur, die unseren Blick auf die digitale Transformation unserer Gesellschaft sowie insbesondere auf ein von digitalen Medien beeinflusstes Lernen verändert hat. Diese Transformationen wirken sich sowohl auf Theorien der Medienbildung als auch auf das Nachdenken über die Bedeutung von Präsenz aus. Auf der einen Seite gerieten seither fehlende und ungleich verteilte Ressourcen digitaler Technologien noch stärker in den Blick, die u. a. mitverantwortlich dafür sind, dass das Homeschooling die Bildungsungerechtigkeiten unseres Schulsystems in Deutschland noch einmal massiv verschärft hat. Auf der anderen Seite – und dieser Aspekt zeigt die Relevanz des thematischen Schwerpunkts – wurde während des Lockdowns, dem pandemiebedingten Rückzug und der entsprechenden Verlagerung der Kommunikation und weiter Teile von Bildungsprozessen an Schulen und Hochschulen ins Digitale eine immer wieder formulierte Sehnsucht nach dem Analogen formuliert. Schlagzeilen wie »Nie wieder Bildschirme. Die alte Sehnsucht nach dem analogen Leben kehrt zurück«[1] zeigten eine im Analogen liegende Nostalgie an. In den Feuilletons wurde das Ende aller Zoom Partys und Konferenzen gefeiert und eine Gegenbewegung zum Digitalen hin zu einem Offline-Status ausgerufen.

Jenseits eines in dieser Sehnsucht aufscheinenden dichotomen Verständnis von Analogem und Digitalem, alten und neuen Medien, online und offline, eröffnet dieser Band ein kunstpädagogisches Erkundungsfeld, als dessen künstlerische Befragung sein Cover-Layout betrachtet werden kann.

Dieses Layout geht auf ein Plakat zurück, das John Morgan für die Tagung gestaltet hat. Als Typograph setzt er einen karierten Hintergrund als das Raster, das Photoshop verwendet, um ›Transparenz‹ anzudeuten:

> »The checked background is the code/pattern software like Photoshop uses to indicate ›transparent‹. Something not solid. So here we have an uncertain pixel/dot on a transparent background. All that is solid melts into air… Calculated uncertainty.«[2]

Dieser »berechneten Unsicherheit«, die durch die zunehmende Digitalisierung

---

1 https://www.sueddeutsche.de/kultur/corona-digital-detox-offlining-1.5313585 (06.06.2021) vom 18.11.2022.
2 Aus einer E-Mail von John Morgan an Sara Hornäk vom 18.02.2021.

unserer Lebenswelten entsteht, widmen sich die Texte dieses Bandes, die auf Vorträge und Workshops zurückgehen. Mit künstlerischen Mitteln wird in den Workshops erprobt, auf welche Weise sich unsere grundlegenden ästhetischen Erfahrungen von Materialität, Körper und Raum gewandelt haben. Handelt es sich bei den Prozessen fortschreitender Digitalisierung weiter Lebensbereiche zugleich um Entkörperlichungs-, Entmaterialisierungs- und Enträumlichungsprozesse oder verändert sich unser Bezug zu diesen drei Kategorien nur? Und wann setzt dieser Prozess ein? Beginnt die Epoche der Digitalität ganz plötzlich oder entwickelt sich diese Kultur schon länger aus der Moderne heraus?

Das Verhältnis des Arbeitens mit physisch präsentem Material und die Nutzung digitaler Medien und Verfahren wird innerhalb der künstlerischen Prozesse, die in den Workshops initiiert wurden, ausgelotet. Dabei geht es nicht um einen technisch geprägten Begriff digitaler Bildung, sondern um die Frage, wie Kunstunterricht weitergedacht werden kann, vor dem Hintergrund von Einflüssen, die Digitalität auf die Inhalte und Formen des Unterrichtes hat. Durch ein verändertes Zusammenspiel von Auge und Hand, Wahrnehmung und Erkennen innerhalb digitaler Praktiken ergeben sich neue Aspekte ästhetischer Erkenntnis und ästhetischer Handlungsweisen, die in den Beiträgen dargestellt werden.

SARA HORNÄK geht bei ihren in die Thematik des Bandes einführenden Überlegungen von der eingangs beschriebenen Beobachtung aus, dass sich Perspektiven auf digitale Bildung in kunstpädagogischen Kontexten vor dem Hintergrund der Erfahrungen der Corona-Pandemie verändert haben. Verstärkt stellen sich nun u. a. Fragen nach der Bedeutung von Taktilität und Präsenz, nicht zuletzt im Hinblick auf die soziale Dimension des Lernens im Kunstunterricht. Wie die Autorin in ihrem Beitrag *Taste und Tasten* anhand verschiedener Situationen aufzeigt, lassen sich Taktilität und Präsenz im Kunstunterricht jedoch nicht einseitig dem Analogen und Materiellen zuordnen. Erkennbar werden vielmehr Wechselwirkungen und Verflechtungen von Digitalem und Analogem die ein Erkundungsfeld für künstlerische und gestalterische Prozesse im Kunstunterricht eröffnen.

Als Möglichkeit, dieses Feld kunstdidaktisch zu erschließen, stellt sie ein Seminarprojekt vor, in dem traditionelle und digitale Druck- und Abdruckverfahren miteinander in Beziehung gesetzt werden.

In ihrem Beitrag *»Dies ist mein Stein.« Experiment, Narration und digitale Transformation im Kontext einer Materialbildung* stellt SARA BURKHARDT die Materialsammlung der Burg Giebichenstein Kunsthochschule Halle vor und befragt Chancen, die eine digitale Sammlungsebene eröffnet. Materialien werden an der Burg Giebichenstein nicht nur gesammelt und zugänglich gemacht, vielmehr kann mit ihnen auch an der Schnittstelle von künstlerischen und handwerklichen Praktiken experimentiert werden. Auf diese Weise können Materialien und ihre Transformationen in ihrer Präsenz und Alltäglichkeit sowie in Bezug auf die ihnen inhärenten Konnotationen und Narrationen befragt werden. Durch eine digitale Unterstützung, zu der auch die Vernetzung mit anderen Materialsammlungen gehört, werden die durch die Sammlung eröffneten Erkundungsmöglichkeiten erweitert. Am Beispiel der schweizerischen Sammlung der Stiftung Sitterwerk zeigt Sara Burkhardt auf, wie sich Vernetzungen materieller und digitaler Ebenen von Materialsammlungen perspektivisch weiterentwickeln lassen.

Kunstpädagogischen Implikationen einer Betrachtungsweise, nach der digitale Entwicklungen weniger als Motor, als vielmehr zunächst als Folge gesellschaftlicher und kultureller Entwicklungen begriffen werden, geht SUSANNE HENNING in *Zurück in die Zukunft. Kunstpädagogische Betrachtungen des Skulpturalen im Feld künstlerischer, sozialer und digitaler Entwicklungen* nach. Ausgehend von künstlerischen Arbeiten, die einem erweiterten Felds des Skulpturalen zugeordnet werden können, zeigt sie kunstpädagogische Chancen auf, die sich eröffnen, wenn Interessen, die aus heutiger Perspektive digitalisierungsbedingt erscheinen, anhand kunsthistorischer Betrachtungen nachgegangen wird. Darüber hinaus fragt sie, inwiefern in skulpturalen Produktionen im Kunstunterricht Möglichkeiten der Erkundung und Mitgestaltung digitalisierter Lebenswelten erschlossen werden können und welcher Stellenwert in diesem Zusammenhang Momenten des Taktilen zukommt.

In ihrem Beitrag *Auf dem Prüfstand. Tutorials zu künstlerischen Verfahren und Strategien* fragen JUTTA GÖTZE und HEIKE THIENENKAMP nach dem didaktischen Potential von Tutorials zu künstlerischen Verfahren und Strategien im Kunstunterricht. Anhand von Tutorials, die Erkundungsweisen des Materials Papier an der Schnittstelle von Zwei- und Dreidimensionalität zeigen, wird reflektiert, durch welche Eigenschaften How-To-Videos weniger zum Nachmachen auffordern, als vielmehr das Zustandekommen individueller künstlerischer Prozesse begünstigen können. Gefragt wird außerdem, welche didaktischen Chancen asynchrone Lernprozesse bieten, die durch den Einsatz von Tutorials unterstützt werden. Deutlich wird dabei jedoch auch, welche besonderen Potenziale gemeinsamen Erkundens und Reflektierens in diesen Prozessen ungenutzt bleiben können.

Unter Bezugnahme auf ein Modell des kanadischen Soziologen Erving Goffman, der das Theater als Metapher für alltägliche soziale Interaktion heranzieht, denkt LARS ZUMBANSEN in über einen Kunstunterricht nach, in dem Grenzen zwischen der ›Vorder- und Hinterbühne‹ von Lehr-Lernsituationen aufgelöst werden. Hierzu werden Schüler*innen als Partner*innen in Planungsentscheidungen und Unterrichtsgestaltungen einbezogen. Am Beispiel der Rezeption von Skulpturen, die nicht real betrachtet werden können, zeigt er Chancen auf, die sich bieten, wenn Schüler*innen vor die Aufgabe gestellt werden, unter Einbezug digitaler Technologien selbst Lösungen für didaktische Problemlagen zu entwickeln.

Ausgehend von künstlerischen Strategien der 1970er-Jahre nähern sich ANNETTE HASSELBECK und ANKE LOHRER in *»Supports/Surfaces_2021« – Zeichnung, Malerei und Künstler*innenbuch als digitale und analoge Vorhaben* Fragen der Oberfläche in analogen und digitalen Malprozessen. Vor diesem Hintergrund betrachten sie aktuelle Entwicklungen von Künstler*innenbüchern, in deren Zusammenhang neben hybriden oder digitalen künstlerischen Verfahren auch die Hinwendung zu den sinnlichen Eigenschaften der einzelnen Bestandteile eines Buches beobachtet werden kann. Ein sich so eröffnendes Feld künstlerischer Buchproduktionen jenseits eines dualistischen Verständnisses von analog und digital verweist auf kunstpädagogische Potenziale, die von den Autorinnen erschlossen und im Beitrag anhand praktischer Beispiele aufgezeigt werden.

Am Beispiel experimentellen sowie explorativen Arbeitens mit Tutorial- und ASMR-Videos zeigt der Beitrag *Touching – Potenziale audio-visueller Aufzeichnungen haptischer und auditiver Phänomene in gestalterisch-künstlerischen Tätigkeiten* von NADIA BADER und MICHAELA GÖTSCH auf, inwiefern sich körperliche, taktile und auditive Aspekte ästhetischer Wahrnehmung und gestalterisch-künstlerischen Arbeitens videografisch aufzeichnen und vermitteln lassen. Dabei geraten mediale Transformationsprozesse in den Blick, die die Eigenheiten spezifischer medialer und ästhetischer Ausdrucks- und Darstellungsmöglichkeiten anerkennen und nutzen. Auf ihrer Basis können kunstpädagogischen Chancen einer Auseinandersetzung mit ASMR-Phänomenen im Kunstunterricht reflektiert werden.

In ihrem Beitrag *Zwischen Feldforschung und Kartierung* gehen MARIA JÖRGENS und STEFANIE OELKE der Frage nach, wie sich urbane Räume in kunstpädagogischen Kontexten erschließen lassen, um Erfahrungswelten von Schüler*innen zu erweitern und soziale Teilhabe zu unterstützen. Hierzu verschaffen sich die Autorinnen zunächst einen Überblick über zeitgenössische Formen künstlerischer Stadterkundungen. Die so erkennbar werdenden künstlerischen Perspektiven, Fragestellungen und Erkundungsweisen bilden die Grundlage kunstdidaktischer Überlegungen, in denen Verbindungen analoger und digitaler Möglichkeiten der Orientierung und Navigation, des Beobachtens, Dokumentierens und Transformierens sowie nicht zuletzt des Sammelns und Teilens urbaner Erfahrungen einen wichtigen Fokus bilden.

Den Ausgangspunkt der Überlegungen von CHRISTINE MOLDRICKX und MARTIN SCHEPERS in *Ton, Steine, Handys* bildet der Begriff des Digitalen in seinen unterschiedlichen Bedeutungsebenen. Anhand von Abbildungen wird eine Praxis vom Künstlerischen ausgehender Kunstpädagogik vorgestellt, in deren Kontext das Verständnis digitaler Verfahren um eine analoge Komponente erweitert wird. Vorgestellt wird hierzu ein kunstpädagogisches Setting, in dem das Digitale nicht nur als Nutzung digitaler Geräte, sondern insbesondere als digitale Erkundung des Materials Ton im Sinne eines tastenden Arbeitens mit den Fingern einbezogen wird. Exemplarisch erkennbar werden so Verschränkungen analoger und digitaler Momente zeitgenössischen künstlerischen Arbeitens, die kunstdidaktische Perspektiven erweitern können.

Die Basis von MONIQUE BREUERs Beitrag *Performance_2021. Transformationen der leiblichen Körper- und Raumerfahrung in digital erzeugte Bilder* bilden ihre Erfahrungen der Performance-Vermittlung in der Distanz-Lehre der Pandemiezeit. Dabei interessiert sie sich vor allem für Einflüsse, die Online-Konferenz-Settings auf das räumliche Erleben, die Bewegungsmuster und leiblichen Interaktionserfahrungen der Teilnehmenden haben. Um diese Veränderungen als Erkundungsfeld der Performancearbeit zu erschließen, entwickelt sie das Konzept eines einen Quadratmeter großen künstlerisch-gestalterischen Raums im privaten Umfeld, der zum Aktionsraum performativen Arbeitens wird und dabei grundlegende Fragen nach medialen Präsentationsmöglichkeiten aufwirft. Erkennbar wird, dass dieses Herangehen auch jenseits notwendiger Distanzlehre besondere Chancen eröffnet, um die Lebenswirklichkeiten der Lernenden in die Performance-Vermittlung einzubeziehen.

Mit Möglichkeiten, die Wahrnehmungen physisch-materieller und digitaler Medien in ihrer Verschränkung zu erkunden, befassen sich SUSANNE HENNING und TESSA KNAPP in »*Schalte Deine Sinne an*« – Wahrnehmungskompetenzen im medial-materiellen Crossover. Auf der Basis medientheoretischer und medienästhetischer Überlegungen gehen die Autorinnen Erkenntnis- und Erfahrungschancen nach, die sich eröffnen, wenn fotografisches und filmisches Arbeiten mit physisch präsentem Material hinsichtlich seiner transformatorischen Dimensionen erkundet wird. Bezugnehmend auf Überlegungen Gert Selles und diese aktualisierend wird darüber nachgedacht, wie in kunstpädagogischen Kontexten medienkünstlerische Prozesse initiiert werden können, in denen an den Schnittstellen materieller und medialer Momente Neues entsteht.

Wir danken der Kunstakademie Düsseldorf für die finanzielle Unterstützung der Publikation, Antonia Hermes für die Unterstützung beim Lektorat, John Morgan für die ursprüngliche Plakatgestaltung, an die sich das Cover anlehnt, und Saskia Martin und der Druckwerkstatt für die Hilfe beim Druck des Umschlags.

Taste und Tasten

Sara Hornäk

»Touch Me, Screen«

Während und nach den coronabedingten Lockdowns hat sich eine Art Erschöpfung ausgebreitet, die der Anfangseuphorie gegenüber dem breiten Spektrum digitalen Lernens gewichen ist. In der an vielen Stellen konstatierten Sehnsucht nach dem Analogen wird ein Modus des Bedauerns über diesen Verlust sichtbar. Mit dem fast flehenden Ausruf »Touch me, screen«, betitelte die Studentin Karen Modrei ihren Text im Magazin *Wormhole*, in dem sie über Berührungen nachdenkt, ihre Einsamkeit und Isolation vor dem Bildschirm sowie die fehlende Interaktion zwischen ihrem Körper und diesem beschreibt: »the reason why I do not feel touched by my smartphone lays in the relationship we have«.[1] Lassen sich Beziehungen auch ohne direkten Blickkontakt und ohne »Berührung« herstellen? Welche Form der Präsenz und welche Art von sozialem Gefüge lassen sich im digitalen Raum erzeugen?

Dass auch Lernen Beziehungsarbeit ist, die nicht ohne persönlichen Kontakt denkbar ist, wissen wir heute mehr denn je, nicht nur in den Schulen, sondern auch in den Hochschulen, in denen der Präsenzmodus nicht selbstverständlich zurückgekehrt ist.

Präzise beobachtet Dora Celentano eine vom Bildschirm erzeugte Distanz in ihren mit Hilfe einer Zeichenapp entstandenen Bildern.

Als Studentin im Praxissemester verbringt sie 2021 weite Teile im Homeoffice und erhält dabei einen sehr spezifischen Blick auf das Phänomen des Homeschoolings und den entsprechend angepassten Kunstunterricht. Das Agieren der Schüler*innen lässt sich nur über den Bildschirm wahrnehmen. In ihrem digitalen

Abb. 1: Dora Celentano, Skizzen von Schüler*innen am Bildschirm, Forschungsarbeit im Praxissemester zum Thema »Notation als systematisches und symbolisches Aufzeichnungssystem zur Reflexionsgrundlage im Kunstunterricht.«, 2020

---

1 Vgl. Modrei, Karen: »Touch Me, Screen«, in: Mira Mann/Anna R. Winder: Wormhole, Issue II – Between the Lines, S. 35.

Skizzenbuch zeichnet sie in Form von »Notationen« die besondere Atmosphäre des Unterrichts auf und erforscht und reflektiert die Prozesse digitalen Lehrens und Lernens mit künstlerischen Mitteln.

Es bildet sich in dieser Zeit der digitalen Durchdringung von Bildungsprozessen ein Bedürfnis nach körperlicher, räumlicher und persönlicher Präsenz und nach Beziehungen heraus, das nie zuvor so deutlich formuliert wurde. Johannes Bilstein und Diemut Schilling beschreiben in einem schon 2019 erschienenen Text mit dem Titel *Die Herrschaft der Finger – Digitalisierung in den Künsten und Kunstakademien* die digitalisierungsbedingte Veränderung der leiblichen Erfahrung von Kunststudierenden an der Akademie folgendermaßen:

> »Veränderte Sinnlichkeiten, veränderte Räumlichkeiten und veränderte Sozialformen gründen letztlich auf veränderten Formen von Körperlichkeit. Der menschliche Leib, in digitalisierten Zeiten mehr und mehr auf den ›digitum‹ reduziert, wird auch in künstlerischen Kontexten ein anderer; Er wird abstrakter, gerät mehr an die Peripherie der Ereignisse und ist von so vielen Aufgaben – dem Wischen und Pinseln, Tupfen und Schmieren bei der Malerei und dem Hauen und Stechen, Reiben und Klatschen bei der Bildhauerei – entbunden, dass er oft geradezu dramatisch zurückgenommen erscheint.«[2]

Diesen hier aufgemachten Dualismus von Digitalem und Analogem und den beschriebenen Verlust der Leiblichkeit werde ich in diesem Text genauer untersuchen. Dabei soll nicht eine im Ruf nach mehr iPads an den Schulen erkennbar werdende Sicht affirmiert werden, nach der die Digitalisierung unkritisch als Allheilmittel des Bildungssystems und des Kunstunterrichtes betrachtet werden – auch wenn eine technische Ausstattung, die nicht auf Apple reduziert sein sollte, in allen Bildungsinstitutionen wünschenswert wäre. Ebenso wenig soll in einen Klagemodus verfallen werden, der einem Plädoyer für eine kompensatorische Kunstdidaktik gleichkäme und einer Forderung nach einem Zurück zu den Primärerfahrungen. Schon in der Reformpädagogik unter dem Einfluss von Pestalozzi, Fröbel oder Montessori wurde zu Beginn des 20. Jahrhunderts die Bedeutung von Sinnesschulungen und Materialerfahrungen herausgearbeitet, so beispielsweise in den Lehren am Bauhaus bei Moholy-Nagy. Auffällige Parallelen lassen sich beobachten, insofern auch hier Pädagog*innen mit Entfremdungstendenzen argumentierten, für die statt der Digitalisierung die Industrialisierung verantwortlich gemacht wurde.[3] In Zeiten des Umbruchs wird, wie diese Parallele verdeutlicht, verstärkt die Bedeutung des Greifbaren, Tastbaren und Fühlbaren betont. Ich möchte diese sicherlich bedeutenden Versuche allerdings insofern modifizieren, als entgegen einem Entweder-oder das Verhältnis von Digitalem und Analogem in Bildungskontexten über die Frage der Transmedialität neu gedacht werden soll. Den Anlass stellt die Frage nach der viel diskutierten »Präsenz« in beiden Feldern dar.

Bezogen auf die Aspekte Körper, Raum- und Materialerfahrung ist während der Zeit der Lockdowns mehr als deutlich geworden, wie unersetzlich diese sind, aber auch, dass Präsenzerfahrungen in veränderter Form auch im digitalen Raum

---

2 Bilstein, Johannes/Schilling, Diemut: »Die Herrschaft der Finger – Digitalisierung in den Künsten und Kunstakademien« in: RFKB 2019, S. 73–75, S. 75.

3 Vgl. zum Verhältnis von Bauhauslehre zur Reformpädagogik, Bittner, Regina/Klaus, Katja: Gestaltungsproben. Gespräche zum Bauhausunterricht. Leipzig: Spectorbooks 2019, S. 5–12, S. 6.

existieren. Unsere Intention besteht darin, das Analoge und Digitale nicht komplementär, als sich ausschließende Gegensätze zu fokussieren, sondern deren Reziprozität zu verdeutlichen.

Der Titel der Tagung – »Das Glatte und das Raue« – verweist im Sinne dieses Spannungsverhältnis von Analogem und Digitalem zugleich auf die sich in einer Kultur der Digitalität verändernden Sinneswahrnehmungen. Durch den Primat des Sehsinns im Umgang mit Bildschirmen verändert sich die Wahrnehmung der Dinge, ihrer Materialität und ihrer Beschaffenheit. Im Sehen lassen sich die Dinge nicht berühren. Dazu ist der Tastsinn erforderlich. Der Touchscreen stellt per definitionem eine Verbindung beider Sinnesbereiche – der Visualität und der Taktilität dar.

Die Taste

Der Titel »Taste und Tasten« resultiert aus einer früheren Beschäftigung mit der Taste als Form.

Die 2003 aus Ton modellierte und in Beton gegossene Form erinnert an eine einzelne Taste einer externen mechanischen Computertastatur. Ein gut durchdachter Form-Funktions-Zusammenhang der ergonomisch genauen Passung der Taste zur Fingerkuppe wird sichtbar, der hier durch die Vergrößerung und die Transformation in das feste und haltbare Material des Betons noch fokussiert wird. Mit einem geringen Kraftaufwand drückt der Finger die Taste hinunter. Solche Tastaturen sind seltener geworden. Auf unseren Laptoptastaturen werden sie immer flacher, auf den Displays von Smartphone oder Tablet dagegen ist das Drücken einer Taste mit dem dabei spürbaren Widerstand durch ein Antippen oder Wischen ersetzt worden. Mit

Abb. 2: Sara Hornäk, Taste, Beton 90 × 90 × 60cm, 2003

der Veränderung des Drucks und der Handhabung der Geräte hat sich die Qualität der Berührung gewandelt und andere Bewegungsmuster sind innerhalb dieser Touchscreen-Gesten entstanden. Die haptisch greifbare Taste stellt damit ein vom Aussterben bedrohtes Übergangsobjekt von der Apparatur zum smarten Gerät dar.

Michel Serres beschreibt die Generation der Jugendlichen von 2013 in seinem Buch »Erfindet euch neu! Eine Liebeserklärung an die vernetzte Generation« verniedlichend als »kleine Däumlinge«, deren Körper, deren Wahrnehmung und deren Kommunikation sich so verändert habe, dass sie ihm zufolge gar »nicht mehr in derselben Natur, nicht mehr im selben Raum« leben.[4] Doch wird diese neue Form des Tastens der von Serres oder auch Bilstein/Schilling beschriebenen Reduzierung der Leiblichkeit auf die Finger, die sich auf der Oberfläche der Geräte bewegen, der Komplexität der Vernetzung der unterschiedlichen Sinne gerecht oder handelt es sich nicht um eine Betrachtung der reinen Anwendungsebene? Zu fragen ist, auf welche Weise Schüler*innen zu einem kritischen, reflektierten und selbstbestimmten Umgang mit digitalen Medien und Materialien finden können. Dies setzt, wie wir zeigen möchten, einen differenzierteren Umgang mit digitalem *und* analogem Material voraus.

Eine Theorie der Sinne in Zeiten der Digitalisierung

Wir besitzen auf unserer Haut ungefähr 300 bis 600 Millionen Tastsinnrezeptoren, die die eingehenden Berührungsreize in elektrische Impulse verwandeln, die wiederum das Gehirn erreichen und Signale abgeben. Unser Tastsinn wurde als zentraler Wahrnehmungssinn, der hart, weich, kalt, heiß, oder eben glatt und rau unterscheidet, lange unterschätzt. Die Haut fühlt mit Tastsinneszellen oder mit temperaturempfindlichen Nervenzellen, die Berührungen, Wärme oder Druck registrieren, und von denen die meisten in den Fingerspitzen lokalisiert sind. Der Tastsinn, der sich anders als die anderen Sinne nie abschalten lässt, hilft uns, uns im Raum zu orientieren oder Gefahren auszuweichen. Aufgrund der Bedeutung von Bildschirmen, Touchscreens und dem Einfluss digitaler Medien ist eine Veränderung dieser primären Sinneserfahrung zu beobachten, die auf glatte Oberflächen stößt und dabei eine Neu- bzw. Weiterschreibung einer Kulturgeschichte des Tastens erfordert.[5]

---

4   Serres, Michel: Erfindet euch neu! Eine Liebeserklärung an die vernetzte Generation. Berlin: Suhrkamp, 2013, S. 23. Das Buch beschwört in der von ihm hier beschriebenen allseitigen Verfügung von Wissen durch das Netz eine digitale Kultur mit der Chance zur Neuerfindung von Gesellschaft und Bildungssystem herauf. Mit diesem Plädoyer für die Chancen auf Demokratisierung und Enthierarchisierung einer globalen Vernetzung steht Serres ganz in der Tradition der Internet- und Medienhypes der Neunziger Jahre des zwanzigsten Jahrhunderts, das allerdings die Gefahren von politischer Desinformation, von Selbstbezogenheit oder Suchtgefahren übersieht.
Torsten Meyer beruft sich auf Serres' Ausführungen zu den Digital Natives insbesondere mit Blick auf die Generationenunterschiede und hebt dabei die wertschätzende und bewundernde Großvaterperspektive Serres' hervor. http://zkmb/de/nach-dem-internet/ vom 23.02.2023.

5   Vgl. dazu Becker, Barbara: Taktile Wahrnehmung. Phänomenologie der Nahsinne, Paderborn: Wilhelm Fink Verlag 2011; Zürn, Tina/Haug, Stefffen/Helbig, Thomas (Hgg.): Bild, Blick, Berührung, Paderborn: Wilhelm Fink Verlag 2019 oder Ahlers, Lisa Anette /Museum Tinguely, Basel: Prière de toucher. Der Tastsinn der Kunst. Basel: Verlag Bibliothek der Provinz, 2016.

An der Oberfläche

In seinem Text *Die Kunst der Berührung* innerhalb der Anthologie *Auf Tuchfühlung. Eine Wissensgeschichte des Tastsinns* erklärt Antoine Hennion: »Um zum Kern der Dinge zu gelangen, muss man an ihrer Oberfläche bleiben.«[6] Diese Oberfläche kann glatt oder rau sein. Sie sagt viel über die Dinge aus. Häufig wird das Raue als sprödes Material der Vorzeit zuordnet und das Glatte den smarten Oberflächen den neuen Technologien der Gegenwart. Hennion stellt sich in seiner Hinwendung zur berührbaren Oberfläche und zum Außenliegenden einer platonischen Tradition entgegen, der zufolge allein das Tiefe und Innenliegende Sinn und Wahrheit beinhalte und die äußere Oberfläche den bloßen Bereich des Scheins markiere.

Die Hinwendung zur Glätte und damit zur sinnlich wahrnehmbaren Oberfläche erfolgt schon früh. Edmund Burke verweigert sich 1757 in seinen *Philosophische[n] Untersuchungen über den Ursprung unserer Vorstellungen vom Erhabenen und Schönen* einer ontologischen Bestimmung der Dinge und einem metaphysischen Sinn von Schönheit und definiert die Schönheit stattdessen über die Glätte.[7] Schön sei das, was unseren Körper und Geist positiv affiziere: das »Kleine, Glatte, Süße, Weiche, Zarte, das sich allmählich Ändernde und dennoch Abwechslungsreiche«[8]. Während das Raue in seiner Ästhetik der Oberfläche den Bruch markiere, das Stocken des Gefühls, dem die Geschmeidigkeit des Darübergleitens fremd sei, glaubt er in der Glätte den eigentlichen Ort der Schönheit zu erkennen. Zwar mag Burkes Aufzählung glatter, schöner Dinge befremdlich anmuten, das Besondere seiner empirisch begründeten Ästhetik besteht jedoch in seiner Hinwendung zum Sensuellen. In seinem erkenntnis- und wahrnehmungstheoretischen Versuch, darüber eine Definition des Schönen zu formulieren, nimmt Burke vor allem den Bereich des Taktilen in den Blick. Wir benötigen ihm zufolge unseren Tastsinn, um die beschriebene Oberfläche der Glätte nicht nur zu sehen, sondern sie unmittelbar zu erfahren.

Während der Sehsinn als Distanzsinn in den ästhetischen Theorien lange als der wertvollere charakterisiert wurde, der den Menschen einen Überblick verschaffe und der in Bezug auf die Künste der für die Wahrnehmung der Malerei zuständige sei, wurde der Bildhauerei der Tastsinn zugeordnet, der als Nahsinn einen direkten Kontakt zwischen dem im Raum verorteten Objekt und dem Betrachtenden, zwischen Material und Körper herstelle, Berührung und somit eine besondere Präsenz ermögliche.

---

6 Vgl. Hennion, Antoine: »Die Kunst der Berührung«, in: Karin Harrasser (Hg.): Auf Tuchfühlung. Eine Wissensgeschichte des Tastsinns, Frankfurt a. M./New York: Campus Verlag 2017, S. 95–104, S. 98. Hennion ergänzt: »Gewiss, man hat uns so sehr das Gegenteil gelehrt: dass es gälte, hinter die Erscheinungen zu blicken, den Dingen auf den Grund zu gehen, die Fragen zu vertiefen …« (ebd.).

7 Vgl. Hornäk, Sara: »Das Glatte und das Raue. Oberflächenphänomene und Schattenbildung in der Skulptur«, in: Petra Kathke (Hg.): Schatten als Medium künstlerischen Lernens. Hannover: fabrico verlag 2019, S. 362–373. In diesem Text liegt die Perspektive nicht auf Phänomenen der Digitalität, sondern auf der Oberflächengestaltung in der Skulptur und auf entsprechenden ästhetischen Theorien zur Oberfläche bei Künstler*innen wie Rodin, Rosso, Brancusi oder Kapoor. Auch in den Schriften der Künstler*innen wird immer wieder das Thema des Verhältnisses des Glatten zum Rauen verhandelt und die Frage, wie sich Seh- und Tastsinn zueinander verhalten.

8 Burke, Edmund: »Über das Glatte«, in: Ders.: Vom Erhabenen und Schönen, Dritter Teil, 1. Von der Schönheit, Hamburg: Meiner Verlag 1989, S. 154.

Wie aber sieht es mit der Materialität der digitalen Medien, von Film und Video oder Bildschirm und Touchscreen aus, die eher einen distanzierten Blick auf das Flächige erfordern? Der Touchscreen erscheint als hermetisch abgeschlossene Oberfläche in vollendeter Glätte. Doch ist die Fläche der Medien nur scheinbar glatt. Sie ist für Karin Harrasser viel komplexer und mehrdimensionaler als sie auf den ersten Blick erscheint.[9] In ihrer Wissensgeschichte des Tastsinns stellt die Medien- und Kulturwissenschaftlerin die These auf, dass »eine Geschichte der Theorie der Medien und der Künste im 20. Jahrhundert vom Tasten, Greifen, Angreifen, Berühren und Projizieren her« geschrieben werden könne. Sie formuliert: »Den Tastsinn in seiner Medialität zu untersuchen, heißt ihn gerade nicht als einen Retter in der abendländischen Not, als Retter vor der Austreibung des Konkreten, des Nahen, des Sinnlich-Körperlichen aus der Erkenntnis zu untersuchen.« Sie hebt stattdessen »das Potential des Haptischen und des Taktilen, komplizierte und polyvalente Beziehungen zu stiften, zu verbinden, was er trennt, Fremd- und Selbstbezüge in ein Verhältnis zu setzen, Innen und Außen zu reorganisieren, Affekte zu modulieren und Wahrnehmung zu transformieren«[10] hervor. Harrasser kritisiert Perspektiven, die virtuelle Realitäten allein im Bereich des Visuellen ansiedeln. Eine Kultur- und Kunstgeschichte des Tastsinns muss sich im Zeitalter digitaler Technologien ihr zufolge der verändernden Dominanz einzelner Sinne und deren Verhältnis untereinander zuwenden.[11]

Übertragen auf den Kunstunterricht heißt das, Werke in den Blick zu nehmen, die

Abb. 3: Valie Export, Peter Weibel, *Tapp- und Tastkino*, 1969, 2:32 Min. Video, digitalisiert, S/W, Ton

9 Vgl. Harrasser, Karin (Hg.): »Einleitung«, in: Dies. (Hg): Auf Tuchfühlung. Eine Wissensgeschichte des Tastsinns, Frankfurt a. M./New York: Campus Verlag 2017, S. 7–14, S. 7.
10 Ebd., S. 9.
11 Entgegen einem dualistisch gedachten Verhältnis von Visuellem und Taktilem ergänzt Harrasser: »Der Tastsinn ist nicht nur bezogen auf Innen und Außen des Leibes ein Vermittler, sondern er vermittelt auch zwischen den Sinnen.« (Ebd.).

sich mit den Verwebungen von Glattem und Rauem, von Seh- und Tastsinn auch im Hinblick auf den medialen Wandel beschäftigen und so dualistische Perspektiven nicht festschreiben, sondern mit künstlerischen Mitteln untersuchen.

Noch vor aller Digitalisierung behandelt besonders explizit Valie Export als Performance- und Medienkünstlerin die Frage des Tastens in Form des Be-tastens in ihrem inzwischen ikonenhaft erscheinenden Werk *Tapp- und Tastkino* aus dem Jahre 1968. Aus feministischer Perspektive richtet sich ihr Interesse an taktilen Erfahrungen auf den Zusammenhang von Sehen und Fühlen, von Anstarren und Anfassen. Die Arbeit potenziert Blicke, die nicht nur im Film auf den weiblichen Körper gerichtet werden, indem sie diese in eine direkte Berührung überführt und so in ihrem Voyeurismus als übergriffig erscheinen lässt. Das Machtgefüge allerdings gerät dadurch ins Wanken, dass die Künstlerin aktiv zurückschaut. Valie Export agiert als Performerin, involviert (männliche) Betrachter aus dem Publikum, arbeitet mit direktem Körperkontakt und transformiert die Aktion ins Mediale, indem sie diese zugleich filmisch dokumentiert und die damit konservierte Situation entlarvt. Der geöffnete Karton, den sich die Künstlerin bei dieser Aktion umschnallt, gleicht einem verkleinerten Kinosaal, der nackte Oberkörper der Leinwand. Peter Weibel, mit dem sie diese das Kino erweiternde Performance durchführt, ruft die Passanten auf, durch den Vorhang nach der Bühne zu greifen. Die Provokation besteht darin, dass sich der Voyeurismus des Blicks im Ertasten einlöst, die Aktion begreifbar, als »taktiles, unmittelbares Ereignis erfahrbar«[12] und im Video dokumentiert wird.

Als Medienkünstlerin weiß Valie Export um die Relevanz und die Bedeutung des Tastsinns, noch bevor der Film ins Digitale übergeht. Der voyeuristische Blick auf den nackten weiblichen Körper wird hier materiell vorgeführt. Durch die Transformation auf die Leinwand lässt sich die enge Verknüpfung von Bild, Blick und Berührung bzw. der Umschlag in die unmittelbare Gewalt des inszenierten Übergriffs nur noch deutlicher beobachten.

Hartmut Böhme ordnet in seinem Text *Der Tastsinn im Gefüge der Sinne* von 1998 die verschiedenen Versuche der philosophischen und kunsthistorischen Diskreditierung des Tastsinns, die Körperfeindlichkeit und die Tendenz zur Immaterialisierung in eine christliche Tradition ein, die »medientechnologisch verlängert« werde. Dieser Analogie entsprechend sollen wir »die virtuelle Präsenz sinnlich erleben und für wirklich halten, um danach den Ausstieg zu bewerkstelligen aus der Sphäre der Materie und der Leiber in die Welt des reinen Geistes […] ohne Referenz auf und Bindung an Materie und Körper.«[13] Der implizite Dualismus, der in Böhmes These mitschwingt, dass sich der Bereich des Digitalen einer Anbindung

---

12   »Auf ironische und provokante Weise macht sie in diesem Video im wörtlichen Sinne ›begreifbar‹, was der voyeuristische Blick im visuellen Medium des Films zu ertasten sucht.« Die künstlerische Aktion wird dabei nicht als »optisch-visuelle, auf Zelluloid wiedergegebene Bilderfolge, sondern als taktiles, unmittelbares Ereignis erfahrbar«. zkmb: Valie Export & Peter Weibel, Hans Scheugl, Tapp- und Tastkino, https://zkm.de/de/tapp-und-tastkino, vom 28.02.2023.

13   Vgl. Böhme, Hartmut: »Der Tastsinn im Gefüge der Sinne«, in: Gunter Gebauer (Hg.): Anthropologie, Leipzig/Stuttgart: Reclam 1998, S. 214–225, S. 215. »Dennoch erkennt man an der Formel des ›Noli me tangere!‹, wovon die Wort- und Schrifttheologie des *ens realissimum* sich abstößt, nämlich von der Materialität der Sinne. Die Sinne erschließen alle Realität vom Leibe her. Was sich nicht spüren, tasten, greifen läßt, das ist bloßer ›Geist‹, Gespenst und Phantom. Das Christentum ist die Kultur, welche die Immaterialisierung am nachhaltigsten betrieben hat, die heute medientechnologisch verlängert wird.«

an Körper, Raum und Materie verweigere, soll hier aus kunstpädagogischer Perspektive hinterfragt werden.

Virtual Slime

Bezüglich des im digitalen Raum nur unzureichend erfahrbaren taktilen Reizes und der fehlenden Materialerfahrung, lohnt sich ein Blick auf die App *Virtual Slime*, die eine digitale Kompensationslösung bietet.

Die App ermöglicht ein haptisches Erlebnis, indem die Berührung und die entsprechende Verformung des Slime durch Kneten, Ziehen, Schieben, Eindrücken in eine digitale Form überführt wird. Dabei wird eine virtuelle plastische Masse mit den Fingern auf dem Touchscreen modelliert und die Knetbewegung digital simuliert. Die Benutzer*innen ahmen das analoge Erlebnis mit allen Qualitäten nach. Der Erfolg dieser und ähnlicher Apps ist zunächst überraschend, geht es hier doch scheinbar bloß um die Imitation von Berührungsphänomenen, die auf den ersten Blick keinen großen Mehrwert zum realen Erlebnis haben. Gewählt wird die Farbe, die Form und das Tempo, in dem die Verformung sich wieder zurückzieht. Beim In-Form-Ziehen aber kommt die Ebene der Akustik hinzu und Geräusche werden hörbar, die den Eindruck erwecken, als hätten wir es mit einem Material zu tun, das sich genauso anhört.

»The most realistic slime simulator game for mobile devices! Feels just like actual slime! Includes real recorded, satisfying, ASMR slime sounds! Great for satisfying

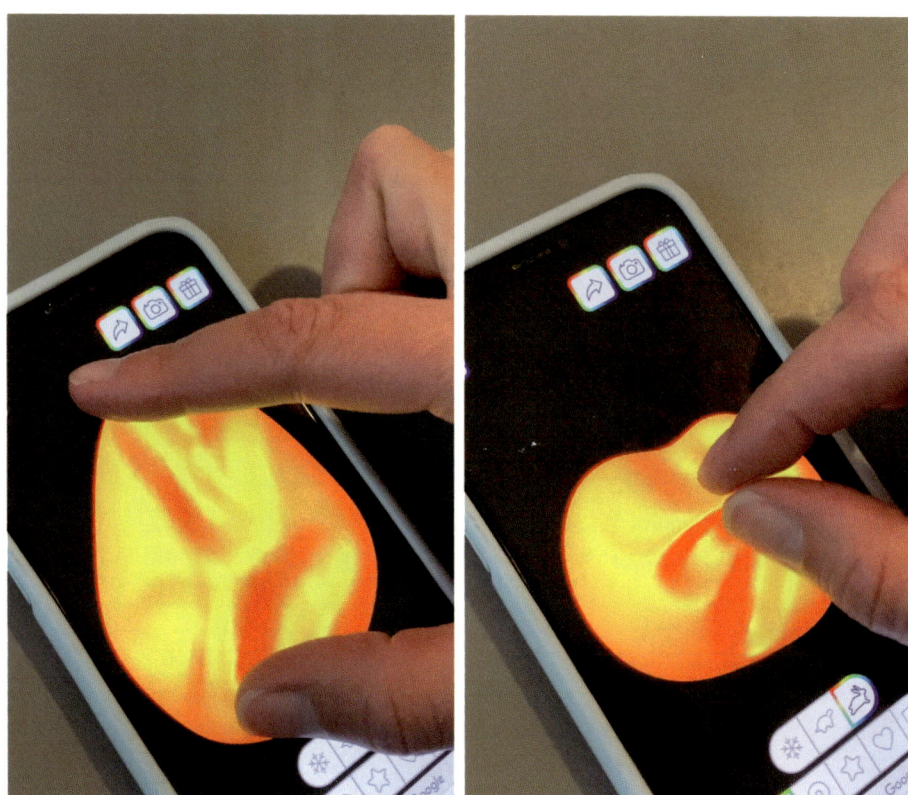

Abb. 4: App *Virtual Slime*

stress relief and to relax!«[14] Das Entspannungsversprechen resultiert aus einem Zusammenspiel von visueller und akustischer Ebene, die das taktile Empfinden auf imaginativer Ebene verstärkt. Der Begriff ASMR steht dabei für *Autonomous Sensory Meridian Response und soll* ein kribbelndes und angenehm empfundenes Gefühl auf der Haut bezeichnen, das durch visuelle Reize oder Geräusche ausgelöst wird. Es handelt sich also um ein digital induziertes Phänomen, das auf analoge Erfahrungen verweist, und diese dann durch die hinzukommende Soundebene in ihrer Wirksamkeit zu überbieten versucht. Exemplarisch wird deutlich, auf welche Weise akustische und visuelle Ebene zusammenspielen.

Neue Lebenswirklichkeiten

Eine Welt, in der das Analoge immer digitaler wird, beschreibt Felix Stalder in seinem 2016 erschienen Werk *Kultur der Digitalität*, »als Folge eines weitreichenden, unumkehrbaren, gesellschaftlichen Wandels, dessen Anfänge teilweise bis ins 19. Jahrhundert zurückreichen«[15]. Die Kultur der Digitalität löse die Kultur der gedruckten Schrift ab, die Marshall McLuhan als Epoche der Moderne bezeichnet und mit der Gutenberg-Galaxis gleichgesetzt hatte. McLuhan läutete deren Ende in den 1960er-Jahren ein. Die Kultur der Digitalität lässt sich laut Stalder nicht nur auf ihren Bezug zu digitalen Medien reduzieren. Er beschreibt, wie sich die Kultur unserer zunehmend digitalen Gesellschaft verändert hat, und sowohl »Artefakte, Institutionen« als auch unsere »Lebenswelten« von dieser geprägt werden.[16] Stalder analysiert dabei, wie sich vor allem durch das Internet die Formen des Austausches, der Referentialität und der Gemeinschaftlichkeit verändern und zusammen mit dem Prinzip der Algorithmen unsere Gesellschaft prägen. Onlinekommunikation und Onlinevergemeinschaftung in den Sozialen Medien formen unsere Gesellschaften zunehmend. Es ergeben sich durch computer- und netzunterstützte Wahrnehmung, Kommunikation und Gedächtnis neue Möglichkeitsräume für politische, pädagogische und kulturelle Teilhabe auf der einen Seite. Auf der anderen Seite kann nicht übersehen werden, dass individuelle Entscheidungsmöglichkeiten durch Formen der Automatisierung, Überwachung und Vereinheitlichung eingeschränkt zu werden drohen. Das Projekt der Moderne wird so, wie Dirk Baecker in *4.0 oder Die Lücke die der Rechner lässt* im Hinblick auf diese Ambivalenz erläutert, durch das Projekt der Digitalisierung nicht fortgeführt, sondern in seinen Grundannahmen in Frage gestellt.[17]
Sich mit den Ambivalenzen einer zunehmenden Technologisierung auseinandersetzend konstatiert Stalder:

> »Denn erst heute, da die Faszination für die Technologie abgeflaut ist und ihre Versprechungen hohl klingen, werden Kultur und Gesellschaft in einem umfassenden Sinne

---

14 Aus der Werbung für die App *Virtual Slime*: https://apps.apple.com/lu/app/super-slime-simulator-games/id1591218095?l=de vom 28.02.2023.
15 Vgl. Stalder, Felix: Kultur der Digitalität, Frankfurt a.M: Suhrkamp Verlag 2016, S. 10f.
16 Ebd., S. 16.
17 Vgl. Baecker, Dirk: 4.0 oder Die Lücke die der Rechner lässt. Leipzig: Merve Verlag 2018.

durch Digitalität geprägt. Vorher galt dies nur für bestimmte, abgrenzbare Bereiche. Diese Hybridisierung und Verfestigung des Digitalen, die Präsenz der Digitalität jenseits der digitalen Medien, verleiht der Kultur der Digitalität ihre Dominanz. In welchen konkreten Realitäten sich diese materialisieren, vollzieht sich in einem offenen Prozess […].«[18]

In seiner präzisen Beobachtung der Geschichte der Digitalisierung, die für ihn mit der Industrialisierung beginnt, und der Analyse ihrer Bedingungen legt er den Fokus auf die Synthese: »Nicht die Brüche zwischen den Elementen der alten Ordnung stehen im Vordergrund, sondern deren Synthese in der Gegenwart.«[19] Bezogen auf das hier thematisierte Spannungsfeld von Analogem und Digitalem macht er deutlich, auf welche Weise auch das Analoge immer digitaler wird und verweist dafür exemplarisch auf Google Books oder den 3-D-Druck.

Ästhetische Bildung in Zeiten der Digitalität

Am Beispiel des 3-D-Drucks als eines künstlerischen Verfahrens lässt sich Stalders These der Digitalisierung des Analogen sehr gut überprüfen und zu diesem Zweck fragen, inwieweit dabei das Analoge nur ins Digitale gewendet wird und sich eine weitere Drucktechnik eröffnet oder inwieweit mit den erweiterten Möglichkeiten dieser Medialität und Materialität vielmehr auch neue künstlerische Ausdrucksfelder, die sich ihrer Digitalität bewusst sind, erschlossen werden können.

Abb. 5: Studentisches Projekt, Kevin Dömer, Gipsguss, Universität Paderborn 2016

Abb. 6: Studentisches Projekt, Yulia Reshetnikov, Universität Paderborn 2016, Foto: Florian Salim Shirazy

18 Vgl. Felix Stalder, Kultur der Digitalität, S. 20.
19 Ebd., S. 99.

In einem kooperativen Seminarprojekt an der Universität Paderborn mit den Künstler*innen Eva Weinert, Alfons Knogl, Anna Penning und Hartmut Wilkening sowie dem Maschinenbauer Prof. Dr. Schmidt unter dem Titel *2I3ID* ging es darum, analoge und digitale Techniken auf Unterschiede und Gemeinsamkeiten hin zu untersuchen. Mithilfe verschiedener Form-, Abform- und Drucktechniken, also mit künstlerischen Techniken, die auf Vervielfältigung abzielen und denen gemeinsam ist, Transformationsprozesse anzustoßen, wurde die Frage nach *Serialität, Reproduktion und Authentizität* vor dem Hintergrund der sich erweiternden Materialität und Medialität neu diskutiert.[20] Die Studierenden erprobten die Potenziale verschiedener Technologien, das Scannen, Programmieren und Modellieren mit Hilfe des 3-D-Labors der Fakultät für Maschinenbau experimentell und nutzten dabei die zur Verfügung stehenden Techniken nicht nur, sondern reflektierten sie darüber hinaus zugleich mit künstlerischen Mitteln. Ausgangspunkt der Seminare war ein neuer Blick auf das Ding in seiner Materialität und der Umgang mit traditionellen analogen und gegenwärtigen digitalen Drucktechniken, die einen unmittelbaren Gegenstandsbezug beinhalten. In einem der Seminare entstanden zunächst klassische Gipsabgüsse, wie das Spiel mit Positiv- und Negativformen einer studentischen Arbeit, die das Innere eines aufblasbaren Plastikwals sichtbar macht, dessen Form durch das Eigengewicht des hineingegossenen Gipses nach unten hin absackt und die Ausgangsform deformiert.

Im kooperierenden 3-D-Druck Seminar von Alfons Knogl beschäftigten sich die

Abb. 7: Studentisches Projekt, Lesley Voigt, Universität Paderborn 2016, Foto: Florian Salim Shirazy

Abb. 8: Studentisches Projekt, Meike Sturm, Universität Paderborn 2016, Foto: Florian Salim Shirazy

20 Vgl. Hornäk, Sara (Hg.): 2I3ID. Serialität Reproduktion Authentizität, Universität Paderborn 2016.

Studierenden ebenfalls mit vorgefundenen Alltagsgegenständen, beispielsweise mit beiläufig im Bauzaun stecken gebliebener weggeworfener zerknüllter Zeitung.

Im begleitenden Siebdruckseminar von Eva Weinert verwendeten die Studierenden ihre 3-D-Drucke als Ausgangspunkt für grafische Umsetzungen, griffen, wie im Bild von Lesley Voigt, die Struktur des 3-D-gedruckten Gegenstands wieder auf und transformierten die flächigen Formteile durch Rasterung, Fragmentierung und Neukombination in eigenständige grafische Formfindungen.[21]

Mit dem Zusammenspiel des Analogen und Digitalen im Medium der Fotografie setzt sich die im Seminar von Alfons Knogl entstandene Arbeit von Maike Sturm auseinander.

Die Studentin druckte eine analoge Lochkamera mit dem 3-D-Drucker nach, setzte ein fertiges Polaroidrückteil ein und verwendete die Kamera dann zum analogen Fotografieren. Die Studentin macht dabei die technischen Fertigungsprozesse der fotografischen Apparatur sowie das Fotografieren selbst zum Thema ihrer künstlerischen Arbeit und stellt der seriellen Herstellbarkeit der gedruckten Kamera das Unikat der Polaroids entgegen.

Innerhalb dieser übergreifenden Seminarprojekte wurde mit künstlerischen Mitteln vom Siebdruck über den Gipsabdruck bis hin zum 3-D-Druck untersucht, welche Rolle technische Verfahren für eine künstlerische Werkentstehung spielen und inwiefern neue digitale Technologien Inhalte und Formen prägen. Entgegen der Anfangseuphorie des 3-D-Drucks steht in den konzeptionell verfassten Werken der Studierenden die Auseinandersetzung mit der zunehmenden Digitalisierung unserer Lebenswelt im Kontrast zur Wiederentdeckung handwerklicher Traditionen wie der des Druckens und Abformens im Vordergrund. Die Reflexionen der künstlerischen Prozesse und des Mediengebrauchs, der Modellierung und Texturierung am Bildschirm mithilfe von 3-D-Animationssoftware, der Programmierung der Software und der Veränderung der Hardware, die selbst Modellierungsprozesse übernehmen können, bestehen darin, zu fragen, auf welche Art und Weise die Technik des 3-D-Drucks eine Erweiterung traditioneller bildhauerischer und grafischer Techniken darstellt und inwiefern diese Erweiterung es ermöglicht, anders über Materialität, Entstehung und Formbarkeit von Gegenständen und Bildern nachzudenken.[22]

Das Glatte und das Raue

Es gilt zu fragen, inwieweit digitale Medien als »didaktische Hilfsmittel«[23] fungieren und aufzuzeigen, auf welche Weise sich unsere Wahrnehmung und die ästhetischen Gestaltungsmöglichkeiten unter Bedingungen der Digitalisierung ändern.

---

21 Ebd., S. 10.
22 Vgl. ebd., S. 9.
23 Während sich Ralf Lankau in seinem Buch »Kein Mensch lernt digital. Über den sinnvollen Einsatz neuer Medien im Unterricht« dafür ausspricht, dass wir uns auf unsere pädagogische Aufgabe besinnen und (digitale) Medien wieder zu dem machen, was sie sind: »didaktische Hilfsmittel« und er zurecht die Einflussname der IT-Branche auf Bildungspolitik und das Dreieck aus Wirtschaftsinteressen, Stiftungen und Politik offenlegt, das uns beständig davon zu überzeugen versucht, dass die Zukunft der Bildung digital sei,

Wie können wir es schaffen, mit den neuen Technologien so umzugehen, dass wir die Akteure sind, dass wir nicht überwacht oder fremdbestimmt werden und dass wir nicht in die Zwänge von Wirtschaftsinteressen geraten, die die Qualität von Bildung in Relation zur digitalen Ausstattung mit insbesondere Apple-Geräten setzt. Wie kann es gelingen, dass wir selbstbestimmte Handlungslogiken – oder wie Stalder es nennt – eine »Kultur der Commons und der Partizipation«[24] entwickeln? Dafür eignen sich die künstlerischen Fächer als Orte künstlerischer und gestalterischer Praxen besonders gut, da wir hier nicht allein die Bedienung technischer Geräte oder Software erlernen, sondern unter Zuhilfenahme digitaler Medien und Materialien in Gestaltungsprozesse eintreten können, auch auf neue Formen der Gemeinschaft bezogen, also selbst zu gestalten beginnen und die gestaltete Kultur der Digitalität verstehen lernen.

Aufgabe der ästhetischen Bildung ist es dabei nicht, sich in den Rufen nach digitaler Bildung vom Analogen zu verabschieden, sondern einen kritischen Blick auf die Medialität und Materialität der neuen Geräte, auf die Software oder die beinhalteten Algorithmen zu werfen, oder, wie der Rat für Kulturelle Bildung in seiner Positionierung zur Digitalisierung formuliert hat, den »digitalen Medien einen pädagogischen Sinn zu verleihen«[25].

Literatur

Ahlers, Lisa Anette/Museum Tinguely, Basel (Hgg.): Prière de toucher. Der Tastsinn der Kunst. Basel: Verlag Bibliothek der Provinz 2016.

Baecker, Dirk: 4.0 oder Die Lücke die der Rechner lässt. Leipzig: Merve Verlag 2018.

Becker, Barbara: Taktile Wahrnehmung. Phänomenologie der Nahsinne, Paderborn: Wilhelm Fink Verlag 2011.

Johannes Bilstein/Diemut Schilling: »Die Herrschaft der Finger – Digitalisierung in den Künsten und Kunstakademien«, in: RFKB 2019, S. 73–75.

Bittner, Regina/Klaus, Katja: Gestaltungsproben. Gespräche zum Bauhausunterricht. Leipzig: Spectorbooks 2019.

Böhme, Hartmut: »Der Tastsinn im Gefüge der Sinne«, in: Gunter Gebauer (Hg.), Anthropologie, Leipzig/Stuttgart: Reclam 1998, S. 214–225, https://www.hartmutboehme.de/static/archiv/volltexte/texte/tasten.html vom 23.02.2023.

Burke, Edmund: »Über das Glatte«, in: Ders.: Vom Erhabenen und Schönen, Dritter Teil, 1. Von der Schönheit, Hamburg: Meiner Verlag 1989, S. 154.

Harrasser, Karin: »Einleitung«, in: Dies. (Hg.): Auf Tuchfühlung. Eine Wissensgeschichte des Tastsinns, Frankfurt a. M./New York: Campus Verlag 2017, S. 7–14.

---

und möglichst viele Apple-Geräte, also iPads, und entsprechende Apps für die IOS Geräte, im Unterricht die Lösung seien, ist der Wandel der Medien doch nur ein Aspekt. (Vgl. Lankau, Ralf: Kein Mensch lernt digital. Über den sinnvollen Einsatz neuer Medien im Unterricht, Weinheim: Beltz Verlag 2017). Er stellt in seinem Buch die These auf, dass kein Mensch digital lerne: »Es gibt weder digitalen Unterricht noch digitale Bildung, auch wenn das Bundesministerium für Bildung und Forschung (BMBF) dafür ein eigenes Logo und einen Slogan entwickelt hat: ›Digitale Bildung. Für das Leben lernen‹ (www.bildung-forschung.digital).« (Ebd. S. 10).

24   Ebd., Umschlagklappe hinten.
25   Rat für Kulturelle Bildung e. V. (Hg.), Redaktion Frank Jebe/Sebstian Konierzko, Margrit Lichtschlag/Eckart Liebau. »Alles immer smart. Kulturelle Bildung, Digitalisierung, Schule«, Hamburg 2019, S. 5.

Hennion, Antoine: »Die Kunst der Berührung«, in: Karin Harrasser (Hg.): Auf Tuchfühlung. Eine Wissensgeschichte des Tastsinns, Frankfurt a. M./New York: Campus Verlag 2017, S. 95–104.

Hornäk, Sara: »Das Glatte und das Raue. Oberflächenphänomene und Schattenbildung in der Skulptur«, in: Petra Kathke (Hg.): Schatten als Medium künstlerischen Lernens. Hannover: fabrico verlag 2019, S. 362–373.

Hornäk, Sara (Hg.): 2I3ID. Serialität Reproduktion Authentizität, Universität Paderborn 2016

Lankau, Ralf: Kein Mensch lernt digital. Über den sinnvollen Einsatz neuer Medien im Unterricht, Weinheim: Beltz Verlag 2017.

Meyer, Torsten: Nach dem Internet, http://zkmb.de/nach-dem-internet/ vom 23.02.2023.

Lemke, Claudia/ Meyer, Torsten/Münte-Goussar, Stephan/Pazzini, Karl-Josef/Landesverand der Kunstschulen Niedersachsen (Hgg.): sense&cyber. Kunst, Medien, Pädagogik. Bielefeld: transcript Verlag 2003.

Modrei, Karen: »Touch Me, Screen«, in: Mira Mann/Anna R. Winder: Wormhole, Issue II – Between the Lines, S. 35.

Serres, Michel: Erfindet euch neu! Eine Liebeserklärung an die vernetzte Generation. Berlin: Suhrkamp 2013.

Stalder, Felix: Kultur der Digitalität, Frankfurt a.M: Suhrkamp Verlag 2016.

zkmb: Valie Export & Peter Weibel, Hans Scheugl, Tapp- und Tastkino, https://zkm.de/de/tapp-und-tastkino, vom 28.02.2023.

Zürn, Tina/Haug, Steffen/Helbig, Thomas (Hgg.): Bild, Blick, Berührung. Optische und taktile Wahrnehmung in den Künsten. Paderborn: Wilhelm Fink Verlag 2019.

https://apps.apple.com/lu/app/super-slime-simulator-games/id1591218095?l=de vom 28.02.2023.

Abbildungen

Abb. 1: Dora Celentano, Skizzen von Schüler*innen am Bildschirm, Forschungsarbeit im Praxissemester zum Thema »Notation als systematisches und symbolisches Aufzeichnungssystem zur Reflexionsgrundlage im Kunstunterricht.«, 2020.

Abb. 2: Sara Hornäk, Taste, Beton 90 × 90 × 60 cm, 2003. Foto: Sara Hornäk

Abb. 3: Valie Export, Peter Weibel, *Tapp- und Tastkino*, 1969, 2:32 Min. Video, digitalisiert, S/W, Ton https://www.valieexport.at/jart/prj3/valie_export_web/main.jart?rel=de&reservemode=active&content-id=1526555820281&tt_news_id=1956 vom 28.2.2023.

Abb. 4: App »Virtual Slime«, Foto: Sara Hornäk

Abb. 5: Studentisches Projekt, Kevin Dömer, Gipsguss, Uni Paderborn 2016, Foto: Florian Salim Shirazy

Abb. 6: Studentisches Projekt, Yulia Reshetnikov, Uni Paderborn 2016, Foto: Florian Salim Shirazy

Abb. 7: Studentisches Projekt, Lesley Voigt, Uni Paderborn 2016, Foto: Florian Salim Shirazy

Abb. 8: Studentisches Projekt, Meike Sturm, Uni Paderborn 2016, Foto: Florian Salim Shirazy

Dies ist mein Stein.
Experiment, Narration und digitale Transformation im Kontext einer Materialbildung

Sara Burkhardt

Zu Beginn des Vortrags lege ich in Anlehnung an eine Idee von Tim Ingold einen nassen Stein auf den Boden vor der Projektionsfläche. Mit Hilfe einer Dokumentenkamera wird er für das Publikum gut sichtbar an die Wand projiziert. Die Anwesenden werden aufgefordert, während des Vortrags immer mal wieder einen Blick auf den Stein zu werfen.

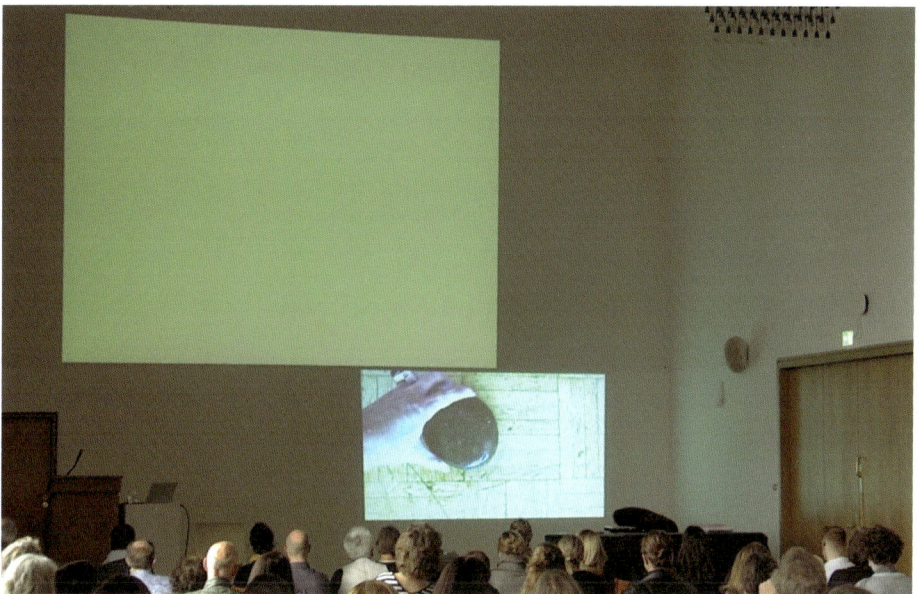

Material wird Medium

Ein Berg aus Salz türmt sich in einem italienischen Palazzo auf. Der Kegel überragt die Betrachtenden, er bildet für sie ein direktes Gegenüber. Er besteht aus grobem Meersalz und die Kristalle sind unterschiedlich groß, was dem Ganzen Halt gibt.

Im Video, das Teil der Installation »The Soul of Salt« der Künstlerin Patricia Kaersenhout ist, wird der Bezug zu einer karibischen Erzählung hergestellt: Demnach aßen Sklaven kein Salz, da sie glaubten, durch den Verzicht darauf leichter zu werden, um so in ihre afrikanische Heimat zurückfliegen zu können. Der Salzkegel wird im Video von einem afrikanischen Geistlichen gesegnet. Gleichzeitig singen Geflüchtete einen Spiritual aus dem 19. Jahrhundert.

Die Besucher*innen werden vor Ort aufgefordert, etwas von dem Meersalz in eine Papiertüte zu füllen, es mit sich zu nehmen, es in Wasser zu geben und so symbolisch den Schmerz der Vergangenheit aufzulösen. Das Salz verweist auf das Meer, über das Menschen in Zeiten des Kolonialismus verschleppt wurden und über das heute Menschen flüchten, in der Hoffnung auf ein besseres Leben in Europa.

Das Salz ist bei Kaersenhout nicht nur ein ausgesprochen präsentes und sinnlich erfahrbares Material, es wird zum Medium. Dies geschieht durch das Wissen, welches wir durch die Betrachtung des Videos erlangen. Über die Erzählung wird das Salz semantisch aufgeladen und zum Träger einer Botschaft. Diese verbindet sich mit der Wirkung der raumbestimmenden Skulptur sowie der Materialität des Salzes, das gefühlt, gerochen, geschmeckt und mit nach Hause genommen werden kann. Es wird zum Teil einer Handlung und trägt mit seiner spezifischen Materialität zur Bedeutungskonstruktion bei. Zudem bildet es einen Knotenpunkt in einem weit gespannten Netzwerk, da die Handlungsanweisung vorsieht, dass das mitgenommene Salz von der jeweiligen Person zu Hause im privaten Umfeld in Wasser aufgelöst wird. So greift die Arbeit über den Raum des Palazzo hinaus und materialisiert sich gewissermaßen an anderen Orten neu.

Abb. 2a und b:
Patricia Kaersenhout:
The Soul of Salt, 2016, Installation auf der manifesta in Palermo, Italien

Materialisierung des Medialen

Die Installation »OSTL HINE ECSION (Postal Machine Decision Part 1)« der !Mediengruppe Bitnik[1] zeigt die Fehlstellen in heute überwiegend computergesteuerten logistischen Systemen auf. 21 Postpakete wurden über einen Logistikdienstleister von Berlin aus verschickt und jedes Paket wurde statt mit *einer* mit *zwei* Zieladressen versehen, jeweils auf der Vorder- und Rückseite. Eine Adresse befand sich in Halle (Saale) und die andere in Brüssel. Anhand eines Tracking-Systems konnte die Künstlergruppe die Wege der einzelnen Pakete verfolgen.

Die Installation im Ausstellungsraum in Halle zeigt den Titel »Postal Machine Decision« in LED-Leuchtbuchstaben, wobei nur 14 von 21 Buchstaben zu sehen sind, da nur 14 Pakete ihr Ziel in Halle erreicht haben. Die anderen Pakete sind aufgrund einer Zufälligkeit im logistischen Ablauf in Brüssel gelandet und werden zeitgleich dort ausgestellt (»Postal Machine Decision Part 2«, Super Dakota Brüssel, 2018). Zur Installation gehören auch die zusammengefalteten und sortierten Postpakete mit ihren Spuren der Bearbeitung sowie ein Monitor, der die Wege der einzelnen Pakete anhand des Tracking-Systems zeigt.

!Mediengruppe Bitnik setzt sich kritisch mit Digitalisierung und ihrer Auswirkung auf Gesellschaft auseinander. Sie zeigt, wie sich digitales Material in den physischen Raum übersetzen lässt und macht unsichtbare Vorgänge sichtbar. Sie

Abb. 3: !Mediengruppe Bitnik, OSTL HINE ECSION (Postal Machine Decision Part 1), 2018

---

1 https://wwwwwwwwwwwwwwwwwwwwww.bitnik.org/ vom 17.02.2023.

spielt auch mit dem Moment des Kontrollverlusts und nimmt mit der vorgestellten Arbeit Bezug auf die Mail Art »The Postman's Choice« (1965) des Fluxus-Künstlers Ben Vautier. Vautier verschickte Postkarten mit jeweils einer Adresse auf jeder Seite – er überließ es dem Briefträger, eine Zieladresse auszuwählen.[2] In Zeiten der umfassenden Digitalisierung logistischer Abläufe wird diese Entscheidung den Maschinen überlassen.

Transformationen im kunstpädagogischen Kontext

Beiden Arbeiten ist gemeinsam, dass Materialität jeweils eine bedeutsame Rolle spielt, um Ideen zu transportieren und Unsichtbares sichtbar zu machen. So wird bei Kaersenhout das Material zum Medium. Materialität und Medialität wirken in ihrer Arbeit zusammen, um die Konstruktion von Bedeutung zu ermöglichen. !Mediengruppe Bitnik übersetzt digitale Abläufe in den physisch erfahrbaren Raum. Auch hier erfahren virtuell erscheinende Phänomene eine Materialisierung, die komplexen Datenwelten werden zumindest ansatzweise fassbar und ihre Fehleranfälligkeit anschaulich. Die Beispiele zeigen auch, dass es im künstlerischen Kontext nicht um eine Verdrängung tradierter oder analoger Techniken durch das Digitale geht, sondern um eine produktive Vernetzung analoger und digitaler Wirklichkeiten. Dies sollte auch für Bildungskontexte gelten.

Materialien sind präsent. Sie umgeben uns im Alltag, wir sehen sie, fassen sie gerne oder nicht so gerne an, riechen sie und hören sie sogar. Manche finden wir in einem rohen Zustand vor, andere sind bearbeitet, transformiert, in eine Form gebracht. Gleichzeitig stehen Materialien in einem historischen und kulturellen Gebrauchskontext und verweisen auf eine bestimmte Nutzung oder eine Verfahrenstechnik. Objekte der Kunst oder des Alltags, die aus einem bestimmten Material bestehen, ermöglichen über die Fokussierung dieses Materials Erfahrungen und Erkenntnisse. Künstler*innen nutzen den Symbolcharakter und wählen bewusst Materialien mit bestimmten Eigenschaften oder Sinngehalten aus. So spiegelt ein bestimmtes Material häufig auch den gedanklichen Ansatz eines*einer Künstler*in. Es ermöglicht erst Bildlichkeit und ist fast immer eng mit dieser verschränkt.

Medien sind nach Felix Stalder in einer Kultur der Digitalität »Technologien der Relationalität«[3], die es uns erleichtern, Verbindungen zwischen Menschen und zu Objekten zu schaffen.[4] Digitalität beschreibt hier die Bedingungen, unter denen wir in einer digitalen Kultur leben, während Digitalisierung den technologischen Prozess bezeichnet, der zu diesen Bedingungen führt. Diese Bedingungen werden durch Künstler*innen auf besondere Weise genutzt, sichtbar gemacht, infrage gestellt oder kritisiert.

Eine, wenn nicht *die* grundlegende Methode, mit der Menschen – alleine oder in Gruppen – an der kollektiven Verhandlung von Bedeutung teilnehmen, besteht

---

2 Vgl. Text zum Werkleitz Festival 2018 Holen und Bringen. https://werkleitz.de/ostl-hine-ecsion-postal-machine-decision-part-1 vom 17.02.2023.
3 Stalder, Felix: Kultur der Digitalität, Berlin: Suhrkamp 2016, S. 17.
4 Vgl. ebd., S. 17.

in der Kultur der Digitalität darin, Bezüge herzustellen.[5] Wenn ein solches »eigenes Gefüge von Bezügen«[6] erstellt wird, ist eine Unterscheidung zwischen dem Digitalen und dem Analogen möglicherweise obsolet. Es kann dazu führen, dass beide Domänen sich bereichern und ergänzen, indem das Digitale beispielsweise haptischer wird und das Analoge zunehmend in digitalisierter Form vorliegt. Umso wichtiger wird die Reflexion dieser Transformationen in Bildungskontexten. Gerade im Zusammenhang mit einer fortschreitenden Digitalisierung gilt es, den Blick auf Möglichkeiten zu lenken, wie beide Bereiche in ein sinnvolles Verhältnis gebracht werden können. Eine Möglichkeit des kunstpädagogischen Zugriffs besteht darin, künstlerische Werke in ihrer jeweiligen Materialität *und* Medialität zu reflektieren. Der Blick sollte also nicht nur auf die Verwendung eines Materials gerichtet sein, sondern auf das Material selbst, seine Herkunft bzw. seinen Entstehungskontext, seine narrativen Elemente und sein Transformationspotenzial. Besonders interessant aus kunstpädagogischer Perspektive sind die Transformationen, die Materialien durchlaufen. Es gilt, die Relationen zwischen Materialität und Medialität erfahrbar zu machen.[7] Bei einer Materialbildung geht es somit nicht lediglich um ein Wissen *über* Materialien, sondern um die Generierung von Wissen

---

5   Vgl. ebd., S. 96.
6   Vgl. ebd., S. 117.
7   Vgl. Kathke, Petra: »Materialität inszenieren. Ein Desiderat im Handlungsfeld künstlerischer Lehre«, in: Sabiene Autsch/Sara Hornäk (Hgg.): Material und künstlerisches Handeln. Positionen und Perspektiven in der Gegenwartskunst, Bielefeld: transcript Verlag, 2017, S. 27.

Abb. 4: Materialkiste (ca. 1850) zur Verwendung in Zusammenhang mit den »Lessons on Objects« von Elizabeth Mayo

durch direkte Erfahrungen mit Materialien. Zentral ist ein genaues Beobachten, ein direkter Umgang, ein Experimentieren – eine Praxis.

Materialien beschreiben – Materialität begreifen

Elizabeth Mayo (1793–1865) war eine englische Lehrerin und Reformpädagogin sowie Mitbegründerin der Lehrer*innenbildung in Großbritannien. Gemeinsam mit ihrem Bruder Charles Mayo, der im Zuge eines mehrjährigen Aufenthaltes in der Schweiz von den Ideen Pestalozzis inspiriert wurde, entwickelte sie ein Bildungsprogramm für angehende Lehrer*innen. In ihrem 1830 zuerst erschienenen Buch »Lessons on Objects«[8] werden 100 Objekte und Materialien vorgestellt, von einer Stecknadel bis zu einem Rosenblatt, von einem Schneckengehäuse bis zu einem Schlüssel. Im Zuge dessen werden Anleitungen für Lehrer*innen gegeben, wie diese Dinge im Unterricht zu behandeln sind. Dabei liegt der Fokus auf der genauen Beschreibung der Objekte und Materialien durch die Schüler*innen, was auch eine Beschreibung der Materialität beinhaltet. Die Herausforderung besteht darin, Worte für diese Eigenschaften zu finden, sie möglichst treffend zu benennen. Mayo beginnt die Auseinandersetzung also *vor* einer Verwendung der Materialien, es gilt, die Materialien zunächst genau zu betrachten, zu *be-*greifen, zu fühlen und zu beschreiben.

Im Kontext eines kunstpädagogischen Seminars an der Burg Giebichenstein Kunsthochschule Halle (BURG) haben Studierende dies ausprobiert. In verschiedenen Übungen näherten sie sich einer möglichst genauen Beschreibung von Materialien und Materialität an – und bemerkten, wie schwierig eine solche ist. Gerade für haptische Erfahrungen, Gerüche oder Anmutungen fehlen uns oft passgenaue Begriffe.

In Folge entwickelten die Studierenden gemeinsam ein Vermittlungsformat für den Kunstunterricht, welches am Burg-Gymnasium in Wettin erprobt wurde. Es entstand ein Prototyp, ein Materialkoffer unserer Zeit. Schüler*innen einer elften Klasse erkundeten die mitgebrachten Objekte wie z. B. Totholz, Aluminiumfolie oder Textilproben und brachten sie gruppenweise in vorläufige Ordnungen.

Im gemeinsamen Plenum tauschten sich Schüler*innen und Studierende über die Objekte selbst und die in den Ordnungsversuchen sichtbar werdenden Verbindungen aus. Die Schüler*innen stellten inhaltliche Bezüge zu Themen wie Umwelt, soziale Medien, Verstädterung, Politik, Mode, Weltraum, Katastrophen oder Industrie her.[9] Es entstand so anhand der Materialien eine Auseinandersetzung mit Fragen der Herstellung, der Nachhaltigkeit, des Materialumgangs, der Narration sowie der möglichen künstlerischen Weiterbearbeitung und Transformation. Es zeigte sich, wie die Erfahrbarkeit von Materialität den Blick auf Kontexte der Entstehung oder Herstellung provoziert, dieser konzentrierte Umgang aber auch die

---

8 Mayo, Elizabeth: Lessons on Objects as Given in a Pestalozzian School School at Cheam, Sirren, 2. Ausgabe. London: R. B. Seeley & W. Burnside 1831 (zuerst 1830).

9 Vgl. Heider, Niclas: Object Lessons. Material in der kunstpädagogischen Erprobung, Halle (Saale) 2020. https://www.burg-halle.de/kunst/kunst-lehramt-kunstpaedagogik/kunst-lehramt-kunstpaedagogik/studienarbeiten/project/object-lessonsmaterial-in-der-kunstpaedagogischen-erprobung/ vom 17.02.2023.

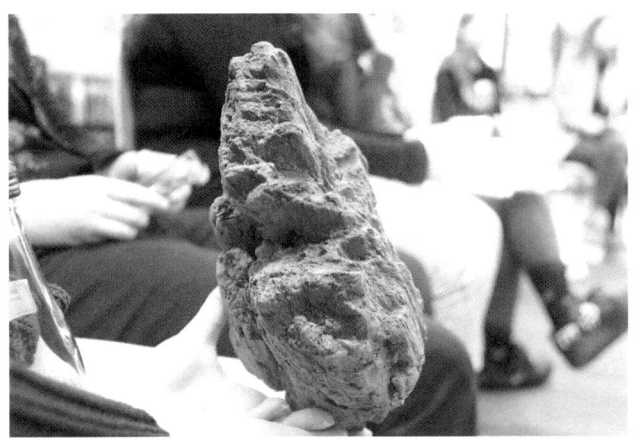 

Erzählungen, die Qualitäten und nicht zuletzt den Kreislauf der Materialien zum Thema werden lässt. Gleichzeitig stießen die Schüler*innen bei ihren Ordnungsversuchen an Grenzen, da jede gefundene Kategorie – z. B. Natürliches, Künstliches, von Menschen Gemachtes, Gefundenes – auch zu Ausschlüssen führte.

Der Anthropologe Tim Ingold fragt, wie wir die Unterscheidung treffen: Wann ist etwas Natur, wann Kultur? Was läge alles dazwischen, wenn wir die Dinge auf einer Skala anordnen würden? Geht es um den Grad der Transformation des Natürlichen durch den Menschen?[10] Dann wäre nach Ingold ein Faustkeil künstlicher als der Stein, der unter der Dokumentenkamera langsam trocknet. Weil dieser Faustkeil bearbeitet ist, durch Menschen in eine Form gebracht wurde. Trotzdem ist der Faustkeil Teil der materiellen Welt, genauso wie der Stein. Material entzieht sich somit Kategorisierungen dieser Art, Mehrfachzuordnungen sind möglich und nötig. Es bedarf der dynamischen Ordnungen, welche durch das Digitale ermöglicht werden.

Materialexperimente und -erzählungen

Um Material zu *be*-greifen müssen wir es anfassen, sinnlich erfahren.

In der Materialsammlung der BURG[11] werden Materialien gesammelt und zugänglich gemacht, da Wissen über Material und Materialität für Gestaltungsprozesse bedeutsam ist. Gleichzeitig ist die Materialsammlung ein Ort des Experiments, des direkten Umgangs mit den Materialien und somit der Materialerfahrung. Grund ist, dass ein Wissen *über* Materialien nicht ausreicht – wir müssen Materialien erleben.

Künstlerische und handwerkliche Herangehensweisen sind eng miteinander verflochten, wenn Material in den Blick genommen wird. In Designprozessen kann Material zum Ausgangspunkt für Experimente werden und Ideen inspirieren. Wenn aus einem Rohstoff ein Objekt wird, wenn er transformiert wird, wird etwas sichtbar, wird Materialität begreifbar – wie in der vorgestellten Installation

---

10 Vgl. Ingold, Tim: Materials against materiality. Archaelogical Dialogues 14 (1) 1–16, Cambridge: Cambridge University Press, 2007. doi:10.1017/S1380203807002127.
11 https://www.burg-halle.de/hochschule/einrichtungen/materialsammlung/ vom 17.02.2023.

Abb. 5a und b:
Materialerprobungen am
Burg-Gymnasium Wettin

von Patricia Kaersenhout. Materialien zeigen ihre Qualitäten im Prozess, in der Bearbeitung, in der Verflüssigung oder Verfestigung, in der Auflösung oder im Wachstum.

Doch die Materialsammlung spiegelt sich auch im Netz, als Teil des Verbundes Material-Archiv[12]. Hier werden die Verfahren und Anwendungen mit thematischen Bezügen verknüpft, die Materialien mit Geschichte(n), Fragen der Ökonomie und Ökologie. Es entsteht eine dynamische Ordnung, die an den unterschiedlichen Orten des Netzwerks Material-Archiv vorhandenen Materialproben werden über die Online-Präsenz in Beziehung zur Welt gesetzt. Das Wissen über Materialien wird auch hier in Beziehung zu den haptisch vor Ort erfahrbaren Materialien gesetzt, um eine Sensibilität für diese Materialien und einen veränderten Umgang mit unserer Umgebung zu evozieren.

Ein weiterer Teil von Materialbildung ist neben der Materialerfahrung und dem Experiment der Aspekt der Narration. Materialien erzählen etwas über die Orte, an denen wir uns aufhalten, die Gegenden, in denen wir leben. In Objekte transformiert verweisen sie auf menschliche Anwesenheit, sie erzählen von Handlungen und Konventionen. Sie sind mitunter aufgeladen, wie zum Beispiel dieses Stück Braunkohle, das etwas von der Geschichte einer Region erzählt, vom Umgang mit Lebensraum und Landschaft, von strukturellem Wandel.

Die Braunkohle aus der Materialsammlung wird zum Ausgangspunkt einer Workshopidee, die online im Rahmen einer internationalen Konferenz[13] zur Durchführung kommt.

Im Vorfeld erhalten die Teilnehmenden des Workshops »materialXchange« folgenden Auftrag:

Abb. 6a: Braunkohle in der Materialsammlung der BURG. Foto: Sara Burkhard

12 materialarchiv.ch/ vom 17.02.2023.
13 https://elia-artschools.org/page/2020BiennialConferenceZurich vom 17.02.2023.

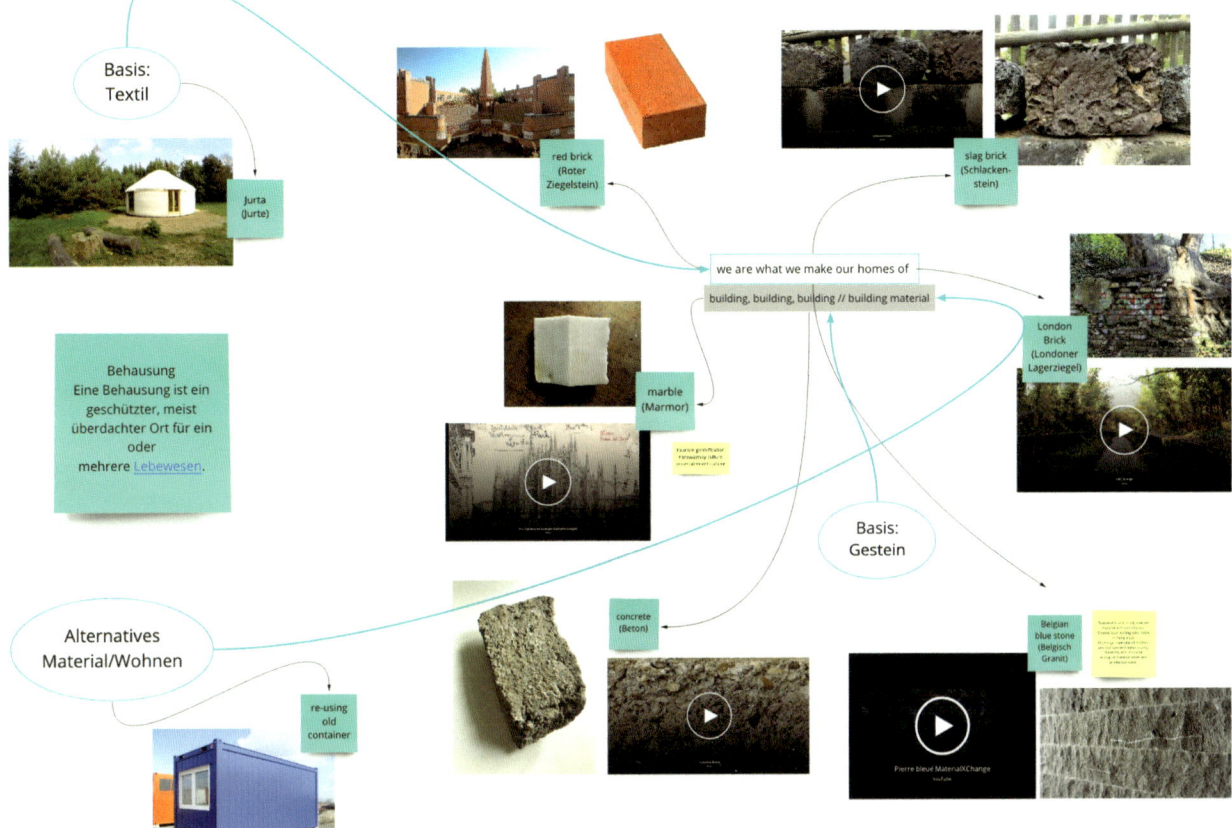

1. *Finden Sie ein Material oder ein Objekt aus Ihrer Region, welches etwas über die Besonderheit der Region erzählt, ihre Konflikte, ihre ökologischen Herausforderungen. Dabei kann es sich um ein bestimmtes Rohmaterial handeln, ein Fundstück, ein handgemachtes Artefakt oder ein industriell gefertigtes Produkt.*
2. *Laden Sie ein Foto des Materials oder Objektes auf die Plattform hoch.*
3. *Laden Sie ein kurzes Video (max. 1 min.) hoch, welches das Material oder Objekt im Gebrauch zeigt, in seinem originären Kontext oder in Verbindung mit einer Aktivität.*

Schottersteine, zwischen Bahngleisen als Füllmittel genutzt, verändern ihre Bedeutung als Bestandteil sogenannter Schottergärten. Ein Stück Borke einer Platane, beim Stadtspaziergang gefunden, wird zum Ausgangspunkt einer Erkundung vielfältiger historischer und ökologischer Aspekte. Wie die Überreste der Eschen am Ufer des Flusses, die die vom Klimawandel verursachten heißen Sommer der letzten Jahre nicht überstanden haben. Klinkersteine schaffen unvermittelte Verbindungen zwischen Teilnehmenden unterschiedlicher europäischer Regionen. So bildeten die gefundenen und ausgewählten Materialien im Workshop visuelle sowie kommunikative Knotenpunkte und ermöglichten anhand ihrer Erzählungen einen Austausch.

Abb. 6b: Screenshot der kollaborativen Sammlung auf dem Online-Whiteboard miro

Dies ist mein Stein.

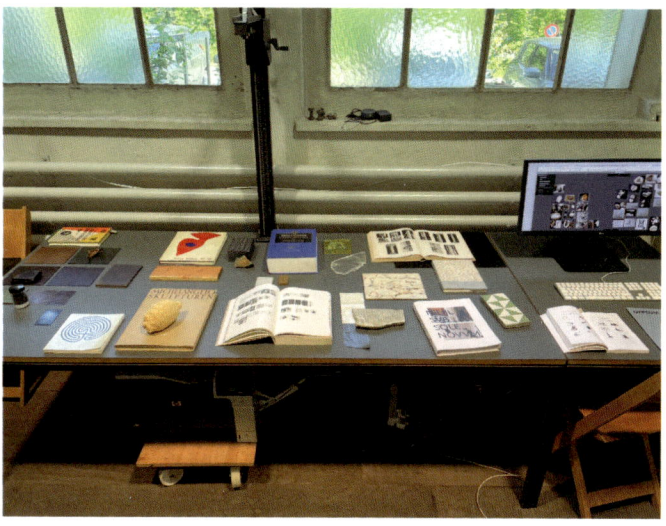

Abb. 7a: Kunstbibliothek und Werkstoffarchiv Stiftung Sitterwerk, Schweiz

Abb. 7b: Werkbank, Stiftung Sitterwerk

Abb. 7c: Online-Katalog Stiftung Sitterwerk

Digitale Transformation

In der Sammlung der Stiftung Sitterwerk in der Schweiz werden die Inhalte der Sammlungen von Werkstoffarchiv und Kunstbibliothek nicht nur vor Ort physisch-haptisch erfahrbar, sondern auch im digitalen Raum zugänglich gemacht. Alle Bücher in den Regalen der Bibliothek sind mit RFID-Technologie versehen, sodass ihre Ordnung dynamisch ist. Auch wenn die Bücher an andere Stellen im Regal zurückgestellt werden als die, an denen sie entnommen wurden, sind sie doch durch die digitale Erfassung stets auffindbar. Gleichzeitig erlaubt diese dynamische Ordnung sogenannte »serendipische Entdeckungen«: Auf der Suche nach bestimmten Titeln findet man Bücher, nach denen man nicht gesucht hat, die aber nicht minder interessant sind.[14] Zudem können Besucher*innen ihre eigenen Ordnungen herstellen. Die Ordnung bildet sich auch online ab, hier lassen sich nicht nur die Standorte der Bücher und individuelle Zusammenstellungen einsehen, eingescannte Cover und Buchrücken unterstützen die Suche.

Das Werkstoffarchiv ist im gleichen Raum wie die Kunstbibliothek untergebracht und auf gleiche Weise digital erschlossen. So werden die gesammelten Materialien in ihrer Relevanz mit den Büchern gleichgesetzt, wie es auch in der Materialsammlung der BURG der Fall ist, die sich in den Räumen der Hochschulbibliothek befindet.

Ein weiteres digitales Werkzeug, die sogenannte Werkbank, erlaubt einen innovativen Zugang zu den Materialien des Werkstoffarchivs in Verbindung mit den Büchern der Kunstbibliothek. Recherchen können auf einer interaktiven Arbeitsoberfläche personalisiert, gespeichert und weiterbearbeitet werden, um so Beziehungen zwischen Materialien und Büchern sichtbar zu machen: »Die Werkbank ist ein auf den ersten Blick normaler Tisch, der aber mit viel Technik ausgerüstet ist und über zehn RFID-Antennen verfügt, welche die mit RFID-Etiketten getaggten Bücher und Materialmuster erfassen, die auf der Tischplatte liegen. Die analoge Auslegeordnung wird so mit der Werkbank direkt in einer digitalen Arbeitsumgebung, der Werkbank, angezeigt. Dort kann die Recherche mit persönlichen Notizen, Fotos und Inhalten aus Büchern oder Quellen aus dem Internet angereichert werden. Als eine Art Produkt dieser wissensvernetzenden Arbeitsweise können die Resultate in eine digitale Layoutvorlage übertragen und in Form eines Heftes, dem Bibliozine, ausgedruckt werden. Dadurch nehmen die Rechercheergebnisse wiederum eine analoge Form an. Sie können als gedrucktes Bibliozine mit einem RFID-Tag versehen in die Bibliothek eingefügt oder für das private Archiv verwendet werden.«[15]

Diese Übersetzungen vom Haptischen ins Digitale und vom Digitalen in die Arbeit vor Ort (und wiederum ins Haptische) erscheinen zukunftsweisend. Vom Aufziehen der Schubladen mit Materialien bis hin zum Suchen der Bücher im Regal, das Stapeln und Neu-Ordnen, das Vorfinden bereits vorhandener Sammlungen und die ständige Weiterentwicklung zeigen, wie Technologie die physisch-haptische Erfahrung nicht ersetzt, sondern auf beeindruckend sinnfällige Weise ergänzt.

---

14 Vgl. https://www.sitterwerk.ch/De/Dynamische-Ordnung vom 17.02.2023.
15 https://www.sitterwerk.ch/De/Dynamische-Ordnung vom 17.02.2023.

Dies ist mein Stein.

Tim Ingold fordert, wir sollten die Materialien ernst nehmen, da aus ihnen alles gemacht ist. Er rückt dezidiert den Prozess in den Fokus: Nicht die Eigenschaften von Materialien, sondern ihre Transformation ist relevant. Diese wird sichtbar und erfahrbar durch Bearbeitung, Mutation, Verflüssigung oder Verfestigung – das macht Materialerfahrung so unerlässlich.[16]

Was ist mit dem Stein?

Er hat sich über die Zeit des Vortrags verändert, ohne mein Zutun. Das Wasser ist verdunstet und die Oberfläche ist trocken. Die Form des Steins hat sich nicht verändert, aber er sieht jetzt anders aus. Die Materialität des Steins, so Ingold, kann nur anhand dieser Transformation verstanden werden. Die Oberfläche hat sich verändert, diese Schnittstelle zwischen Substanz und Medium, zwischen dem Stein und dem Wasser, dem Stein und der Luft. Das Steinerne (bei Ingold *stoniness*) des Steins ist nicht gegeben, es ist aber auch keine Zuschreibung der Beobachtenden. Es erscheint durch die Verbindung des Steins mit seiner Umgebung – alle Betrachtenden eingeschlossen.[17]

Die Eigenschaften von Materialien sind also nicht Attribute, sondern Geschichten.

Literatur

Burkhardt, Sara: »(Be)greifbar machen. Materialität und Digitalität im Netzwerk der Bilder. Zum Beispiel: Kaersenhout, Bartholl, Gerrard und !Mediengruppe Bitnik«, in: Johannes Kirschenmann (Hg.): Zugänge. Welt der Bilder – Sprache der Kunst. Schriftenreihe Kontext Kunstpädagogik, Band 52, München: kopaed 2020.

Heider, Niclas: Object Lessons. Material in der kunstpädagogischen Erprobung, Halle (Saale) 2020. https://www.burg-halle.de/kunst/kunst-lehramt-kunstpaedagogik/kunst-lehramt-kunstpaedagogik/studienarbeiten/project/object-lessonsmaterial-in-der-kunstpaedagogischen-erprobung/ vom 17.02.2023.

Ingold, Tim: Materials against materiality. Archaelogical Dialogues 14 (1) 1–16, Cambridge: Cambridge University Press, 2007. doi:10.1017/S1380203807002127.

Kathke, Petra: »Materialität inszenieren. Ein Desiderat im Handlungsfeld künstlerischer Lehre«, in: Sabiene Autsch/Sara Hornäk (Hgg.): Material und künstlerisches Handeln. Positionen und Perspektiven in der Gegenwartskunst, Bielefeld: transcript Verlag 2017, S. 23–51.

Mayo, Elizabeth: Lessons on Objects as Given in a Pestalozzian School School at Cheam, Sirren, 2. Ausgabe, London: R. B. Seeley & W. Burnside 1831 (zuerst 1830).

Stalder, Felix: Kultur der Digitalität, Berlin: Suhrkamp 2016.

Internetquellen

https://wwwwwwwwwwwwwwwwwwwwwww.bitnik.org/ vom 17.02.2023.

---

16 Ingold, Tim: Materials against materiality. Archaelogical Dialogues 14 (1) 1–16. Cambridge: Cambridge University Press, 2007. doi:10.1017/S1380203807002127.

17 Ebd.

Text zum Werkleitz Festival 2018 Holen und Bringen: https://werkleitz.de/ostl-hine-ecsion-postal-machine-decision-part-1 vom 17.02.2023.

https://www.burg-halle.de/hochschule/einrichtungen/materialsammlung/ vom 17.02.2023.

https://elia-artschools.org/page/2020BiennialConferenceZurich vom 17.02.2023.

https://www.sitterwerk.ch/De/Dynamische-Ordnung vom 17.02.2023.

https://materialarchiv.ch/de/vacuum/ vom 27.02.2023.

Abbildungen

Abb. 1: Screenshot (Video des Vortrags: http://didaktik-der-bildenden-kuenste.de/kpt2021/vortraege/dies-ist-mein-stein-experiment-narration-und-digitale-transformation-im-kontext-einer-materialbildung/) vom 17.02.2023.

Abb. 2a: Foto: Francesco Bellini, © Patricia Kaersenhout

Online: https://www.pkaersenhout.com/installations-2018?pgid=jvwbl3tf-9e2a6301-871f-431b-a85c-a4cbed5549bb vom 17.02.2023.

Abb. 2b: Foto: Sara Burkhardt

Abb. 3: Foto: Sara Burkhardt

Abb. 4: http://collections.vam.ac.uk/item/O213531/educational-specimen-box-unknown/ vom 17.02.2023.

Abb. 5a: Foto: Robert Hausmann

Abb. 5b: Foto: Robert Hausmann

Abb. 6a: Foto: Sara Burkhardt

Abb. 6b: Screenshot der kollaborativen Sammlung auf dem Online-Whiteboard miro

Abb. 7a: Foto: Sara Burkhardt

Abb. 7b: Foto: Sara Burkhardt

Abb. 7c: Screenshot, https://sitterwerk-katalog.ch/ vom 17.02.2023.

Zurück in die Zukunft
Kunstpädagogische Betrachtungen des Skulpturalen im Feld künstlerischer, sozialer und digitaler Entwicklungen

Susanne Henning

Im Rahmen der Performance *The Perfect Beach* (2018) von Aram Bartholl tragen Performer*innen drei 4,50 × 3,20 m große, auf semitransparente Stoffe gedruckte und in Aluminiumrahmen eingespannte Fotografien am Strand von Phra Nang im thailändischen Krabi umher. Diese Fotografien zeigen Strände, die einem klischeehaften Verständnis von exotischen Traumstränden entsprechen: weißer, unberührter Sand, blaues Meer und Palmen unter wolkenlosem Himmel. Mithilfe von Bildbearbeitungssoftware wurden die Farben der Fotografien stark gesättigt und die gezeigte Situation durch die Ergänzung zusätzlicher Palmen optimiert. So entsprechen sie Bildern, die als Bildschirmschoner oder -hintergrund weit verbreitet sind. Durch die leicht transparente und matt glänzende Materialität des bedruckten Stoffes und die schmalen Aluminiumprofile, die ihn einfassen, wird die Bildschirmassoziation verstärkt. Besucher*innen der Thailand Biennale 2018, in deren Kontext die Performance stattfindet, aber auch andere Strandbesucher*innen, werden von den Performer*innen aufgefordert, vor den Bildern zu posieren, sich fotografieren zu lassen und die entstandenen Fotografien in den sozialen Medien zu teilen. Wie Aram Bartholl auf seiner Website erläutert, können anhand seiner Arbeit postdigitale Perspektiven auf den ultimativen Strand, Vorstellungen des Exotischen oder eines christlich-westlichen Paradies-Konzepts reflexiv werden.[1] Hierzu verwebt er »mehrere Bildebenen, die von der vorherrschenden Strandlandschaft mit der digital bearbeiteten, um diese schließlich im Internet zirkulieren zu lassen, wo sie dann neben anderen Aufnahmen von zahlreichen Stränden parallel existieren, und somit eine, wenn auch nicht zwangsläufig aussagekräftige, Vergleichsmöglichkeit bieten.«[2]

---

1 Vgl. https://arambartholl.com/de/the-perfect-beach/ vom 14.03.2022.
2 Zybok, Oliver: »Memes – Ursprünge und Gegenwart«, in: Kunstforum International Bd. 279/2021,

Abb. 1: Aram Bartholl: The Perfect Beach (2018)

Netzphänomene und Strategien der Gestaltung und Verbreitung von Bildern im Internet sind zentrale Bezugspunkte dieser und weiterer Arbeiten Aram Bartholls, die so, einem Definitionsversuch des Berliner Designstudios PWR folgend, als *Post Internet Art* beschrieben werden könnten.[3] Gemäß dieser Definition handelt es sich dabei um

> »[…] art, consciously created in a milieu that assumes the centrality of the network, and that often takes everything from the physical bits to the social ramifications of the internet as fodder…This understanding of the post-internet refers not to a time ›after‹ the internet, but rather to an internet state of mind—to think in the fashion of the network. In the context of artistic practice, the category of the post-internet describes an art object created with a consciousness of the networks within which it exists, from conception and production to dissemination and reception. As such, much of the work presented here employs the visual rhetoric of advertising, graphic design, stock imagery, corporate branding, visual merchandising, and commercial software tools.«[4]

Aus einer kunstpädagogischen Perspektive könnte es als naheliegend betrachtet werden, dieser Definition entsprechende Arbeiten, die Internet-Phänomene und ihre soziokulturellen Zusammenhänge fokussieren, als Ausgangspunkte für einen Kunstunterricht zu wählen, der Schüler*innen den Erwerb von Kompetenzen im Umgang mit dem Internet als einem Moment digitalisierter Lebenswelten vermitteln möchte. Eine dieser Erwartung entsprechend zentrale Stellung nimmt die kunstpädagogische Bezugnahme auf Arbeiten, die dem Bereich einer Post Internet Art zugeordnet werden, in den Überlegungen Torsten Meyers ein. Meyer betrachtet sie als Indizien kultureller, »aus den veränderten Technologien resultierende[r]« Wandlungsprozesse und erkennt ihre kunstpädagogischen Potenziale darin, dass sie Fragen einer somit entstehenden »neuen Kultur« aufzuwerfen vermögen.[5] Auch Manuel Zahn erkennt Arbeiten, die sich auf explizitere Weise mit Internetphänomen befassen, kunstpädagogische Potenziale zu. Ihm zufolge liegen Chancen ihres kunstpädagogischen Einbezugs darin, dass sie unmittelbar aus dem Feld des Medialen heraus künstlerische Formen der Kritik entwickeln. In der rezeptiven wie produktiven Auseinandersetzung mit ihnen in kunstpädagogischen Kontexten würden so mediale Mitgestaltungsmöglichkeiten erkennbar.[6]

Fokussiert sich Kunstunterricht auf Herangehensweisen, in denen das Internet sowohl den Ausgangspunkt als auch die Perspektive künstlerischer Auseinander-

---

https://www.kunstforum.de/artikel/memes-spruenge-und-gegenwart/ vom 14.03.2022.

3   Während eine solche Zuordnung und Zuordnungsmöglichkeit aus künstlerischer und kunstwissenschaftlicher Sicht vor allem kritisch kommentiert wird (vgl. ebd. und Meier, Anika: Kunst nach den sozialen Medien. Was ist eigentlich aus der Post-Internet-Art geworden? Beitrag vom 05.12.2018 in Dies., Fotografie 2.0, https://www.monopol-magazin.de/was-ist-eigentlich-aus-der-post-internet-art-geworden vom 14.03.2022, ist Bartholl damit weitgehend einverstanden: »Dass ich ihn [Bartholl], ohne ihn beschimpfen zu wollen, der Post-Internet-Art zurechnen würde, findet er auch irgendwie okay.« Ebd.

4   PWR zitiert nach http://artfcity.com/2014/10/14/finally-a-semi-definitive-definition-of-post-internet-art/ vom 05.12.2022.

5   Vgl. Meyer, Torsten: »Nach dem Internet«, in: Jane Eschment/Hannah Neumann/Aurora Rodonò/Torsten Meyer (Hgg.): Arts Education in Transition, Zeitschrift Kunst Medien Bildung, zkmb 2020. Quelle: http://zkmb.de/nach-dem-internet/ vom 23.03.2022.

6   Vgl. Zahn, Manuel: »Ästhetische Praxis als Kritik: Vom Aussetzen des Urteilens und der Erfindung neuer Wahrnehmungs- Denk- und Handlungsmöglichkeiten«, in: Valentin Dander/Patrick Bettinger/Estella, Ferraro/Christian Leineweber/Klaus Rummler (Hgg.): Digitalisierung – Subjekt – Bildung. Kritische Betrachtungen der digitalen Transformation, Opladen: Verlag Barbara Budrich, S. 213–233.

setzungen bildet, läuft er allerdings Gefahr, Einflüsse des Digitalen auf offensichtliche Zusammenhänge zwischen digitalen und soziokulturellen Entwicklungen engzuführen. Weniger vordergründig erkennbare Einflüsse des Digitalen, das auch in Bereiche gegenwärtiger Lebenswelten einsickert, die zunächst wenig mit Digitalität zu tun zu haben scheinen, können so aus dem Blick geraten. Ein noch grundlegenderes Problem eines solchen Kurzschlusses besteht allerdings darin, dass eine Wirkmächtigkeit einseitig auf der Seite technischer Entwicklungen verortet wird. Unter der auf Überlegungen Felix Stalders basierenden Prämisse, dass eine Kultur der Digitalität weder mit der Entwicklung des Internets beginnt, noch darauf reduziert werden kann, ein Resultat technischen Fortschritts zu sein, soll im Folgenden über Chancen induktiver Formen der kunstpädagogischen Annäherung an weniger unmittelbar erkennbare Momente einer Digitalität gegenwärtiger Lebenswelten nachgedacht werden. Hierzu wird exemplarisch der Bereich des skulpturalen Arbeitens in den Blick genommen. Überlegt werden soll, inwiefern Spuren einer Kultur der Digitalität im Sinne Felix Stalders, einer Vervielfältigung kultureller Möglichkeiten also, die bereits zu Beginn des 20. Jh. einsetzt und die erst seit den 1990er-Jahren unmittelbar mit digitalen Medien in Verbindung steht, im skulpturalen Arbeiten künstlerisch nachgegangen wird. Hierauf basierend soll dann darüber nachgedacht werden, wie ihr in kunstpädagogischen Kontexten nachgegangen werden kann. Als Momente einer Kultur der Digitalität werden, weiterhin bezugnehmend auf Felix Stalders Überlegungen, Referentialiät und Gemeinschaftlichkeit betrachtet, wobei letztere mit Blick auf ihre Erscheinungsformen in künstlerischen Bereichen als Vernetzung, Partizipation und Kollaboration ausdifferenziert wird. Gezeigt werden soll, inwiefern diese Momente auch dann ein zentrales Interesse skulpturalen Arbeitens sein können, wenn digitale Technologien nicht explizit fokussiert werden oder zentral genutzt werden. Ebenfalls erkennbar werden soll, dass diese Momente einer Kultur der Digitalität bereits vor der Verbreitung digitaler Medien in das Zentrum künstlerischen Interesses gelangt sind und künstlerisches Arbeiten somit als Katalysator[7] entsprechender sozialer und kultureller Entwicklungen betrachtet werden kann, die dann wiederum digitale Entwicklungen anstoßen oder deren Verbreitung unterstützen. Weitere Überlegungen beziehen sich auf Chancen, die das Moment des Taktilen in skulpturalen Produktionen als Basis für einen differenzierten und selbstbestimmten Umgang mit digitalisierten Lebenswirklichkeiten eröffnet.

Skulpturale Erkundungen von Spuren des Digitalen

Für die Arbeit *After ALife Ahead*, einem Beitrag zu den Skulptur Projekten Münster 2017, verwandelt Pierre Huyghe den Boden einer stillgelegten Eislaufhalle in eine flache Hügellandschaft. Die Grabungen, die bis in drei Meter Tiefe gehen, legen dabei eiszeitliche Formationen frei. Eine Textil-Kegelschnecke in einem Aquarium,

---

7   Inwiefern Kunst auf einer allgemeinen Ebene als Katalysator betrachtet werden kann, überlegt Angeli Janhsen in Neue Kunst als Katalysator. Berlin: Reimer 2012.

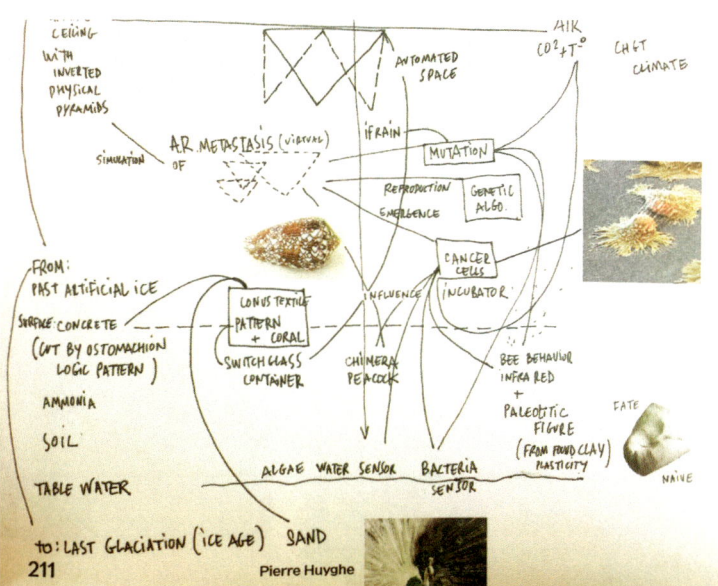

Ameisen, Pfauen, Algen, Bakterien und Bienen leben auf dem Gelände.[8] Ein so entstehendes Netzwerk, zu dem jeweils temporär auch die Besucher*innen gehören, verbindet sich mit einem digitalen, dessen Abläufe u. a. von sich teilenden Krebszellen induziert werden. Als Skulptur eines zeitgenössisch erweiterten Verständnisses befasst sich diese Arbeit mit Fragen der komplexen Vernetzung von Ökosystemen. Gemeinschaftlichkeit spielt hier insofern eine große Rolle, als verschiedene Akteure in der Entwicklung der Arbeit ebenso wie in der Steuerung ihrer Abläufe kollaborieren. So basiert das Programm zum Öffnen und Schließen der Deckenöffnungen auf einem Scan des Musters auf dem Gehäuse der Kegelschnecke, das damit auch bestimmt, wann die Witterungsverhältnisse außerhalb der Halle Ein-

Abb. 2a/b: Pierre Huyghe: After ALife Ahead (2017) Installationsansicht und Skizze

8 Vgl. Torke, Nicola: »After ALife Ahead«, In: Kaspar König/Britta Peters/Marianne Wagner (Hgg.): Katalog Skulptur Projekte Münster 2017, Leipzig: Spector Books 2017, S. 209.

fluss auf das Gelände nehmen können.⁹ Eine Referenzialität, die Felix Stalder als synthetisierende und transformierende Arbeit mit bereits mit Bedeutung versehenem Material begreift¹⁰, ist ebenfalls deutlich erkennbar, z. B. in der Verwendung der Eislaufhalle oder dem Einbezug der verschiedenen Tiere, die jeweils eigene kulturgeschichtliche Zusammenhänge einbringen. Eine zentrale Referenz ist auch Archimedes' Stomachion, dessen Einteilung die Basis der Schnitte bildet, mit denen der Betonboden der Halle zerteilt wird.¹¹ Die entstehenden flachen und spitzwinkligen Betonfragmente rufen ebenso wie die zerklüftete Grabungslandschaft, in der sie verortet sind, Assoziationen von Bildwelten Caspar David Friedrichs auf. Mit der Strategie des Zersägens von Abrissgebäuden wiederum werden Referenzen zu Gordon Matta Clarks Werkgruppe der *Cuttings* deutlich. Digitale Technologien stehen im Kontext der Herstellung von Bezügen oder der Ermöglichung eines sich selbst steuernden kollaborativen Settings nicht alleine im Zentrum, sondern sind ein Moment von vielen, die gleichberechtigt interagieren. Ebenso wird eine medienkünstlerische Ebene, in der durch das Wachstum von Zellen induzierte Veränderungen von Augmented Reality Formen eine Rolle spielen, zu einem untrennbaren und selbstverständlich wirkenden Teil des Gesamtsettings. Dies entspricht insofern einer postdigitalen Perspektive, als Digitalität im Kontext von *After ALife Ahead* nicht besonders apostrophiert wird, sondern mit den Erd-Formationen, der Architektur sowie biologischen Prozessen und verschiedenen Akteur*innen einen Gesamtzusammenhang bildet, dessen unterschiedliche Erfahrungsebenen miteinander in Verbindung gesetzt werden können.

Auch Oscar Tuazons Beitrag zu den Skulptur Projekten 2017, *Burn The Formwork*, lässt sich als referentielles und an Gemeinschaftlichkeit interessiertes Objekt betrachten. Im Unterschied zu *After ALife Ahead* kommt die Arbeit ganz ohne einen wahrnehmbaren Einbezug digitaler Technologie aus und zeigt so, dass Referenzialität und Gemeinschaftlichkeit auch heute jenseits eines medienkünstlerischen Arbeitens künstlerisch erkundet werden. Das verwendete Material, Beton, ist vielfältig und teils widersprüchlich konnotiert und verweist auf die Materialität der umgebenden industriellen Strukturen. Referenzen richten sich auch auf die Herstellungsweise von Betonelementen in der Architektur: Die Erstellung anhand der Verfüllung einer Schalkonstruktion wird hier am Objekt ablesbar, da dieses die Abdrücke der sägerauen Holzschalung erkennen lässt. Die Form des zylindrischen Objekts, das aus einem zentralen Kamin mit umlaufend ansteigenden Stufen und einer diese Stufen abschließenden Wand besteht, stellt Bezüge zu den Schornsteinen der nahen Fabriken her. *Burn the Formwork* verweist aber auch auf die nautischen Belange des nahen Kanals, indem es als Aussichtsplattform und Leuchtfeuer agiert. Indem es explizit dazu einlädt, genutzt und dabei verändert zu werden, wird es als bedeutsames Material zur weiteren Transformation freigegeben, was aus der Sicht Felix Stalders einem weiteren Kennzeichen von Referentialität ent-

---

9   Vgl. Russeth, Andrew: Constant Displacement: Pierre Huyghe on His Work at Skulptur Projekte Münster. https://www.artnews.com/art-news/artists/constant-displacement-pierre-huyghe-on-his-work-at-skulptur-projekte-munster-2017-8602/ vom 23.03.2022.
10 Vgl. Stalder, Felix: Kultur der Digitalität, Berlin: Suhrkamp 2017, S. 97.
11 Vgl. Andrew Russeth, Constant Displacement.

spricht[12]. Eine wichtige Referenz, die zusätzlich auf das Moment der Gemeinschaftlichkeit verweist, bildet das kulturgeschichtlich relevante Motiv der Feuerstelle, die u. a. mit Vitruv oder Gottfried Semper als Ausgangspunkt von Kommunikation und Vergesellschaftung begriffen werden kann[13]. Anhand des hier erkennbar werdenden Interesses an der Schaffung von Kommunikationsorten lassen sich u. a. Bezüge zu Maria Nordmans Beitrag zur documenta 7 (1982), zu Siah Armajanis *Meeting Garden* (1982), aber auch zu Arbeiten aus der öffentlichen Sammlung der Skulptur Projekte Münster wie Jorge Pardos *Steg* (1997) herstellen. Neben diesem Interesse verweist auch die Bedeutung, die Nutzung und Weiterentwicklung für *Burn the Formwork* haben, auf seine kollaborative und partizipative Ausrichtung. Als Feuerstelle mit Sitzmöglichkeiten ermöglicht das Betonobjekt, dessen Verschalung zunächst als Brennholz zur Verfügung steht, Zusammenkünfte. Mit seiner Übergabe an das Publikum, die laut Oscar Tuazón den eigentlichen Beginn der Arbeit markiert[14], wird *Burn the Formwork* als Akteur in einem Feld sozialer Interaktion freigesetzt und unterliegt dabei sowohl Veränderungen und Umgestaltungen durch Nutzer*innen wie auch witterungsbedingten Alterungsprozessen, wodurch spezifische Fragen physischer Materialiät mit Fragen der sozialen Vernetzung verbunden werden. Wenngleich *Burn the Formwork* über ein technisch ausgeklügeltes Luftführungssystem zur Beheizung der rauen Betonsitzflächen verfügt, umfasst die Arbeit selbst keine digitale Technik. Lediglich im Umgang mit ihr kann diese eine selbstverständliche Rolle spielen, wenn z. B. zeitgenössisch-digitale Kommunikationsweisen zum Verabreden vor Ort genutzt werden. Erkennbar wird

Abb. 3: Oscar Tuazon: Burn the Formwork (2017), Installationsansicht

12 Vgl. Felix Stalder, Kultur der Digitalität, S. 97.
13 Vgl. Henning, Susanne: Architektur wird plastisch. Skulpturales Handeln in architektonischen und künstlerischen Bildungskontexten. Bielefeld: transcript 2020, S. 168.
14 »The moment when a work is given over to the public is really just the beginning.« Oscar Tuazon in einem Interview von Jonathan Griffin. https://www.theartnewspaper.com/2017/10/26/oscar-tuazon-living-as-a-sculptural-process vom 23.03.2022.

hier, dass Fragen einer Kultur der Digitalität, wie Referenzialität, Partizipation und Vernetzung ohne einen explizit thematischen oder instrumentellen Einbezug digitaler Technologien und Kommunikationsweisen künstlerisch nachgegangen wird.

Indem sowohl *After ALife Ahead* als auch *Burn the Formwork* mit ihrem Interesse an gemeinschaftlicher Erfahrung und ihrer Einbindung in ein umfassendes Netz von Referenzen Fragestellungen einer digitalisierten Gegenwart ebenso nachgehen, wie sie physische Erfahrungsmöglichkeiten einer unmittelbaren Anwesenheit in einem skulpturalen Setting eröffnen, unterlaufen sie dichotome Betrachtungsweisen auf das Verhältnis digitaler und analoger Phänomene. Bei *After ALife Ahead* ist dies auch auf einer gattungstheoretischen Ebene zu beobachten, da hier, ebenso wie in einer Vielzahl weiterer zeitgenössischer Arbeiten, Grenzen zwischen skulpturalem und medienkünstlerischem Arbeiten aufgelöst werden.

Chancen einer kunsthistorischen Verortung

Die kunsthistorischen Referenzen von *After ALife Ahead* und *Burn the Formwork*, die in den vorangegangenen Überlegungen aufgezeigt wurden, verweisen auf einen weiteren Aspekt, hinsichtlich dessen kunstpädagogische Bezugnahmen auf den Bereich des Skulpturalen und seiner Entwicklungen Chancen eröffnen, um sich der Digitalität von Lebenswelten im Kunstunterricht anzunähern. Diese Chancen basieren darauf, dass anhand einer kunstgeschichtlichen Betrachtung von Ent-

wicklungen, die skulpturales Arbeiten im 20 Jh. durchläuft, anschaulich werden kann, inwiefern sich dort bereits lange vor der massenhaften Verbreitung digitaler Technologien Interessen verstärken, die aus einer Gegenwartsperspektive einer Kultur der Digitalität im Sinne Felix Stalders zugeordnet werden können. Entwicklungslinien von Fragestellungen sich in Räume, Zeit und Betrachtung erweiternder Formen skulpturalen Arbeitens können somit exemplarisch die u. a. von Felix Stalder vertretene Sichtweise stützen, nach der kulturelle Entwicklungen den Entwicklungen digitaler Technologien vorgängig sind[15]. Wie Stalder in *Kultur der Digitalität* aufzeigt, reichen Anfänge dieser kulturellen Entwicklungen, die über

---

15 Vgl. Felix Stalder, Kultur der Digitalität, S. 21f.

Abb. 4a/b: Katarzyna Kobro: *Raum-Komposition 4* (1929); Richard Serra: *To Lift* (1967)

eine »Verbreiterung der sozialen Basis kultureller Prozesse«[16], und eine »Kulturalisierung der Welt«[17] zunehmend zu einer »Technologisierung der Kultur«[18] führe, bis ins frühe 20 Jh. zurück.[19]

So werden partizipative Strategien als Momente eines zunehmenden Interesses an Gemeinschaftlichkeit bereits in der skulpturalen Arbeit Katarzyna Kobros der 1920er- und 30er-Jahre erkennbar. Wie sie in ihren schriftlichen Äußerungen auch auf einer begrifflichen Ebene zum Ausdruck bringt, ist es ihr Anliegen, Arbeiten zu entwickeln, die sich erst im Prozess ihrer Wahrnehmung sukzessive erschließen und so auf die Rezeption angewiesen sind, um sich immer wieder neu verwirklichen zu können. Insbesondere Arbeiten aus der Werkgruppe der *Raum-Kompositionen* erfordern, dass sich Betrachter*innen um die Skulptur herum bewegen.[20] Damit geht insofern die Auflösung einer klaren Grenze zwischen Produktion und Rezeption der Skulpturen einher, als deren Produktionsprozesse sich auf ästhetische Wahrnehmungs- und Erfahrungsmöglichkeiten ausrichten und somit Teile ihrer Verwirklichung in die Rezeption verlagern. Ähnliche Formen des Einbezugs von Betrachter*innen werden in den 1960er-Jahren zu einem wichtigen Anliegen von Künstler*innen, die sich mit Formen der Prozesskunst befassen. Wie zum Beispiel anhand von Richard Serras Arbeit *To Lift* (1967) nachvollziehbar wird, geht es hier u. a. darum, den Formentstehungsprozess in der Rezeption erfahrbar werden zu lassen.

Ab den 1960er-Jahren werden darüber hinaus auch verstärkt skulpturale Arbeiten entwickelt, die als »Handlungsformen«[21] auf eine aktive Aneignung im Sinne einer physischen Erschließung angewiesen sind. Für die installative Handlungsform *Ohne Titel A* entwickelt Maria Nordman 1989 eine räumliche, »wandernde Struktur«[22], die sie temporär am Eingang des New Yorker Central Park aufstellt. *Ohne Titel A* steht als aufgeständerter Raum aus Holz und Glas allen Besucher*innen rund um die Uhr offen und kann als Rückzugs- und Kommunikationsort genutzt werden. Die Ausstattung des Raumes bietet unterschiedliche Nutzungsweisen an: »Es gibt ein Holzbrett, das nur zur Bank wird, wenn jemand darauf sitzt. Es dient als Möbelstück, falls es jemand öffnen und seinen Inhalt benützen sollte. In der Präsenz der Menschen – und wie sie sich verhalten, so erhalten die Gegebenheiten ihre Bedeutungen.«[23] Hier relevante Partizipationsweisen umfassen keine materiellen Transformationen, sondern eröffnen Teilhabemöglichkeiten, indem sie produktive

---

16 Ebd., S. 5. Diesem und den beiden folgenden Begriffen widmet Stalder jeweils ein Kapitel seiner Veröffentlichung.

17 Ebd.

18 Ebd.

19 Vgl. ebd., S. 58.

20 Vgl. Kobro, Katarzyna/Strzeminski, Władysław: »Raumgestaltung. Berechnungen eines raum-zeitlichen Rhythmus.« (Auszüge), in: Katarzyna Kobro/Jaromir Jedliński (Hgg.): Katarzyna Kobro. 1898–1951 [16. Juni bis 25. August 1991, Städtisches Museum Abteiberg, Mönchengladbach], Köln: Ed. Wienand 1991, S. 77–3, hier S. 78.

21 Schneckenburger, Manfred: »Plastik als Handlungsform«, In: Kunstforum International Bd. 34, 1979.

22 Maria Nordman in einem Gespräch mit Theodora Vischer. Wandernde Struktur/Haus in der offenen Landschaft. Ein Gespräch zwischen Maria Nordman und Theodora Vischer im Juni 1991. Parkett Heft 29/1991, S. 6–12.

23 Ebd., S. 8.

Wechselwirkungen zwischen Denken und Handeln auslösen und somit selbstbestimmte Formen der Aneignung ermöglichen. Gerade diese Form partizipativen künstlerischen Arbeitens, deren Wurzeln sich weit ins 20 Jh. zurückverfolgen lassen, kann, wie Claire Bishop unter Bezugnahme auf Jacques Rancières in *Der emanzipierte Zuschauer* entwickelte Ideen überlegt, als umfassende Möglichkeit der Überwindung einer dichotomen Sicht auf das Verhältnis ›aktiver‹ Produktion und ›passiver‹ Rezeption und eines damit einhergehenden hierarchischen Verständnisses von Künstler*innen und Betrachter*innen erkannt werden.[24]

Ebenso wie partizipative und kollaborative Strategien, die Interaktion und Kommunikation einbeziehen und auf künstlerische Interessen an Gemeinschaftlichkeit verweisen, ist auch Referentialität ein der Digitalisierung vorgängiges Moment künstlerischen Arbeitens. Dies ist insofern auf einer umfassenden Ebene der Fall, als eine Verortung künstlerischen Arbeitens im Bereich einer in den 1960er-Jahren beginnenden Gegenwartskunst[25] eine kritische Bezugnahme auf moderne und zeitgenössische künstlerische Entwicklungen und Werke erfordert.[26] Konzeptionell im Zentrum stehen kunstgeschichtliche Bezugnahmen insbesondere in den Strategien einer Appropriation Art der 1970er-Jahre, der es um die strategische Aneignung fremder Bildlichkeit geht[27]. Aber auch die Entwicklung einer Referentialität im Sinne eines Aufgreifens und Einbeziehens von alltäglichen Bildern oder Gestaltungen kann bis in vordigitalisierte Zeiten zurückverfolgt werden. Ein bekanntes

---

24 Vgl. Bishop, Claire: »Introduction«, in: Dies. (Hg.): Participation. London: Whitechapel 2006, S. 10–17, S. 15f.
25 Vgl. Rebentisch, Juliane: Theorien der Gegenwartskunst zur Einführung. Hamburg: Junius 2013, S. 20.
26 Vgl. ebd., S. 19.
27 Vgl. Römer, Stefan: »Appropriation Art«, in: Hubertus Butin (Hg.): Begriffslexikon zur zeitgenössischen Kunst, Köln: Snoeck 2014, S. 14–18, S. 15.

Abb. 5: Maria Nordman: *Ohne Titel A* (1989), aufgestellt am Eingang des New Yorker Central Park 1991

Beispiel für den Einbezug vorgefundener Alltagsgestaltungen z. B. in Form von Zeitungsausschnitten sind Collagen, die Kurt Schwitters im Rahmen seiner Merzkunst entwickelt. Ist ihm noch daran gelegen, die Alltagsbezüge seiner Materialien zu überwinden, indem er sie in einem als einheitlich begriffenen künstlerischen Werk eines modernistischen Verständnisses aufhebt, geraten genau diese Bezüge ab den späten 1960er-Jahren in das Zentrum skulpturalen Arbeitens. So richtet sich u. a. das künstlerische Interesse im Bereich der Arte Povera in besonderem Maße auf die konnotativen Ebenen der hier verwendeten alltäglichen Materialien.

Werden Entwicklungen des Skulpturalen im Kontext skulpturalen Arbeitens in kunstpädagogischen Kontexten oder in der Rezeption zeitgenössischer Kunst in den Blick genommen, können gegenwärtige Fragestellungen zu ihren Wurzeln in einer Zeit zurückverfolgt werden, in der es noch kein Internet oder andere digitale Kommunikationsmöglichkeiten gab. So entsteht eine Basis, um zu überlegen, inwiefern künstlerisches Arbeiten zu Kommunikations- und Interaktionsbedürfnissen beigetragen haben kann, die die Grundlage der Entwicklung entsprechender digitaler Technologien gebildet haben.

Kunstpädagogische Fokussierungen auf zeitgenössische künstlerische Arbeiten, die aktuelle digitalisierungsbedingte Entwicklungen, zum Teil auf Internetphänomene verkürzt, explizit thematisieren, verweisen auf kunstwissenschaftliche Perspektiven, aus denen das Internet als Auslöser eines Bruches in den Künsten betrachtet wird. Auch wenn in Wechselwirkung mit Digitalisierung kulturelle Veränderungen beobachtbar sind und wie Felix Stalder darstellt, die Entwicklung einer Kultur der Digitalität ab den 1960er-Jahren an Fahrt aufnimmt[28], handelt es sich dabei allerdings weniger um einen krisenhaften Umbruch, der mit der Einführung und Verbreitung des Computers oder des Internets einhergeht, sondern um einen längeren, vielfältige kleinere Brüche umfassenden, bereits um 1900 beginnenden Prozess, in dem – zuletzt digitale – Technologien als Materialisierungen kultureller Entwicklungen betrachtet werden können:

> »Die neuen Technologien trafen [...] auf bereits laufende gesellschaftliche Transformationsprozesse. Sie konnten erst entwickelt werden, nachdem eine Vorstellung formuliert worden war, was mit ihnen möglich sein sollte. Verbreiten konnten sie sich nur dort, wo Bedarf für sie vorhanden war.«[29]

Auch aus kunst- und kulturwissenschaftlicher Perspektive lässt sich kaum noch von einem in Postmodernediskursen konstruierten Bruch zwischen zeitgenössischen und modernen künstlerischen Entwicklungen ausgehen.[30] Wie u. a. Sabeth Buchmann überlegt, werden hier eher heterogene und diskontinuierliche Modernisierungsprozesse beobachtet, statt eines Endes der Moderne. Moderne werde »als ein Feld von Differenzen« wahrgenommen, »in dem sich unterschiedliche Bewegungen, Praktiken und Weltanschauungen mischen«[31]. Anhand künstlerischer Entwicklungen vergangener und gegenwärtiger Modernen lassen sich dement-

---

28 Vgl. Felix Stalder, Kultur der Digitalität, S. 58.
29 Ebd., S. 21f.
30 Vgl. Buchmann, Sabeth in einem Interview von Sabine Vogel, in: Kunstforum International Bd. 252, 2018, https://www.kunstforum.de/artikel/sabeth-buchmann-kunsthistorikerin-kritikerin/ vom 23.03.2022.
31 Ebd.

sprechend neben Brüchen auch Kontinuitäten erkennen. Wie Juliane Rebentisch betont, folgen entsprechende Bezugnahmen allerdings nicht einer geschichtsvergessenen Beliebigkeit künstlerischen Arbeitens. Vielmehr gehe es hier um ein Verständnis von Gegenwart, »das diese gerade nicht als ort- und zeitlos vorstellt, sondern in ihrer jeweiligen geografischen, kulturellen und historischen Spezifik vergegenwärtigt.«[32]

Werden diese kunstwissenschaftlichen Beobachtungen und Überlegungen zugunsten der Konstruktion eines internetinduzierten Umbruchs in den Künsten ausgeblendet, unterstützt dies eine Perspektive, aus der das Potenzial künstlerischen Arbeitens, zu gesellschaftlicher Transformation beizutragen, kaum erkennbar werden kann. Vielmehr impliziert eine Betrachtungsweise, aus der das Internet als Nullpunkt einer neuen künstlerischen Epoche gedacht wird, einen kausalen Zusammenhang, durch den Hintergründe zeitgenössischer künstlerischer Perspektiven und Interessen immer wieder auf das Internet und damit verbundene Subjektivierungsprozesse enggeführt zu werden tendieren. Die Frage, inwiefern im künstlerischen Arbeiten ebenso aus anderen Bereichen geschöpft und neue Motive entwickelt werden, die dann wiederum auch nach veränderten technischen Möglichkeiten verlangen könnten bzw. diese erst denkbar werden lassen und mit ihnen wechselwirken, stellt sich dagegen vor allem aus Perspektiven, die kunsthistorische Hintergründe und Referenzen zeitgenössischer Kunst, wie die zuvor skizzierten skulpturalen Entwicklungen sowie deren kunsttheoretische Rahmungen berücksichtigen.

Eine Auseinandersetzung mit den künstlerischen Wurzeln dessen, was aus einer heutigen Perspektive als eine Kultur der Digitalität begriffen werden kann, ist darüber hinaus auch von Bedeutung, um deren ursprüngliche Motivationen begreifen zu können. Worum ist es aus einer soziokulturellen Perspektive auf gesellschaftlich wünschenswerte Entwicklungen heraus gegangen, was davon wurde wie eingelöst? Inwiefern zeigen derzeitige Entwicklungen auch negative Aspekte des seinerzeit als wünschenswert Erachteten auf (zu denken ist hier z. B. an Transparenz- und Partizipationsimperative oder eine Überbetonung des Prozesshaften)? Inwiefern haben aber auch andere Einflüsse (z. B. eine neoliberale Ausrichtung politischer Maßnahmen zur Förderung von Digitalisierung[33]) zu anderen als den gewünschten Entwicklungen geführt? Diese Überlegungen können Möglichkeiten kritischer Reflexionen eröffnen, denen auch künstlerisch nachgegangen werden kann und bilden eine Grundlage für transformative Anliegen.

Wird dagegen von der vorgestellten Umbruchperspektive ausgegangen, können Entwicklungen als »quasi-evolutionäres a priori«[34] und somit als unumgänglich betrachtet werden, sodass erkennbare Handlungsoptionen auf ein vorwiegend affirmatives Reagieren, auf notwendige Anpassungsleistungen reduziert

---

32 Juliane Rebentisch, Theorien der Gegenwartskunst, S. 19.
33 Vgl. Dander, Valentin: »Sechs Thesen zum Verhältnis von Bildung, Digitalisierung und *Digitalisierung*«, in: Dander, Valentin/Bettinger, Patrick/Ferraro, Estella/Leineweber, Christian/Rummler, Klaus (Hgg.): Digitalisierung – Subjekt – Bildung. Kritische Betrachtungen der digitalen Transformation, Opladen: Verlag Barbara Budrich, S. 19–37, S. 26.
34 Ebd., S. 24.

erscheinen.[35] Daraus wiederum resultieren tendenziell vor allem solche auch kunstpädagogische Herangehensweisen, die diese Entwicklungen stabilisieren. Zu nennen wäre hier neben einer inhaltlichen Engführung auf bestimmte medienkünstlerische Entwicklungen, die mit Kolja Reichert einem digitalen Primitivismus[36] zugeordnet werden könnten, auch der Ruf nach dem zu verstärkenden Einsatz von Tablets im Kunstunterricht. Eine hier aufscheinende Sichtweise entspricht aus der Perspektive Byung Chul Hans einem in einer digitalisierten Gegenwart verstärkt beobachtbaren Denkmuster, in dem Zukunft zu optimierter Gegenwart zu verkümmern tendiere.[37]

Folgt man Überlegungen von Felix Stalder[38] und Valentin Dander[39], determiniert Digitalisierung an sich keine gesellschaftlichen und kulturellen Entwicklungen, sondern kann gleichermaßen zu einer Stärkung von Gemeinschaft beitragen wie, bedingt durch eine vor allem ökonomische Motivierung, postdemokratische Entwicklungen begünstigen. Ähnlich denkt auch Marina Weisband, eine ehemalige Politikerin der Piratenpartei, die heute in der politischen Bildung tätig ist und in einem Artikel in der *ZEIT* schreibt, dass Digitalisierung weder gut noch schlecht sei, sondern als »Booster«[40] für unterschiedliche, auch gegenläufige Entwicklungen wirke. Sowohl hier wie auch in den Überlegungen von Stalder und Dander wird ein impliziter bzw. expliziter Bildungsauftrag erkennbar, bei dem Lehre ebenso wie die in Lehr- und Lernkontexten erkennbar werdenden Handlungsmöglichkeiten der Lernenden als Gestaltungsmöglichkeiten zeitgenössisch-digitalisierter Lebenswirklichkeiten zu begreifen sind. Die spezifischen Möglichkeiten des Faches Kunst, Wirklichkeiten als gestaltet und gestaltbar zu erfahren, können in diesem Zusammenhang als besonders wichtig erachtet werden.

Dass künstlerisches Arbeiten der Gegenwart sich nicht darauf beschränkt, existierende digitale Technologien und dadurch ermöglichte Kommunikationsweisen zu affirmieren, sondern als Ausgangspunkt von Gestaltungsimpulsen auf nicht nur technischen Ebenen wirksam sein kann, wird anhand der Position Mariko Moris besonders explizit erkennbar. Für ihre Arbeiten nutzt sie nicht nur bestehende technische Möglichkeiten, sondern lässt bisher ungedachte digitale Lösungen entwickeln. Für *Wave Ufo* (2003) wird z. B. spezielle Soft- und Hardware entwickelt, anhand derer die Gehirnwellen von jeweils drei Besucher*innen in eine gemeinsame

---

35 »Zugleich wird mit ›der Digitalisierung‹ ein unumkehrbarer und unaufhaltsamer Prozess bezeichnet, der somit eine gewisse Naturalisierung erfährt und alle Handlungsoptionen in den Bereich des Reaktiven verschiebt.« Dander, Valentin/Bettinger, Patrick/Ferraro, Estella/Leineweber, Christian/Rummler, Klaus: »Einführung der Herausgeber*innen«, in: Dies. (Hgg.): Digitalisierung – Subjekt – Bildung. Kritische Betrachtungen der digitalen Transformation, Opladen: Verlag Barbara Budrich, S. 9–18, S. 9.

36 Kolja Reichert beobachtet im Kontext einer Post Internet Art »Werke, die in reinem Stil aufgehen und über das frivole Spiel mit Übersetzungsprozessen zwischen Materie, Daten, Bild und Skulptur sowie einen Fetischismus obskurer Materialien nicht hinaus finden. Diese Werke beginnen tatsächlich schon jetzt zu verblassen. Ein genauerer Begriff als ›Post-Internet‹ wäre hier der des ›Digitalen Primitivismus‹.« Reichert, Kolja: »Für einen neuen Zirkulationismus. ›Post-Internet‹ und Kritik«, in: Kunstforum International 242, 2016.

37 Vgl. Han, Byung Chul: Im Schwarm: Ansichten des Digitalen. Berlin: Matthes & Seitz 2013, S. 80.

38 Vgl. Felix Stalder, Kultur der Digitalität, S. 279ff.

39 Vgl. Valentin Dander, Sechs Thesen.

40 Weisband, Marina: »Korrupte Politiker säßen da wie Maden im Speck – so können nur Leute denken, die nie versucht haben, ihren Schulflur zu bemalen«, in: Die Zeit Nr. 30 22.07.2021.

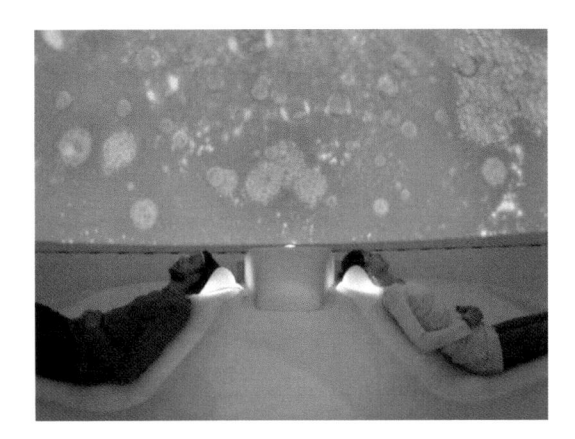

visuelle Form gebracht und an die Decke einer futuristisch anmutenden Raumkapsel projiziert werden können. In der gemeinsamen Betrachtung der so entstehenden Muster und Bewegungen, die auf unterschiedliche und ähnliche Wellen der Beteiligten auf jeweils eigene Weise reagieren, wird eine neuartige Form des Kommunizierens möglich. Wie Mariko Mori 2015 in einem Interview äußert, betrachtet sie digitale Prozesse als etwas, das dazu beitragen kann, künstlerische Visionen zu realisieren: »Sometimes the technologies I want to use simply aren't there yet, so we need to develop them. […] Everything has to be engineered. That's why the vision comes first—the process is bringing that vision to the world.«[41]

41 Mariko Mori 2015 in einem Interview von Dylan Kerr: Stranger than Science Fiction: Mariko Mori's Techno-Utopian Vision for the Future of Art. https://www.artspace.com/magazine/interviews_features/artbytes/mariko-mori-faou-foundation-interview-53380 vom 08.09.2022.

Abb. 6a und 6b:
Mariko Mori: Wave Ufo, Installationsansichten
Public Art Fund New York
2003

Zurück in die Zukunft

Chancen des Taktilen

Auch jenseits kunstpädagogischer Möglichkeiten, Momenten der Referentialität und Gemeinschaftlichkeit nicht zuletzt auch hinsichtlich ihrer Historizität in Rezeption und Produktion nachzugehen und Gestaltungsmöglichkeiten digitalisierter Lebenswelten erkennen zu können, eröffnet der Bereich des Skulpturalen Chancen der Auseinandersetzung mit Digitalität. Zu denken ist hier an ein Arbeiten mit physisch-greifbarem Material. Im Unterschied zu expliziten Auseinandersetzungen mit dem Erleben medialer Welten können Reflexionen von Einflüssen, die mit Digitalisierung zusammenhängen, zum Beispiel in einem Arbeiten mit Ton, bei dem in sich abgeschlossene, wenngleich in einem zeitgenössischen Sinn rezeptionsoffene Objekte entstehen, auf induktivem Weg in Gang kommen. Formen einer solchen induktiven Annäherung sind insofern wichtig, als mediale Einflüsse im täglichen Erleben dazu tendieren, zu einem Grundrauschen zu werden, d. h. weniger Gegenstand expliziter Beschäftigung zu sein, als vielmehr in alle Lebensbereiche einzusickern und sich so auf Bewusstseinsebenen auswirken, die sich einer gezielten Reflexion entziehen. So ist nicht zuletzt das körperliche Erleben eine Folge von Subjektivierungsprozessen, die heute untrennbar mit Digitalität verbunden sind. Wenn also Künstler*innen heute z. B. mit Ton arbeiten, stehen die entstehenden plastischen Formen zwar wie bereits im 20. Jh. und davor in einem Bezug zu ihrem Körper. Die leibliche Dimension des Wahrnehmens, die den Hintergrund dieser Inbezugsetzung bildet, ist jedoch als eine zeitspezifische zu betrachten. Eine Auseinandersetzung mit ihr, in der sie auf anschauliche oder auch begriffliche Weise reflexiv wird, kann somit auch zu zeitspezifischen, d. h. heute auch auf Digitalität verweisenden Erkenntnissen führen, die auf dem Wege einer expliziten Thematisierung insofern kaum erreichbar sein dürften, als sie einem bewussten Nachdenken nur sehr begrenzt zugänglich sind. Eine Sicht, die skulpturalen Erfahrungen in diesem Kontext besondere Chancen einräumt, lässt sich durch eine Bezugnahme auf medienphilosophische Überlegungen Barbara Beckers stützen, die davon ausgeht, dass taktile Erfahrungen mit einer Nähe einhergehen, in der sich die Andersartigkeit des Wahrgenommenen nicht ausblenden lässt[42] und die sich damit von einer Distanzlosigkeit, die Byung Chul Han als Kennzeichen medialer Rezeption betrachtet[43], grundlegend unterscheidet. Aufgrund der Überkreuzung von Berühren und Berührtwerden, komme es dabei gerade nicht zu einer Erfahrung der Einheit mit dem Material, sondern es entstehe ein Spannungsfeld von Eigenem und Fremdem, von Selbst und Anderem, das in seiner Ambivalenz bereits unmittelbar, insbesondere aber in der gesteigerten Form ästhetischer Erfahrung reflexiv zu werden vermöge.[44] Unterstützt wird somit eine paradoxale Form unmittelbar reflektierter immersiver Momente, die möglicherweise eine Grundlage bilden könnte, um die Materialität und damit auch die Veränderbarkeit oder Gestaltbarkeit von Medien erkennen zu können. Becker beobachtet darüber hinaus

---

42 Vgl. Becker, Barbara: »Medienphilosophie der Nahsinne«, in: Dies.: Taktile Wahrnehmung. Phänomenologie der Nahsinne, München: Fink 2011, S. 131–147, S. 138.
43 Byung Chul Han, Im Schwarm, S. 8.
44 Vgl. Barbara Becker, Medienphilosophie der Nahsinne, S. 142.

eine mit der Ambivalenz von Tasterfahrungen einhergehende Entmachtung und Dezentrierung der eigenen Person[45], die nachhaltige Eindrücke hinterlasse, wohingegen ein Berührtwerden durch medial vermittelte Bilder tendenziell momentan und folgenlos bleibe[46]. Folgt man Überlegungen, die Johann Gottfried Herder in seiner *Plastik* anstellt, sind Tasterfahrungen eine Basis visuellen Wahrnehmens, die zwar in der Kindheit grundlegend erworben wird, deren Eindruck jedoch zunehmend verblasst: »Wir glauben zu sehen, wo wir nur fühlen sollten; wir sehen endlich so viel und so schnell, daß wir nichts mehr fühlen, fühlen können, da doch dieser Sinn unaufhörlich die Grundveste und der Gewährsmann des vorigen sein muß.«[47] Vor dem Hintergrund des Zusammenhangs von Tasten und emotionaler Affizierung, der hier aufscheint und den auch Barbara Becker herstellt, kann also überlegt werden, dass Tasterfahrungen, gerade da, wo sie wie in skulpturalen Prozessen zum Gegenstand ästhetischer Aufmerksamkeit werden können, eine Grundlage bilden, um das Erleben gegenwärtiger Lebenswelten rauer werden zu lassen und so Anhaltspunkte und Risse in den vermeintlich glatten Oberflächen des Digitalen erkennen zu können.

Tentakulär statt avantgardistisch

Anstelle einer kunstpädagogischen Perpetuierung vor allem medienkünstlerischer Erkundungen von Internetphänomenen und ihren Einflüssen, interessieren mich, gerade auch in ungewissen Zeiten, eher tentakuläre[48], in alle Richtungen tastende kunstpädagogische Erkundungs- und Vorgehensweisen. Um zukünftige Kunstlehrer*innen im Erwerb einer langfristigen Fähigkeit, auf jeweils zeitgenössisch relevante Weise Kunst zu unterrichten, zu unterstützen, ginge es dabei darum, sie in einer Haltung zu unterstützen, die Offenheit für Neues, Plurales und Widerständiges mit der Bereitschaft verbindet, das Beobachtete in alle Richtungen zu kontextualisieren und sich in Bezug auf bestehende Vorstellungen und Überzeugungen herausfordern zu lassen. Zu einer solchen Offenheit gehört auch die Frage nach einer Positionierung künstlerischer Gegenwart in Bezug auf Vergangenheit und Zukunft. Wenn künstlerisches Arbeiten heute weniger avantgardistisch agiert, als eher seismographisch kleinere Verwerfungen erspürt und ihnen nachgeht, kann es gesellschaftlich und kulturell interessante Richtungen er-

---

45 Ebd., S. 140.
46 Ebd., S. 143. Becker relativiert hier allerdings dahingehend, dass Fotos, die in Situationen der emotionalen Involviertheit der Fotograf*innen aufgenommen werden, durchaus eine eigene Taktilität entwickeln können.
47 Herder, Johann Gottfried: Plastik: Einige Wahrnehmungen über Form und Gestalt aus Pygmalions bildendem Träume. Werke / Bd. 2: Herder und die Anthropologie der Aufklärung, München: Hanser 1987, S. 465–542, S. 470.
48 Mit dem Begriff des Tentakulären beziehe ich mich auf Überlegungen Donna Haraways: »Ich erinnere mich daran, dass Tentakel vom lateinischen tentaculum kommt, was »Fühler« bedeutet, und von tentare, das tasten und ausprobieren meint; […] Die Tentakulären verbinden und entbinden sich; sie machen Schnitte und Knoten; sie machen Unterschiede; sie weben Pfade und Konsequenzen, aber keine Determinismen; sie sind gleichzeitig offen und verknüpft […]«. Haraway, Donna: Unruhig bleiben: die Verwandtschaft der Arten im Chthuluzän. Frankfurt a. M./New York: Campus 2018, S. 49.

kennbar werden lassen, die wiederum Auswirkungen auf digitale Entwicklungen implizieren. Gleichzeitig stellt sich ihm immer auch die Frage nach einer Verortung in der Kunst, mit der, wie oben überlegt, eine Inbezugsetzung zu künstlerischen Entwicklungen in Vergangenheit und Gegenwart einhergeht.[49] Eine auch mit den Möglichkeiten und Einflüssen des Internets zusammenhängende zeitgenössische Besonderheit wäre, sich im Kontext einer sich hieran orientierenden Referentialität kunstpädagogischen Arbeitens nicht entlang ausgetretener kunstwissenschaftlicher und kunstpädagogischer Pfade auf bestimmte künstlerische Positionen zu beschränken, sondern die Blickwinkel, gerade auch auf historische künstlerische Entwicklungen[50], zu vervielfältigen.

Auch aus einer Argumentation, die sich auf eine postdigitale Perspektive beruft, erscheint ein Einbezug zeitgenössischer künstlerischer Fragestellungen und Möglichkeiten *in ihrer Vielfalt* sinnvoll. Nachdem das Internet neu war und davon ausgegangen werden kann, dass ein »Internet-State of Mind«[51] unhintergehbar ist, ist dieser immer auch ein selbstverständlicher Hintergrund jeglichen künstlerischen Arbeitens. Eine damit zusammenhängende Sichtweise, die nicht zwischen zeitgenössischer und postdigitaler Kunst differenziert, sondern medienkünstlerische und andere explizitere Formen der Auseinandersetzung mit Digitalität in den Gesamtkontext der zeitgenössischen Kunst (re-)integriert, entspricht nicht zuletzt dem Selbstverständnis von Künstler*innen, die Zuschreibungen, nach denen ihr Schaffen als postdigital oder Post-Internet einzuordnen sei, als Reduktionen empfinden.[52]

Der Einbezug von künstlerischen Erkundungsmöglichkeiten in ihrer Breite, die medienkünstlerische Verfahren, Arbeiten mit physischem Material, Performances sowie deren Kombinationen und jeweiligen Erweiterungen umfasst, eröffnet kunstpädagogische Entscheidungsspielräume, die Alternativlosigkeitsperspektiven entgegenwirken können, die Byung Chul Han mit Erfahrungen digitalisierter Lebenswirklichkeiten in Zusammenhang bringt[53]. Unter Bezugnahme auf die Überlegungen Hans

---

Abb. 7: Oscar Tuazon: Burn the formwork (2017), Detailaufnahme

49 Vgl. Hornäk, Sara: »Zur Kunstgeschichte als Bezugsfeld der Kunstpädagogik«, in: Johannes Kirschenmann/Frank Schulz/Hubert Sowa (Hgg.): Kunstpädagogik im Projekt der allgemeinen Bildung, München: kopaed 2006, S. 98–109, S. 100.

50 »Historisch wandelbare Erfahrungen erschließen die Werke auch in ihren Innovationspotenzialen immer wieder neu, und umgekehrt lässt das Ausbleiben solcher Erschließungen Werke in Bedeutungslosigkeit versinken.« Vgl. Juliane Rebentisch, Theorien der Gegenwartskunst, S. 17. Vor dem Hintergrund dieser Überlegung könnten Recherchemöglichkeiten, die das Internet bietet, genutzt werden, um Arbeiten von Künstlerinnen einzubeziehen.

51 PWR zitiert nach http://artfcity.com/2014/10/14/finally-a-semi-definitive-definition-of-post-internet-art/ vom 05.12.2022.

52 Vgl. Anika Meier, Kunst nach den sozialen Medien.

53 »Die Frage Wieso erübrigt sich angesichts des Es-ist-so«, Byung Chul Han, Im Schwarm, S. 99.

deuten sich darüber hinaus auch besondere diesbezügliche Möglichkeiten skulpturalen Arbeitens an, auf die ich abschließend eingehen möchte. Mein auf die Thematik des Kunstpädagogischen Tages »Das Glatte und das Raue« bezogenes Interesse an Hans Überlegungen wurde insbesondere dadurch geweckt, dass er Alternativlosigkeitsperspektiven mit einer Glätte als Kennzeichen und ästhetischem Ideal des Digitalen in Verbindung bringt. Das Glatte wiederum charakterisiert Han als das Risslose, Unverletzbare und Leidenschaftslose.[54] Wie er überlegt, stehen einer solchen Glätte Kontemplation und Ambivalenz[55] entgegen. Diese würden in unglatten, von Zweifel und Widerstand des Materials gekennzeichneten Prozessen, zu denen Prozesse skulpturalen Arbeitens sicherlich gehören, ebenso begünstigt wie ein »Verweilen im Negativen«[56], das Han zufolge die Grundlage bildet, um unterscheiden und entscheiden zu können. Die Bereitschaft, sich verletzen zu lassen[57], raue Erfahrungen zu machen, ist für ihn die Voraussetzung für die Entstehung von etwas Neuem und kann damit als Grundlage des Erkennbarwerdens von Alternativen betrachtet werden.

Skulpturales Handeln könnte demnach in digitalisierten Lebenswelten gesellschaftliche Relevanz entfalten, indem es sich verengende Perspektiven und wahrgenommene Handlungsspielräume erweitert.

Literatur

Bartholl, Aram, https://arambartholl.com/de/the-perfect-beach/ vom 14.03.2022.

Becker, Barbara: »Medienphilosophie der Nahsinne«, in: Dies., Taktile Wahrnehmung. Phänomenologie der Nahsinne, München: Fink 2011, S. 131–147.

Bishop, Claire: »Introduction«, in: Dies. (Hg.): Participation. London: Whitechapel 2006, S. 10–17.

Boeing, Niels/Lebert, Andreas: »Tut mir leid, aber das sind Tatsachen« Interview mit Byung Chul Han, https://www.zeit.de/zeit-wissen/2014/05/byung-chul-han-philosophie-neoliberalismus vom 28.02.2023.

Buchmann, Sabeth: Uneingelöste Probleme der Moderne, Interview von Sabine Vogel, in: Kunstforum International Bd. 252, 2018, https://www.kunstforum.de/artikel/sabeth-buchmann-kunsthistorikerin-kritikerin/ vom 23.03.2022.

Dander, Valentin: »Sechs Thesen zum Verhältnis von Bildung, Digitalisierung und Digitalisierung«, in: Valentin Dander/Patrick Bettinger/Estella, Ferraro/Christian Leineweber/Klaus Rummler (Hgg.): Digitalisierung – Subjekt – Bildung. Kritische Betrachtungen der digitalen Transformation, Opladen: Verlag Barbara Budrich, S. 19–37.

Dander, Valentin/ Bettinger, Patrick/ Ferraro, Estella/Leineweber, Christian/Rummler, Klaus: »Einführung der Herausgeber*innen«, in: Dies. (Hgg.): Digitalisierung – Subjekt – Bildung. Kritische Betrachtungen der digitalen Transformation, Opladen: Verlag Barbara Budrich, S. 9–18.

Han, Byung Chul: Im Schwarm: Ansichten des Digitalen. Berlin: Matthes & Seitz 2013.

---

54 Vgl. Boeing, Niels/Lebert, Andreas: »Tut mir leid, aber das sind Tatsachen« Interview mit Byung Chul Han, https://www.zeit.de/zeit-wissen/2014/05/byung-chul-han-philosophie-neoliberalismus vom 28.02.2023; und Han, Byung Chul: Transparenzgesellschaft, Berlin: Matthes & Seitz 2012, S. 12ff.

55 Vgl. ebd., S. 12.

56 Ebd.

57 Vgl. ebd. S. 13.

Han, Byung Chul: Transparenzgesellschaft, Berlin: Matthes & Seitz 2012.

Haraway, Donna: Unruhig bleiben: die Verwandtschaft der Arten im Chthuluzän. Frankfurt a. M./New York: Campus 2018.

Henning, Susanne: Architektur wird plastisch. Skulpturales Handeln in architektonischen und künstlerischen Bildungskontexten. Bielefeld: transcript 2020.

Herder, Johann Gottfried: Plastik: Einige Wahrnehmungen über Form und Gestalt aus Pygmalions bildendem Träume. Werke / Bd. 2: Herder und die Anthropologie der Aufklärung, München: Hanser 1987. S. 465–542.

Hornäk, Sara: »Zur Kunstgeschichte als Bezugsfeld der Kunstpädagogik«, in: Johannes Kirschenmann/Frank Schulz/Hubert Sowa (Hgg.): Kunstpädagogik im Projekt der allgemeinen Bildung, München: kopaed 2006, S. 98–109.

Jahnsen, Angeli: Neue Kunst als Katalysator. Berlin: Reimer 2012.

Kerr, Dylan: Stranger than Science Fiction: Mariko Mori's Techno-Utopian Vision for the Future of Art. https://www.artspace.com/magazine/interviews_features/art-bytes/mariko-mori-faou-foundation-interview-53380 vom 08.09.2022.

Kobro, Katarzyna/Strzeminski, Władysław: »Raumgestaltung. Berechnungen eines raumzeitlichen Rhythmus« (Auszüge), in: Katarzyna Kobro/Jaromir Jedliński (Hgg.): Katarzyna Kobro. 1898–1951 [16. Juni bis 25. August 1991, Städtisches Museum Abteiberg, Mönchengladbach], Köln: Ed. Wienand 1991.

Meier, Anika: Kunst nach den sozialen Medien. Was ist eigentlich aus der Post-Internet-Art geworden? Beitrag vom 05.12.2018 in: Dies.: Fotografie 2.0, https://www.monopol-magazin.de/was-ist-eigentlich-aus-der-post-internet-art-geworden vom 14.03.2022.

Meyer, Torsten: »Nach dem Internet«, in: Jane Eschment/Hannah Neumann/Aurora Rodonò/Torsten Meyer (Hgg.): Arts Education in Transition, Zeitschrift Kunst Medien Bildung, zkmb 2020. Quelle: http://zkmb.de/nach-dem-internet/ vom 23.03.2022.

Nordman, Maria/Vischer, Theodora: Wandernde Struktur/Haus in der offenen Landschaft. Ein Gespräch zwischen Maria Nordman und Theodora Vischer im Juni 1991. Parkett Heft 29/1991, S. 6–12.

PWR http://artfcity.com/2014/10/14/finally-a-semi-definitive-definition-of-post-internet-art/ vom 05.12.2022.

Rebentisch, Juliane: Theorien der Gegenwartskunst zur Einführung. Hamburg: Junius 2013.

Reichert, Kolja: »Für einen neuen Zirkulationismus. ›Post-Internet‹ und Kritik«, in: Kunstforum International 242, 2016.

Römer, Stefan: »Appropriation Art«, in: Hubertus Butin (Hg.): Begriffslexikon zur zeitgenössischen Kunst, Köln: Snoeck 2014, S. 14–18.

Russeth, Andrew: Constant Displacement: Pierre Huyghe on His Work at Skulptur Projekte Münster. https://www.artnews.com/art-news/artists/constant-displacement-pierre-huyghe-on-his-work-at-skulptur-projekte-munster-2017-8602/ vom 23.03.2022.

Schneckenburger, Manfred: »Plastik als Handlungsform«, in: Kunstforum International Bd. 34 1979.

Stalder, Felix: Kultur der Digitalität, Berlin: Suhrkamp 2017.

Torke, Nicola: »After ALife Ahead«, in: Kaspar König/Britta Peters/Marianne Wagner (Hgg.): Katalog Skulptur Projekte Münster 2017, Leipzig: Spector Books 2017, S. 209.

Tuazon, Oscar: Living is a sculptural process. Interview von Jonathan Griffin. https://www.theartnewspaper.com/2017/10/26/oscar-tuazon-living-as-a-sculptural-process vom 23.03.2022.

Weisband, Marina: »Korrupte Politiker säßen da wie Maden im Speck – so können nur Leute denken, die nie versucht haben, ihren Schulflur zu bemalen«, in: Die Zeit Nr. 30 22.07.2021.

Zahn, Manuel: »Ästhetische Praxis als Kritik: Vom Aussetzen des Urteilens und der Erfindung neuer Wahrnehmungs- Denk- und Handlungsmöglichkeiten«, in: Valentin Dander/Patrick Bettinger/Estella, Ferraro/Christian Leineweber/Klaus Rummler (Hgg.): Digitalisierung – Subjekt – Bildung. Kritische Betrachtungen der digitalen Transformation, Opladen: Verlag Barbara Budrich, S. 213–233.

Zybok, Oliver: »Memes – Ursprünge und Gegenwart«, in: Kunstforum International Bd. 279/2021, https://www.kunstforum.de/artikel/memes-urspruenge-und-gegenwart/ vom 14.03.2022.

Abbildungen

Abb. 1: © Aram Bartholl http://creativecommons.org/licenses/by-nc-sa/3.0/, https://arambartholl.com/de/the-perfect-beach/ vom 24.03.2022.

Abb. 2a: Foto: Ola Rindal https://www.skulptur-projekte-archiv.de/de-de/2017/projects/186/ vom 24.03.2022.

Abb. 2b: in: Kaspar König/Britta Peters/Marianne Wagner (Hgg.): Katalog Skulptur Projekte Münster 2017, Leipzig: Spector Books 2017, S. 211.

Abb. 3: Foto: Henning Rogge, https://www.skulptur-projekte-archiv.de/de-de/2017/projects/202/ vom 24.03.2022.

Abb. 4a: in: Jean-Paul Bouillon/Paul-Louis/Rinuy, Antoine Baudin: L'art du XXe siècle. Paris: Citadelles & Mazenod, 1996–2005. Vol. 1: 1900–1939.

Abb. 4b in: K. McShine, L. Cooke: Richard Serra Sculpture. Forty Years, S. 110.

Abb. 5: in: Parkett 29/1991, S. 10.

Abb. 6a und 6b: https://www.publicartfund.org/exhibitions/view/wave-ufo/#project_about vom 05.12.2022.

Abb. 7: Foto: Henning Rogge, in: Kaspar König/Britta Peters/Marianne Wagner (Hgg.): Katalog Skulptur Projekte Münster 2017, Leipzig: Spector Books 2017, S. 87.

Auf dem Prüfstand

Tutorials zu künstlerischen Verfahren und Strategien

Jutta Götze und Heike Thienenkamp

Einleitung

Im Mittelpunkt dieses Beitrages steht die Frage nach dem didaktischen Potential von Tutorials zu künstlerischen Verfahren und Strategien im Kunstunterricht. Vor dem Hintergrund dieser Frage wurde der Workshop *Auf dem Prüfstand. Tutorials zu künstlerischen Verfahren und Strategien* für den Kunstpädagogischen Tag 2021 unter der Überschrift *Das Glatte und das Raue* an der Kunstakademie Düsseldorf konzipiert. Ziel war es, mit den Teilnehmenden das Potenzial von Tutorials praktisch zu erkunden, zu reflektieren und zu diskutieren. Dafür standen ihnen drei Videotutorials[1] (Abb. 1–3) zur Wahl, die den Werkstoff Papier in das Zentrum künstlerischen Handelns stellten. Sie sollten dazu anregen, verschiedene Zugriffsweisen auf das Material zu erproben. Gemeinsam ist allen drei Anregungen der Fokus auf die Schnittstelle zwischen Zwei- und Dreidimensionalität.

Zum Material Papier

Es gibt zahlreiche inhaltliche und materialbezogene Vorteile, die der Werkstoff Papier für künstlerische Praxis im schul- und hochschuldidaktischen Kontext mit sich bringt. Vor dem Hintergrund des Home-Schoolings während der Corona-Pandemie war Papier als Material für künstlerisches Arbeiten nicht nur aufgrund seiner rein materiellen Eigenschaften von Vorteil, sondern auch, da es in der Regel in jedem Haushalt vorhanden und kostengünstig ist. Das von Roland Meinel herausgegebene Heft *Papier konstruktiv* der Zeitschrift Kunst+Unterricht von 2018 beleuchtet die vielfältigen Facetten im Umgang mit dem Material vor allem in Hinblick auf dreidimensionales Gestalten.[2] Auch Petra Kathke widmet dem Material Papier ein großes Kapitel in ihrer zweibändigen Veröffentlichung *Sinn und Eigensinn des Materials*[3]. Meinel sieht ein besonderes didaktisches Potential von Papier als konstruktiv genutztem Material in der Schule in einer Sensibilisierung der Wahrnehmung, in der guten Eignung für explorative Prozesse und gemeinschaftliches Arbeiten

---

1 Die Tutorials wurden von Jutta Götze, Petra Kathke und Heike Thienenkamp konzipiert und unter Mitwirkung von Yasmin Götza und Marlon Roth realisiert.
2 Vgl. Meinel, Roland (Hg.): Papier konstruktiv, Kunst+Unterricht 419/420, Seelze/Velber: Friedrich-Verlag 2018.
3 Vgl. Kathke, Petra: Sinn und Eigensinn des Materials. Band 2, *Papier und Pappe*, Berlin u. a.: Cornelsen 2007, S. 14–73.

Abb. 1: Filmstill aus Tutorial 1, Raumelemente mit Papier abformen

Abb. 2: Filmstill aus Tutorial 2, Papier knüllen, fokussiert beleuchten, Lichtquelle wandern lassen, Schatten umzeichnen

Abb. 3: Filmstill aus Tutorial 3, Abbildungen von Raumelementen auf Karton aufziehen und die gefalteten Konstruktionen in Beziehung zum Raum bringen

Jutta Götze und Heike Thienenkamp

sowie in der Schulung von Feinmotorik und Konzentrationsfähigkeit.[4] Weiterhin eröffnet die kunstpraktische Beschäftigung mit Papier ein großes Spektrum von gestalterischen und technischen Möglichkeiten des Strukturierens und Umgestaltens in der zweiten und dritten Dimension, es ist form-, transformier- und modulierbar.[5] Auch für die Kunstrezeption bieten sich unterschiedlichste Anknüpfungspunkte, vor allem zu Künstler*innen einer jüngeren Generation, die Papier nicht nur als Bildträger, sondern als zentrales Material ihrer Arbeit nutzen (s. Monika Grzymala (*1970), Andreas von Weizsäcker (1956–2008), Simon Schubert (*1976), Christiane Feser (*1977) und andere).

Tutorials im Kunstunterricht

Papier bot für den Workshop *Auf dem Prüfstand* das verbindende Element bei der Konzeption der drei Tutorials, die Anlass zur Exploration und zum produktiven Handeln geben sollten. Durch die Entwicklungen während der Pandemie ist der Bedarf an Online-Lehr- und Lernformaten rasant angestiegen. Entsprechend erfahren und erfuhren Tutorials auch im Kunstunterricht eine große Verbreitung und Aufmerksamkeit. Gleichzeitig kommen sie dem Nutzungsverhalten von Jugendlichen in Bezug auf Medien entgegen. So nutzen 51 Prozent der Jugendlichen in der Altersgruppe der 12–13-jährigen laut der JIM-Studie mehrmals pro Woche bis täglich YouTube bei den 14–17-jährigen sind es 57 Prozent. Tutorials für die Ausbildung und für die Schule werden immerhin von 19 Prozent der Jugendlichen regelmäßig genutzt.[6]

Tutorials oder auch »How-to-Videos«[7] können als eine Kategorie von Erklärvideos betrachtet werden, die Vorgänge, Handlungen und Aktivitäten zeigen, die von den Nutzer*innen des Formats nachgemacht werden können. Nach Karsten D. Wolf »konzentrieren [Tutorials] sich auf das ›Wie‹, legen aber wenig Gewicht auf Erklärung des ›Warum‹ oder ›Wieso‹«.[8] Sie zeigen oftmals im Sinne einer ›Gebrauchsanleitung‹ eine Schritt für Schritt abgefilmte Handlung und werden von Lehrenden vielfach in einer Demonstrationsphase verwendet, um eine bestimmte Technik einzuführen, die dann die Grundlage für die spätere, praktisch-produktive Arbeit bildet.[9] Die Darbietungsform des Tutorials ist nach Kleynen meist »schlicht« gehalten, mit einfachen technischen Mitteln produziert und mittels einer Stimme »aus dem Off« vertont, die Hinweise zu den bewegten Bildern gibt.[10]

---

4   Vgl. Meinel, Roland: »Papierwelten. Konstruktive Papiergestaltung im Unterricht«, in: Kunst+Unterricht Bd. 419/420 2018, S. 4

5   Vgl. Weber, Therese: »PaperArt«, in: Neil Holt/Nicola von Velsen/Stephanie Jacobs (Hgg.): Papier. Material, Medium und Faszination, München: Prestel 2018, S. 127–131.

6   Medienpädagogischer Forschungsverbund Südwest: https://www.mpfs.de/fileadmin/files/Studien/JIM/2021/JIM-Studie_2021barrierefrei.pdf vom 18.02.2022, S. 47.

7   Kleynen, Thomas: »Unterrichtspraxis. Erklärvideos im Kunstunterricht«, in: Kunst+Unterricht Bd. 441/442 Seelze/Velber: Friedrich-Verlag 2020, S. 72.

8   Wolf, Karsten D.: »Sind Erklärvideos das bessere Bildungsfernsehen?«, in: Stephan Dorgerloh/Karsten D. Wolf (Hgg.): Lehren und Lernen mit Tutorials und Erklärvideos. Weinheim: Beltz 2020, S. 17–24, S. 17.

9   Vgl. Kleynen, Thomas, Unterrichtspraxis. Erklärvideos im Kunstunterricht, S. 72.

10 Vgl. ebd., S. 72.

Tutorials bieten die Möglichkeit, den Unterricht auch asynchron zu gestalten, indem sie einen Impuls zur praktischen Arbeit geben, der individuell weitergeführt werden kann. Gleichzeitig entfällt der Prozess der gemeinsam erlebten, im Gespräch erläuterten und gegebenenfalls modifizierten Aufgabenstellung. Handlungsalternativen im Umgang mit Material können aufgezeigt werden, die Entdeckung eigener Zugangsweisen und die gemeinsame Reflexion über das Potential des Entdeckten bleiben aber weitgehend aus.

Die im Workshop gezeigten Tutorials verzichten bewusst auf erklärende Worte durch aufgenommene oder im Bild gezeigte, geschriebene Sprache und setzen ausschließlich über den visuell präsentierten Vorgang einen Impuls zur Exploration und zur praktischen Arbeit. Technische Nebengeräusche, die sich beim Auseinanderreißen eines Pappkartons, dem Zerknüllen eines Papieres oder dem Anschalten der Taschenlampe ergeben, unterstützen akustisch das dargebotene Handlungsszenario. Die Abspielzeit der Tutorials variiert zwischen 4:30 und 1:16 min.

Während das Erproben der Tutorials und die Reflexion über ihre Konzeption und Nutzung in (hoch-)schul-didaktischen Prozessen im Zentrum des Workshops stand, erfolgte zunächst ein gemeinsamer Einstieg zur Sensibilisierung gegenüber der Verschränkung von leib-sinnlichem und digitalem Agieren mit und zu dem Material.

Der Workshop *Auf dem Prüfstand. Tutorials zu künstlerischen Verfahren und Strategien.*

1. Exploration

Im Rahmen einer Vorstellungsrunde knüllen und bearbeiten die Teilnehmenden gleichzeitig Teile einer großen Papierbahn. Das zuvor zweidimensionale Papier ragt in den Raum, es bilden sich Höhlungen und Strukturen, eine räumliche Tiefe, die interessante Wechsel zwischen Licht und Schatten mit sich bringt. Die Teilnehmenden sind aufgefordert, räumliche Strukturen mittels ihres Tablets zu verfolgen, einzelne Stellen per Zoomfunktion zu fokussieren. Auf diese Weise erfolgt ein Wechsel von einer körperlichen Aktion in eine mediale Reaktion.

Nach dieser kurzen Exploration werden die Tablets auf den Boden gelegt, sodass die Filmsequenzen über das Display für alle sichtbar werden. Fragen zur Reflexion können sich auf die Beziehung zwischen gemeinsamer körperlicher Aktion und individuellem Filmen bzw. filmischer Inszenierung richten und die Verzahnung beider Praktiken in den Fokus nehmen.

2. Praxis

Der Explorationsphase schließt sich Einzelarbeit an, in der sich die Teilnehmenden zunächst alle drei Tutorials anschauen. Sie entscheiden sich für eines und es folgt eine praktische Arbeitsphase, in der im Tutorial angelegte Impulse und demonstrierte Verfahren individuell weiterentwickelt werden. So entsteht zum ersten Tutorial die Idee, Papiere mit im Raum geprägten Abdrücken miteinander zu kombinieren und sie aufgrund formaler Eigenschaften in einer Collage zusammenzuführen. Die Gruppe entwickelt als weitere Idee eine zeichnerische Fortführung der geprägten Linien.

Die im zweiten Tutorial gezeigte Vorgehensweise, auf Papier ausgedruckte Fotografien von Raumelementen des Atelierraumes auf Kartons zu bringen und diese miteinander zu verschachteln, regt eine Teilnehmerin dazu an, das gefaltete und beschnittene Kartonobjekt an die fotografierte Stelle im Raum zu setzen. Dieses Arrangement wurde wiederum fotografiert. Die entstandenen Fotos irritieren bei ihrer Betrachtung, denn auf ihnen fügen sich reale Raumelemente und Schachtelkonstruktionen zu einem rätselhaften Ensemble zusammen.

Abb. 4a/b: Körperliche Aktion und mediale Reaktion

Abb. 5a/b: Kombination von Papierreliefs

Auf dem Prüfstand

Die im dritten Tutorial gezeichneten Schattenrisse, die sich durch das geknüllte Papier mit seitlicher Beleuchtung der Taschenlampe auf großformatigem Zeichenpapier ergeben, fordern dazu auf, mit dem Zeichenstift festgehalten und zeichnerisch weitergeführt zu werden. Hier entwickelt die Gruppe die Idee einer farbigen Ausarbeitung oder einer dreidimensionalen Umsetzung des gezeichneten Schattenrisses mit plastischem Material

Der praktisch-produktiven Arbeit folgt ein Galerierundgang, in dem die Teilnehmenden den Prozess der entstandenen Arbeiten reflektieren und sich bewusstmachen, wie der eigene Blick auf das Material und die Raumsituation den Arbeitsprozess beeinflussen und zu individuellen Lösungen führen kann. Weiterführende Ideen werden vorgestellt und diskutiert.

3. Reflexion

Die abschließende Reflexionsphase führt zu einer Diskussion über die Vor- und Nachteile des Einsatzes von Tutorials zu künstlerischen Verfahren und Strategien im Kunstunterricht. Dabei steht zunächst die Frage nach dem richtigen Zeitpunkt bei der Verwendung eines Tutorials im Mittelpunkt. Die Teilnehmenden halten es in Zeiten der Pandemie für sinnvoll, Techniken über kurze Tutorials sowohl in asynchronen Unterrichtssituationen als auch in synchronen, räumlich begrenzten Situationen, die mit eingeschränkten Sichtverhältnissen in Demonstrationsphasen einhergehen, einzuführen. Zudem kann, wer durch Fehlzeiten Inhalte verpasst hat, im synchronen Unterricht das Versäumte störungsfrei und ohne Informationsverlust nachvollziehen. Probleme, die manche vielleicht beim Nachvollziehen von Gedankengängen in Demonstrationsphasen haben, können durch wiederholtes, individuelles Abspielen des Tutorials ausgeglichen werden.[11] Allerdings wird der fehlende Perspektivwechsel, der sich durch die Bewegung im Klassenraum ergibt und zu individuellen Sichtweisen führt, als Nachteil gesehen. Auch entfällt im zuvor produzierten Tutorial eine in Präsenz erzeugte Spannung, wie sie sich

Abb. 6a/b: Raumelemente und fotografierte und manipulierte Bilder des Raumes auf Karton in rätselhafter Kombination

11 Vgl. Bloß, Werner: »Video Tutorials im Unterricht«, in: BDK-Mitteilungen 4/2015, S. 13.

beispielsweise in einem abgedunkelten Klassenraum ergeben kann, wenn zerknülltes Papier mit der Taschenlampe angeleuchtet zu interessanten Formationen wächst und die Taschenlampe wortlos weitergeben wird. Ein reflektierter Einsatz von Tutorials kann jedoch in unterschiedlichen Phasen des Kunstunterrichts Unterrichtsprozesse ergänzen und weist allgemein ein hohes didaktisches Potenzial für die Einführung verschiedener künstlerischer Verfahren und Strategien auf. Von der Lehrkraft selbst produzierte Tutorials, die gezielt an die Heterogenität der Lerngruppe und auf die Themen des Kunstunterrichtes angepasst sind[12], eignen sich hier im Besonderen.

Auch kann die Produktion von Tutorials Bestandteil der Aktivität innerhalb des Unterrichts sein. In der Gruppe produzierte Tutorials haben das Potential, sich förderlich auf die Lernmotivation oder das Autonomieerleben der Lernenden[13] auszuwirken, beispielsweise wenn Expertenwissen kreativ im Video aufbereitet ist und der gesamten Lerngruppe zur Verfügung gestellt wird.[14] Aspekte der gelungenen filmischen Darstellung werden gemeinsam erarbeitet und bei der Konzeption der Tutorials berücksichtigt. Findeisen, Horn und Seifried kategorisieren in einer Zusammenfassung empirischer Befunde aus dem Jahr 2019 Designmerkmale zur Gestaltung von Erklärvideos und verweisen auf die positiven Effekte, die Einzelne auf die Aufmerksamkeit der Lernenden haben können.

Der Verzicht auf Sprache in den im Workshop erprobten Tutorials, die Entscheidung also dafür, den Impuls ausschließlich über das Bild zu setzen, erscheint aus

---

12 Vgl. Kleynen, Thomas, Unterrichtspraxis. Erklärvideos im Kunstunterricht, S. 70.
13 Vgl. Findeisen, Stefanie/Horn, Sebastian/Seifried, Jürgen: »Lernen durch Videos – Empirische Befunde zur Gestaltung von Erklärvideos«, in: MedienPädagogik: Zeitschrift für Theorie und Praxis der Medienbildung, S. 31.
14 Vgl. Kleynen, Thomas, Unterrichtspraxis. Erklärvideos im Kunstunterricht, S. 70.

Abb. 7: Umzeichnete Schattenrisse ergeben interessante Formen und bieten Anlass für Assoziationen

verschiedenen Gründen vorteilhaft. Das Nonverbale kommt Schüler*innen zugute, für die das Fachvokabular eine Schwierigkeit darstellt. Vor allem aber erfordert ein Tutorial, das nur über das Zeigen und ohne das Sagen funktioniert, eine andere Form der Aufmerksamkeit und lässt eine größere Offenheit in der Reaktion darauf zu. Dies insbesondere, als in den Tutorials zwar Prozesse, aber keine fertigen Produkte präsentiert werden. So wird vermieden, Arbeitsabläufe einfach Schritt für Schritt nach Anleitung nachzuvollziehen. Stattdessen bleiben Leerstellen erhalten, die von den Lernenden individuell gefüllt werden.

Literatur

Bloß, Werner: »Video Tutorials im Unterricht«, in: BDK-Mitteilungen 4/2015.

Findeisen, Stefanie/Horn, Sebastian/Seifried, Jürgen: »Lernen durch Videos – Empirische Befunde zur Gestaltung von Erklärvideos«, in: *MedienPädagogik: Zeitschrift für Theorie Und Praxis Der Medienbildung*, https://www.medienpaed.com/article/view/691/658 vom 18.02.2022, S. 16–36.

Kathke, Petra: Sinn und Eigensinn des Materials. 1. Aufl., Band 2, Berlin/Düsseldorf/Mannheim: Cornelsen 2007.

Kleynen, Thomas: »Unterrichtspraxis. Erklärvideos im Kunstunterricht«, in: Kunst+Unterricht Bd. 441/442, Seelze/Velber: Friedrich-Verlag 2020.

Medienpädagogischer Forschungsverbund Südwest: [online] https://www.mpfs.de/fileadmin/files/Studien/JIM/2021/JIM-Studie_2021_barrierefrei.pdf vom 18.02.2022.

Meinel, Roland (Hg.): Papier konstruktiv. Kunst+Unterricht 419/420, Seelze-Velber: Friedrich-Verlag 2018.

Meinel, Roland: »Papierwelten. Konstruktive Papiergestaltung im Unterricht«, in: Kunst+Unterricht Bd. 419/420, Seelze-Velber: Friedrich-Verlag 2018, S. 4–9.

Weber, Therese: »PaperArt«, in: Neil Holt/Nicola von Velsen/Stephanie Jacobs (Hgg.): Papier. Material, Medium und Faszination, München: Prestel 2018, S. 127–131.

Wolf, Karsten D.: »Sind Erklärvideos das bessere Bildungsfernsehen?«, in: Stephan Dorgerloh/Karsten D. Wolf (Hgg.): Lehren und Lernen mit Tutorials und Erklärvideos. Weinheim: Beltz 2020, S. 17–24.

Abbildungen

Abb. 1–3: Film-Stills aus den Tutorials, die Abbildungsrechte liegen bei Jutta Götze, Petra Kathke und Heike Thienenkamp.

Abb. 4–7: Fotos aus dem Workshop *Auf dem Prüfstand. Tutorials zu künstlerischen Verfahren und Strategien*, Kunstpädagogischer Tag *Das Glatte und das Raue*, Düsseldorf 2021. Wer hat diese Fotos gemacht?

Transmediale Zugänge zur Plastikrezeption in einem agilen Lernsetting

Lars Zumbansen

Die Auswahl der passenden Lernmedien für ein spezifisches Unterrichtsvorhaben ist eine komplexe Planungsentscheidung, die noch einmal kompliziert wird durch die Erkenntnis, dass Medien als »Weltbildapparate«[1] in je eigener Weise immer schon den Blick auf den Unterrichtsgegenstand perspektivisch formatieren.

Doch was ist die Konsequenz aus diesem Sachverhalt, insbesondere dann, wenn die Alternativen analoger, digitaler oder hybrider Vermittlung immer umfassender werden? Gilt es als Lehrer*in mit immer mehr Bällen zu jonglieren, alle möglichen transmedialen Varianten durchzuspielen, die Schüler*innen zugänglich und sachgerecht zugleich erscheinen, und denkbare Outputs dieser Auseinandersetzung zu antizipieren?

Hinter diesen Fragen steht aus meiner Sicht ein bestimmtes professionelles Rollenverständnis, zu dem ich im Folgenden eine agilere Alternative anbieten möchte.

Als Ankerpunkt und historische Reibefläche für meine Argumentation dient mir dabei ein Modell des kanadischen Soziologen Erving Goffman, der das Theater als Großmetapher für die »soziale Welt« entfaltet[2]. Die Originalausgabe mit dem Titel *The Presentation of Self in Everyday Life* stammt dabei von 1959. Für unser Feld würde das Modell Goffmans bedeuten, dass Schüler*innen und Lehrer*innen sich in ihren sozialen Rollen auf der Bühne »Schule« inszenieren und dabei wechselseitig Publikum füreinander sind. Für die Reflexion von Planungsentscheidungen von besonderem Interesse erweist sich dabei Goffmans Konzept der »Hinterbühne«. Er schreibt:

> »Wir finden häufig eine Trennung in einen Hintergrund, auf dem die Darstellung einer Rolle vorbereitet wird, und einen Vordergrund, auf dem die Aufführung stattfindet. Der Zugang zu diesen Regionen wird unter Kontrolle gehalten, um das Publikum daran zu hindern, hinter die Bühne zu schauen, und um Außenseiter davon fernzuhalten, eine Aufführung zu besuchen, die nicht für sie bestimmt ist. […] Zwischen Darsteller und Publikum herrscht ein stillschweigendes Einverständnis darüber, dass beide Gruppen handeln, als bestünde ein bestimmtes Ausmaß an Übereinstimmung und Gegensatz zwischen ihnen.«[3]

---

1 Vgl. Rosa, Lisa: Lernen anleiten im digitalen Zeitalter, 2019, https://shiftingschool.wordpress.com/2019/04/01/lernen-anleiten-im-digitalen-zeitalter-verstehen-und-praktizieren vom 27.02.2022; Krommer, Axel: Paradigmen und palliative Didaktik. Oder: Wie Medien Wissen und Lernen prägen, 2019, https://axelkrommer.com/2019/04/12/paradigmen-und-palliative-didaktik-oder-wie-medien-wissen-und-lernen-praegen vom 27.02.2022.

2 Vgl. Goffman, Erving: Wir alle spielen Theater. Die Selbstdarstellung im Alltag. 18. Aufl., München: Piper 2019.

3 Ebd., S. 217.

Für die Unterrichtsplanung gilt es, den häuslichen Schreibtisch als Hinterbühne[4] zu denken. Schüler*innen werden hier gewöhnlich als Objekt der Bedingungsanalyse einbezogen, selten als Partner*innen, die mitgestalten und mitentscheiden können. Interessant sind dabei die weiterführenden Ausführungen Goffmans zur Hinterbühne: »Hier werden Illusionen und Eindrücke offen entwickelt. Hier können Bühnenrequisiten und Elemente der persönlichen Fassade in einer Art kompakter Zusammenballung ganzer Handlungsrepertoires […] aufbewahrt werden.«[5] Dies heißt, die Hinterbühne ist als ein Ort offener Vielfalt zu denken, hier werden Varianten ausgebreitet, hier sind sie nebeneinander greifbar. Nicht alles davon findet jedoch den Weg auf die Vorderbühne. Hier herrscht Selektionszwang. Bezogen auf unser Thema würde das bedeuten, eine »begründete zielgerichtete« Medienwahl zu treffen, eine der kalkulierten, adressat*innengerechten Inszenierung.

Das Theatermodell Goffmans verstärkt dabei Kritikpunkte an einer gängigen Planungsdidaktik: Intransparenz, fehlende Partizipation und eine Vorstellung von Unterricht als lehrseitig choreografierter Interaktion. Einen disruptiven Weg aus diesem kontrollierten Setting weist dabei bereits Ralf Dahrendorf in seinem Vorwort zur deutschen Ausgabe von *Wir alle spielen Theater*: »Seine [Goffmans] Darstellung des Verhaltens auf und hinter der Bühne nimmt zwei soziale Orte als gegeben hin, deren Verhältnis auch anders sein könnte. […] Wie, wenn mehr Darsteller verraten, was sich hinter der Bühne abspielt? Wie, wenn das Publikum mitzuspielen beginnt? Das alles mag nicht zu einem Ausbruch aus der Gesellschaft führen; es kann sie aber verändern, […].«[6]

Die Pointe dieses Gedankenspiels sind zwei Fluchtbewegungen, die sich sehr gut mit einem Konzept von agiler Didaktik in Einklang bringen lassen. Zum einen geht es darum, den Schleier zur Hinterbühne zu lüften, Schüler*innen in Planungsentscheidungen einzubeziehen, dort vorhandene Vielfalt nicht lehrseitig »didaktisch zu reduzieren«, sondern als gemeinsame Herausforderung und Lerngelegenheit auf die Vorderbühne zu holen. Zum anderen gilt es dabei, die Schüler*innen ebenfalls von der anderen Seite aus dem Publikum auf die Bühne zu holen, sie zu Ko-Konstrukteur*innen des Unterrichts zu machen, sie mit ihrer Haltung, ihrer Expertise und den auch unerwarteten Lösungsansätzen, die sie einzubringen vermögen, ernst zu nehmen.

Doch was in der Theorie idealistisch klingt, muss in der Praxis auch eingelöst werden. Ich möchte zumindest einen Ansatz in diese Richtung skizzieren, wie ich ihn mit einem Kunstgrundkurs der Jahrgangsstufe 11 beschritten habe. Ausgangspunkt war eine eigentlich bekannte Hinterbühnenproblematik von Kunstlehrer*innen: Wie kann ich meinen Schüler*innen eine Plastik – hier das Werk *L'homme qui marche* von Auguste Rodin – begreifbar machen, ohne ihnen eine Originalbegegnung

---

[4] Hinterbühnen müssen nach Goffman dabei nicht zwangsläufig dauerhafte physische Orte, sondern können auch temporär situative Settings sein. Allerdings verweisen sichtbar kontrollierte Hinterbühnen immer auch auf eine bestimmte soziale Hierarchie. Während für Lehrer*innen das ›Lehrerzimmer‹ eine mehr oder minder stark regulierte ›Hinterbühne‹ zum Unterricht darstellt, gibt es für Schüler*innen im Schulraum solche exklusiven Zonen systemisch selten, die komplett der Kontrolle bzw. Aufsicht von Lehrer*innen entzogen sind. Temporäre Zuflüchten sind hier maximal die Toiletten, insbesondere in den Unterrichtszeiten.

[5] Ebd., S. 104.

[6] Ebd., S. 8.

im Museum ad hoc ermöglichen zu können? Bei vollplastischen Figuren ohne eindeutige Hauptansicht verbietet es sich eigentlich, die Schüler*innen mit einer fotografischen Reproduktion zu konfrontieren, die immer bereits durch Perspektivierung, Standpunkt und Ausleuchtung eine Deutungshypothese markiert. In Zeiten fehlender medialer Alternativen wäre der Griff zum Schulbuch eine probate Wahl gewesen, nicht aber heute: so hält etwa das Musée Rodin in Paris zu bekannten Werken des Künstlers freie 3D-Datensätze zum Download bereit[7].

Doch was ist nun die passende Darbietungsform für das Vektor-Modell der Plastik und welche Erkenntnisse lassen sich überhaupt an den 3D-Modellen gewinnen? Genau diese Frage habe ich von der Hinter- auf die Vorderbühne getragen. Einige Schüler*innen hatten bereits im Vorjahr in einem Projektkurs Erfahrungen mit dem 3D-Design[8] und auch praktische Expertise gesammelt. Wir sind gemeinsam in den schuleigenen Maker-Space gegangen, der u. a. mit einer VR-Brillen-Station, sechs 3D-Druckern, einem *iPad*-Koffer sowie etlichen *Cardbord*-Brillensets ausgestattet war. In einem Design-Thinking-Prozess[9] wurden hier in Kleingruppen methodische Prototypen für die eigene Werkanalyse ersonnen. Dabei wurde schnell eine Problematik ersichtlich: Die in großer Anzahl verfügbaren *Cardboard*-Brillen hätten zwar einen niedrigschwelligen und breiten Zugang zu einer 3D-Ansicht des Modells etwa über *Sketchfab*[10] ermöglicht, jedoch keine direkte Interaktion mit dem Modell. Den Schüler*innen war es aber wichtig, ihre Erkundungen am Werk direkt visualisieren und mit anderen teilbar machen zu können. In der gemeinsamen Präsentationsrunde bildeten sich drei Zugangsstationen aus:
- Eine maßstabsgetreue Erkundung mit der VR-Brille, wobei die Datei in das Programm *Google Tiltbrush*[11] geladen werden sollte, um Markierungen im Raum zu ermöglichen.
- Eine Integration in die kostenlose 3D-Präsentations-App *Fusion360* auf dem *iPad*, bei der zu unterschiedlichen Ansichten Kompositionsskizzen kollaborativ angefertigt werden können, die sich auch wechselseitig kommentieren lassen.
- Eine Station mit mehreren miniaturisierten 3D-Drucken der Plastik, um insbesondere die Oberflächenstruktur in den Blick zu nehmen. Papier, Graphitstifte und Ton, ggf. zur Abformung sollten Möglichkeiten der ›Notation‹ bieten.

Jede Gruppe sollte nun für die Folgestunde jeweils eine Station bauen. Dazu erhielten sie jeweils den Datensatz. Auch wenn einige Schüler*innen bereits Erfahrung mit dem 3D-Druck gesammelt hatten und eine druckfähige Datei mit einem Slicer erstellen konnten, unterstützte ich hier vor allem bei der Koordination der Druckprozesse. Da jeder Druck ca. acht Stunden dauerte, übernahm ich selbst auch einige Drucke, die ich von daheim anstieß.

Da die VR-Station nur einmal existierte, musste ein alternierendes Verfahren erdacht werden, das keinen Leerlauf für einige Kursteilnehmer*innen produzierte.

---

7 Vgl.: https://www.myminifactory.com/users/Musée%20Rodin vom 28.02.2022.
8 Vgl.: https://gymhsw.padlet.org/LZumbansen/nvrphzuy1kud vom 28.02.2022.
9 Vgl. Förtsch, Matthias/Stöffler, Friedemann: Die agile Schule. Hamburg: AOL-Verl. 2020, S. 13.
10 Vgl. https://sketchfab.com vom 28.02.2022.
11 https://www.tiltbrush.com vom 28.02.2022.

Wir einigten uns darauf, dass der ›Maker-Space‹ in den nachfolgenden Kunstdoppelstunden neben dem offiziellen Werkraum immer als Lernraum solange offenstand, bis die drei Stationen von allen Schüler*innen durchlaufen wurden. Parallel wurde praktisch an den eigenen figürlichen Plastiken zum Thema ›Gender-Shift‹ gearbeitet.

Die Leitfragen für die mediengestützten Werkbegegnungen an den einzelnen Stationen waren dabei diese:
- Welches Wirkungspotential geht von der Plastik aus, wie ändert sich dieses je nach Ansicht und Perspektive?
- Wie beeinflusst/verändert das mediale Setting meinen Blick auf die Plastik? Welche Aspekte geraten dabei unterschiedlich stark in den Blick?
- Auf welche Weise kann ich dabei die dem Programm/Medium eigenen Mittel nutzen, um meine Erkenntnisse zu dokumentieren/in analytische Zeichnungen zu übersetzen?

Nachdem alle Schüler*innen alle Stationen durchlaufen hatten, fand ein Abschlussplenum statt, bei dem ich die Kursteilnehmer*innen nun mit dem ursprünglich als Zugang verworfenen Lehrbuchtext[12] konfrontierte, der mit einer seitengroßen Abbildung des *Schreitenden* von Rodin aufwartete. Dabei sollte ein Abgleich der Bild- und Textinformationen mit den eigenen Analysebefunden erfolgen. Zwar konstatierten die Schüler*innen, dass die Abbildung im Gegensatz zu den 3D-Versionen einen authentischen Eindruck der Materialität der patinierten Bronze vermittelte, allerdings durch Fokussierung der Zirkelstellung der Beine vor allem die raumgreifende Stabilität der Plastik betonte. Dieser Eindruck stand in deutlichem Kontrast zu der vor allem über die VR-Brille ermittelten Bewegungsillusion, die in der Frontalpostition durch den nach vorne geneigten Oberkörper und den entgegenstrebenden Fuß erfahren wurde. Durch eine Einfärbung der Teilvolumina aus verschiedenen Ansichten in *Fusion360* konnte das sich jeweils verändernde Dominanzverhältnis von Ober- und Unterkörper sichtbar dokumentiert werden, das das Umschreiten der Plastik zu einem dynamischen Rezeptionsakt macht. Das in einem flankierenden Erläuterungstext beschriebene »Modelé«, die Sichtbarmachung des Herstellungsprozesses durch Hinzufügen und Eindrücken von Tonklumpen, konnte von den Schüler*innen dabei vor allem durch den am 3D-Druck ausgemachten Kontrast der Oberflächenbeschaffenheit herausgearbeitet werden. Durch eine Frottage auf dünnem Papier wurden die glatten, vor allem konvexen Oberschenkelpartien mit den zerklüfteten, harten Graten vor allem an Oberkörper und Rücken abgetragen. Gegenüber dem im Text herausgehobenen Naturalismus der kräftigen Beine äußerten sich die Kursteilnehmer dagegen skeptisch, wurde doch gerade die überdimensionierte Oberschenkel- und Wadenmuskulatur als hyperrealistisch, idealisierend interpretiert.

Das Beispiel zeigt, dass eine intensive kritische Auseinandersetzung mit der Bild-Textkoppel des Lehrbuchs vor allem durch die multiperspektivischen medialen Zugänge angebahnt werden konnte, d. h. durch unterschiedliche Manifestationen ein und desselben Datensatzes. Die Entwicklung eines medienreflexiven Bewusst-

---

12 Vgl. Krämer, Torsten: Skulptur und Plastik. Werkbetrachtungen von der Antike bis zur Gegenwart. Stuttgart: Ernst Klett Verl. 2011, S. 36.

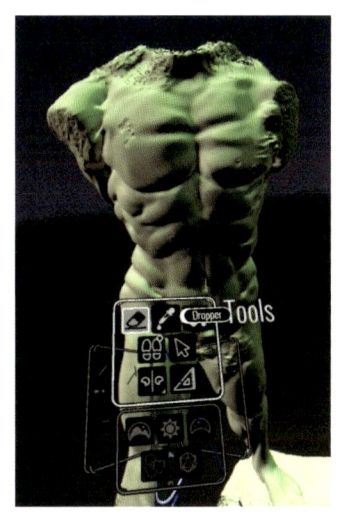

Abb. 1: Zugänge zu Rodins *Schreitendem* über die VR-App *Tiltbrush* sowie über Notationen zu einem 3D-Druck

Abb. 2: Alternativer Zugang zur Plastik über die imaginative Konkretisierung des Torsos mit Ton auf einem 3D-Druck der Beine des *Schreitenden*

seins der Schüler*innen fußt dabei auf dem, was der Medienhistoriker Michael Giesecke als »Oszillationsfähigkeit, das probeweise Fokussieren mal des einen, mal des anderen Stils«[13] bezeichnet. Das hier skizzierte Unterrichtsvorhaben ist dabei natürlich nicht voraussetzungslos und im konkreten Fall nur realisierbar durch die technischen Ressourcen und die Vorbildung der Schüler*innen im Umgang damit. Das Prinzip ist aber übertragbar.

Ich plädiere dabei dafür, das mediale Probehandeln vom Planungstisch auf die Vorderbühne des Unterrichtsgeschehens zu holen und die Schüler*innen selbst immer wieder zahlreiche methodische Prototypen mit den ihnen erweiterten medialen Mitteln entwickeln zu lassen. Auf diese Weise lässt sich jenseits etablierter Nutzungsroutinen Kreativität als Basis von Unterscheidungsfähigkeit (und damit als Kritik im ursprünglichen Sinne) kultivieren. Der hier dargestellte Ansatz führt dabei notwendig zu einer Verlangsamung des Unterrichtsprozesses und somit folgerichtig zu einem noch exemplarischeren fachlichen Lernen. Doch dieser Preis lohnt sich, wenn Schüler*innen dadurch mehr Regiekompetenzen im schulischen ›Theater‹ erhalten.

Literatur

Förtsch, Matthias/Stöffler, Friedemann: Die agile Schule. Hamburg: AOL-Verl. 2020.

Giesecke, Michael: Die Entdeckung der kommunikativen Welt. 2. Aufl. Frankfurt a. M.: Suhrkamp 2017.

Goffmann, Erving: Wir alle spielen Theater. Die Selbstdarstellung im Alltag. 18. Aufl. München: Piper 2019.

Krämer, Torsten: Skulptur und Plastik. Werkbetrachtungen von der Antike bis zur Gegenwart. Stuttgart: Klett 2011.

Krommer, Axel: Paradigmen und palliative Didaktik. Oder: Wie Medien Wissen und Lernen prägen, 2019, https://axelkrommer.com/2019/04/12/paradigmen-und-palliative-didaktik-oder-wie-medien-wissen-und-lernen-praegen/#more-1509 vom 28.02.2022.

Rosa, Lisa: Lernen anleiten im digitalen Zeitalter. Verstehen und praktizieren, 2019, https://shiftingschool.wordpress.com/2019/04/01/lernen-anleiten-im-digitalen-zeitalter-verstehen-und-praktizieren vom 28.02.2022.

Wampfler, Philippe: Agil lehren – im Netz, an der Schule, an der Uni. Ein Gedankenanstoß, 2019, https://schulesocialmedia.com/2019/06/03/agil-lehren-im-netz-an-der-schule-an-der-uni-ein-gedankenanstoss vom 28.02.2022.

https://www.myminifactory.com/users/Musée%20Rodin vom 28.02.2022.

https://gymhsw.padlet.org/LZumbansen/nvrphzuy1kud vom 28.02.2022.

https://sketchfab.com vom 28.02.2022.

https://www.tiltbrush.com vom 28.02.2022.

Abbildungen

Abbildungen: KPT2021, Fotos: Antonia Hermes

---

13 Giesecke, Michael: Die Entdeckung der kommunikativen Welt. 2. Aufl. Frankfurt a. M.: Suhrkamp 2017, S. 500.

Supports/Surfaces_2021
Zeichnung, Malerei und Künstler*innenbuch als digitale und analoge Vorhaben

Annette Hasselbeck und Anke Lohrer

Der Raum der Fläche

Der Name der französischen Künstler*innengruppe *Supports/Surfaces* umreißt die beiden grundlegenden Aspekte ihrer künstlerischen Arbeit: Der Bildträger, auf Französisch *support*, und die Bildoberfläche, auf Französisch *surface,* bilden den künstlerischen Aktionsraum der Gruppe, die in ihrem künstlerischen Handeln die angenommene Flächigkeit der Malerei in Frage stellt. Die Künstler*innengruppe experimentiert in den 1960er- und 1970er-Jahren mit der malerischen Oberfläche, indem sie die künstlerische Arbeit mit und auf dem Bildträger stark fokussiert. Dadurch wird das Verhältnis von visuellen Oberflächenreizen und der Räumlichkeit der Fläche in der Malerei experimentell erweitert und die Erstarrung der Malerei als Kunst des Flächigen hinterfragt. Verschiedene Trägermaterialien wie Stoffe, Fäden, Papier u.v.a. werden Teil des aktiven ›Mal‹prozesses, der sehr oft ohne klassische Werkzeuge wie Pinsel auskommt. Es wird geknüllt, geknotet, geklebt und eingefärbt.

Komplizenschaft mit der Oberfläche: raue Papiere und glatte Displays

Das in Frankreich bis heute sehr bekannte Künstler*innenkollektiv war vor allem im Zeitraum Ende der 70er-Jahre aktiv. Eines der wichtigsten Mitglieder war André-Pierre Arnal, der mit dem Medium Papier experimentierte. Er nutzte den Rohstoff, manipulierte, fragmentierte, zerriss es. Arnal beginnt 1968 mit einer Reihe von Farbexperimenten auf, in und mit dem Papier. Er knüllt verschiedene Trägermaterialien während des Malvorgangs zu eng gefalteten Bällchen, die er in Farbbäder taucht und wieder auseinanderfaltet, wodurch sie eine zufällige Form ergeben, die zwischen Malerei und Abdruck changiert. Mit derartigen Vorgehensweisen erforscht er sowohl Bildträger als auch Bildfläche und widmet sich damit intensiv der Frage nach der Oberfläche, die nach der Digitalisierung eine besondere Relevanz für die aktuelle Reflexion von Kunst und Materialästhetik entfaltet. Er schreibt in diesem Sinne: »Papier ist eine Haut. Es ist geschmeidig, lebendig, fähig zu Tränen, Wunden, Gefühlen, die sehr menschlich sind, zwischen Zärtlichkeit und Schmerz, den Launen des Künstlers in einem Verhältnis von Vertrauen, Würde und leidenschaftlicher Komplizenschaft bei der Schaffung eines Werks angeboten.«[1]

---

1 https://musee.info/Andre-Pierre-Arnal vom 25.02.2022. Übersetzung aus dem Französischen durch die Autor*innen.

Diese von André-Pierre Arnal als so organisch und lebendig beschriebene Interaktion zwischen ihm und dem Papier beschreibt die Besonderheiten des sinnlichen Erlebens im Prozess des Malens oder Zeichnens im erweiterten Sinne. Das künstlerische Objekt (Abb. 1) wird dann zum Zeugen dieser lebendigen Interaktion, indem es danach die sichtbaren Spuren zeigt. Als Spuren bleiben farbliche und plastische Veränderungen der Oberfläche, die auf Verformungen und die Stofflichkeit der Oberfläche verweisen.

Aktuelle, rein digitale Kunstwerke wie beispielsweise NFTs[2] lösen die Verbindung mit einer einzigartigen Oberfläche völlig auf. Sie sind auf verschiedenen Displays und Geräten präsentierbar. Andrew Bensons digitale abstrakte Malerei spielt sich hinter glatten Displays ab. Seine Arbeit *Stirring Tints* (2021) zeigt beispielsweise, was gestisches Malen im Digitalen bedeutet: Statt haptischen Spuren von malerischen Gesten erleben Zuschauende das Ineinanderfließen von digitalen Farbkörpern. Die digitale Malerei ist der softwareanimierte Prozess. Die Gesten, die die Farbe in Bewegung setzen, werden durch benutzerdefinierte Animationssoftware und Effektsoftware initiiert. Ebenso werden die Eigenschaften der Farbe, die dort bewegt wird, mittels Software definiert. Wie stark ein gestischer Impuls ist, wie flüssig die Farbe im Einzelnen fließt, ist nicht Ergebnis einer digitalen Tablet-Zeichnung, sondern das Ergebnis einer programmierten Software, die den Malakt vollzieht. Das

Abb. 1: Andre-Pierre Arnal, Froissage, Arbeit auf Papier, Musée Fabre, Montpellier, 2021

[2] NFT steht für Non-Fungible Token, was übersetzt heißt: Nicht austauschbarer Token. »Token« bezeichnet hier einen Wert als digitales Handelsobjekt. Zuletzt hatten die Versteigerungen auf Kunstauktionen von NFTs zu unerwartet hohen Erlösen für Erstaunen gesorgt, da anders als bisher kaum greifbar ist, was dort eigentlich erworben wird. Die rein digitale Kunst hat damit auch den Weg in den bisher an physischen Besitzverhältnissen orientierten Kunstmarkt gefunden.

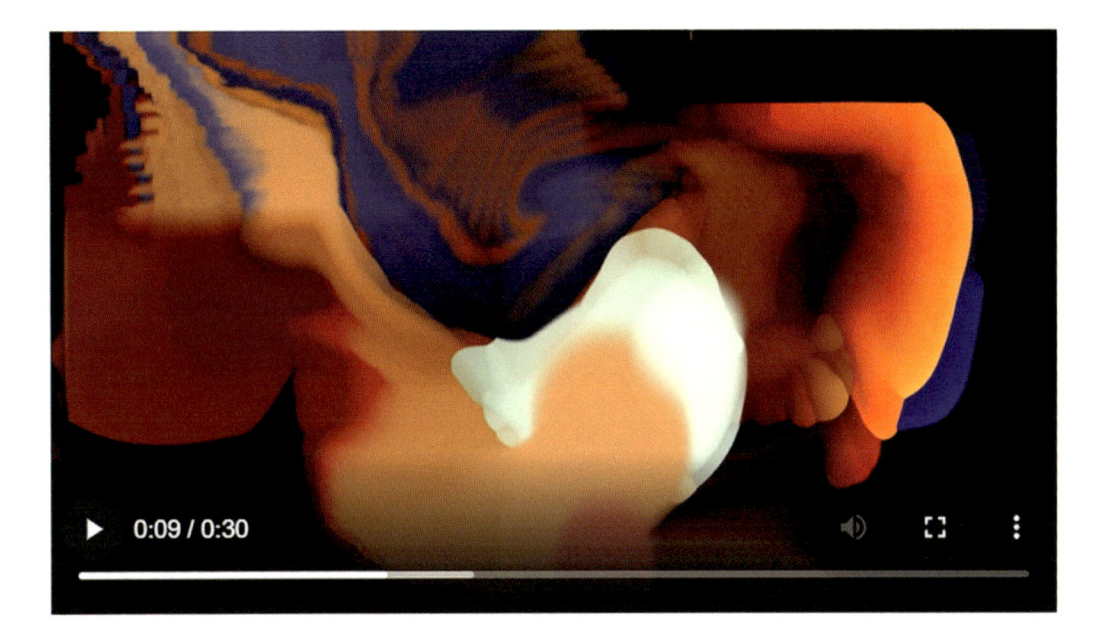

Programmieren der Animationssoftware ist das, was der Künstler Andrew Benson als künstlerische Handlung unternimmt. Er bestimmt über die Viskosität der virtuellen Farbe, das heißt, er übersetzt Eigenschaften aus dem Physischen in das Digitale. Damit werden ganz grundsätzliche Fragen aufgeworfen: Ist eine malerische Geste, die sich ausschließlich in einem technischen Gerät vollzieht, überhaupt eine Geste oder nur ihre Simulation? Ist der visuelle Eindruck von fließender Farbe nur eine Nachahmung von fließender Farbe, weil ihr die Materialität, die im Physischen das Fließen der Farbe bedingt, fehlt? Derlei Fragen beschäftigen kultur- und naturwissenschaftliche Diskurse, die der Mensch-Maschine-Verbindung nachgehen.

Digitale Malerei und Zeichnung mögen von den physischen Mal- und Zeichenprozessen ausgehen und diese zumindest in ihren einfacheren Formen lediglich simulieren und übersetzen. Dass hier Materialität weitestgehend verloren geht, kann kaum von der Hand gewiesen werden. Im Bereich des Visuellen scheint diese Übersetzungsarbeit den Möglichkeiten physischer Malprozesse jedoch teilweise überlegen zu sein: In digitalen Zeichnungen können Schritte zurückgenommen werden; das irreversible Moment, das physische Kunst wie Malerei und Zeichnung kennzeichnet, entfällt. Durch das Arbeiten in Ebenen können auch weit zurückliegende Entscheidungen revidiert und optimiert werden. Damit kommen die digitalen Instrumente unserem wachsenden Anspruch nach Verfügbarkeit, wie ihn der Soziologe Hartmut Rosa für unsere aktuelle gesellschaftliche Verfassung konstatiert[3], entgegen. Umgekehrt bietet damit der physische Mal- und Zeichenprozess das Erleben und Erlernen eines Umgangs mit »Unverfügbarkeit«[4]. Auch im Digitalen gibt es Bereiche des Nichtverfügbaren, auch wenn wir hier, basierend auf den bisherigen Entwicklungen, von einem »Noch-Nichtverfügbaren«

Abb. 2: Andrew Benson, Stirring Tints (sich bewegende/durchmischende Farbtöne), Still aus einem animierten GIF, 30 sec, 1920 × 1080 Pixel, 2021

---

3   Vgl. Rosa, Hartmut: Unverfügbarkeit, Berlin: Suhrkamp, 2020.
4   »Unverfügbarkeit« ist der zentrale Begriff, den Hartmut Rosa in seiner gesellschaftskritischen Analyse fokussiert.

ausgehen können. So ist beispielsweise die perfekte Simulation eines Schreiberlebnisses auf Papier durch digitale Endgeräte wie Tablets, Lesegeräte, Grafiktabletts weiterhin eine Schwachstelle. Lediglich eine Firma kann derzeit mit einem ›Paper Tablet‹ eine große Annäherung an das ›echte‹ Schreibgefühl ermöglichen. Mit diesem Gerät wird immerhin eine extrem präzise Kalibrierung erreicht (die Zeichenspur ist also unmittelbar, ohne den kleinsten Versatz am Stift), die rauere Haptik, das Druckgefühl, der Widerstand beim Schreiben/Zeichnen und sogar das Geräusch imitieren das Papiererlebnis im Gegensatz zu den bisher verbreiteten glatten, gläsernen Oberflächen erfolgreich. Dabei ist jedoch ein Arbeiten nur in Schwarz-Weiß-Tönen möglich. Die Entwickelnden und Verbraucher*innen hadern mit der Lücke, die aktuell besteht: Es ist immer noch nicht beides möglich: Vielfältige visuelle Gestaltungsmöglichkeiten (Farbe, Struktur etc.) und die Haptik einer körperlichen, sinnlich angenehmen Oberfläche gleichzeitig nutzen zu können. Möglich ist derzeit nur ein Entweder-Oder. Solche Diskussionen um Entwicklungen von digitalen Geräten und Software zeigen, dass die sinnlichen Qualitäten der Oberfläche beim Zeichnen professionellen wie nichtprofessionellen Nutzer*innen wichtig sind. Derzeit befinden wir uns in einer Situation, in der wir zunehmend die Unterschiede, Vor- und Nachteile digitaler und physischer Mal- und Zeichenprozesse kennenlernen und verstärkt reflektieren. Da uns durch die wachsende Zahl an Möglichkeiten die Auswahl eröffnet wird, ist nichts selbstverständlich, sondern erfordert eine Entscheidung für eine bestimmte Vorgehensweise, Materialien und (digitale) Techniken. Werden digitale und physisch-materielle Malprozesse verglichen, kann bei Letzteren eine intensive, intuitive Komplizenschaft zwischen Oberfläche und Künstler*in ausgemacht werden, in der beide in Bezug auf verschiedene sinnliche Aspekte miteinander interagieren. Die Komplizenschaft mit der digitalen Oberfläche ist hingegen noch entwicklungsbedürftig.

Vom Rollen zum Scrollen: Aktuelle Buchpraktiken im Kunstunterricht vor dem Hintergrund fortschreitender Digitalisierung

Nicht nur einzelne Bilder oder einzelne Seiten lassen sich digital gestalten, sondern auch ganze Bücher. Die Digitalisierung hat für das Buch nicht das gefürchtete Ende gebracht, sondern vor allem seine Erscheinungsformen verändert und vervielfältigt. Durch die Digitalisierung verändern sich jedoch seine Produktionsbedingungen und die Rezeptionsbedingungen stark. Es ist jetzt einfacher als je zuvor, auf die Vorstellungen der Lesenden einzugehen. Digitale Techniken ermöglichen im Bereich der Belletristik aktuelle Buchformen mit alternativen Verläufen. Lesende und Schreibende entscheiden hier gemeinsam über die Narration im Buch. Damit ermöglichen digitale Techniken eine verstärkte Partizipation Lesender und weichen die klare Dichotomie von Autorenschaft und Leser*innenschaft auf. Diese Dichotomie betrifft auch das Buch in der Schule: Hier wird es von Lehrenden bereitgestellt und soll von Lernenden ›durchgearbeitet‹ werden. Im schulischen Kunstunterricht werden in den letzten Jahren verstärkt künstlerische Buchformen eingesetzt.
Eine Möglichkeit für den intensiveren Einsatz künstlerischer Buchformen ist das

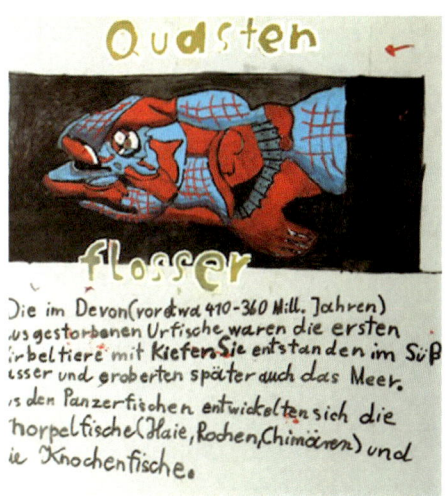

interdisziplinäre Arbeiten an einem künstlerischen Buch als Projekt, wie es beispielsweise am Düsseldorfer Wim-Wenders-Gymnasium entwickelt worden ist. Hier werden Künstler*innenbücher in einem Langzeitprojekt hergestellt, das sich der interdisziplinären Arbeit zwischen Kunst und Naturwissenschaften und dem Anknüpfen an individuelle Interessen und Ressourcen der Schüler*innen verschrieben hat. Das Künstler*innenbuch ist ein frei wählbares Fachgebiet[5] in der Erprobungsstufe geworden. Schüler*innen der Stufe 5 arbeiten über ein Schuljahr lang an eigenen Künstler*innenbüchern zu selbstgewählten Themen, die sich zwischen den Künsten und den Naturwissenschaften bewegen (Abb. 3).

5   Die Schüler*innen arbeiten hier in einem im Rahmen der Begabungsförderung entwickelten Konzept mit dem Titel *Talentschmiede*.

Abb. 3: Dokumentation von Unterrichtsergebnissen der Talentschmiede, Das Fische-Buch, von Beau Nana, Stufe 5

Abb. 4.: Esterrolle, Jemen, vermutlich 17./18. Jahrhundert, Staatsbibliothek Berlin

Abb. 5.: Bücher (Sc)rollen, Dokumentationsfoto E-Book aus dem Seminar »Walden – Kunst mit dem Wald, digital und analog« an der Universität Siegen

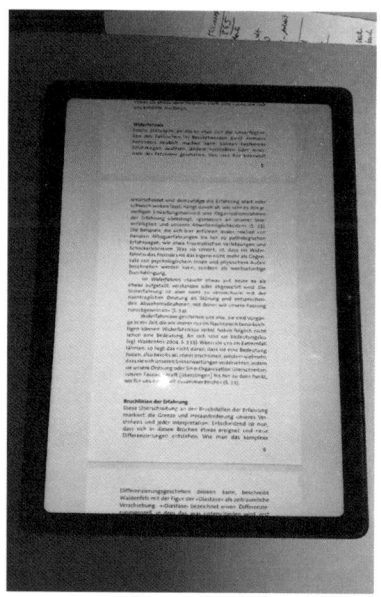

In der aktuellen Entwicklung der schulischen Kunstpädagogik sind neben dem Künstler*innenbuch auch Portfolio und Skizzenbuch von Bedeutung. Das Portfolio wird auch in anderen Fächern wie beispielsweise im Sachunterricht[6] angewendet und nutzt hier eine ästhetische Praxis für das jeweils eigene Unterrichtsfach. Im Kunstunterricht ist vor allem das Skizzenbuch ein aus der künstlerischen Praxis übernommenes Medium. Obwohl das Skizzenbuch in der künstlerischen Praxis eine lange Tradition hat, hat es in den schulischen Kunstunterricht erst spät Eingang gefunden. Die kunstpädagogische Forschung zum Skizzenbuch bleibt aktuell angesichts der immer breiteren Verwendung von Skizzenbüchern oder Skizzenheften im Kunstunterricht deutlich hinter der alltäglichen Schulpraxis zurück. Auch die meisten Teilnehmenden des Workshops arbeiten in ihrem Unterricht mit Skizzenheften und stützen den Eindruck, der sich aus unserer eigenen Unterrichtspraxis, Schulpraktika und der Recherche nach Websitedarstellungen von schulischen Kunstfachbereichen im deutschsprachigen Raum ergibt: Dass das Skizzenbuch ein Medium ist, das inzwischen bewusst und intensiv angewendet wird, für den Kunstunterricht von zahlreichen Lehrkräften neu entdeckt und exploriert wird und an zahlreichen Schulen inzwischen etabliert ist. So wird das generelle Arbeiten mit dem Skizzenbuch teilweise explizit als Besonderheit eines Kunstfachbereiches hervorgehoben. Das Buch geht damit ein Stück weit in die Hände der Schüler*innen über und ermöglicht ein Bucherlebnis, das die Haptik und die Räumlichkeit eines Buches wahrnehmbar macht. Das alltägliche Erlebnis glatter Displays, auf denen Texte und Bilder nicht geblättert, sondern mit einer Wischbewegung gescrollt werden, lässt auch die Wahrnehmung für Oberflächen und die sinnliche Erfahrbarkeit von Papier zu einem ästhetischen Erlebnis werden.

6   Lehrplan für die Primarstufe in Nordrhein-Westfalen Fach Sachunterricht Auszug aus Heft 2012 der Schriftenreihe »Schule in NRW«, Sammelband: Lehrpläne Primarstufe, RdErl. d. Ministeriums für Schule und Bildung, 2012. https://www.schulentwicklung.nrw.de/lehrplaene/lehrplan/292/ps_lp_su_einzeldatei_2021_08_02.pdf, vom 28.02.2023, S. 196.

Das Buch erscheint heute in Form eines Buchkörpers aus Papier oder als temporäres Bild auf einem Display. In seiner digitalen Version ist das Buch eine lange Text/Bild-Spur, von der immer nur ein Ausschnitt zu sehen ist und die gescrollt werden kann. Damit ist das Buch in seiner digitalisierten Form in einer Vorwärtsbewegung wieder bei der Form angekommen, die es hatte, bevor die Buchform des Codexes, also die geschnittenen Seiten zwischen zwei Buchdeckeln, entwickelt war: bei der Buchrolle[7] (Abb. 4). Der Buchinhalt hat wieder eine lineare Form und wird chromatisch vom Anfang zum Ende ges(c)rollt (Abb. 5).

Das Künstler*innenbuch im Zeitalter seiner Digitalisierbarkeit

Solche Alltagserfahrungen lassen das Buch in seiner Codexform, wie es sich in den letzten Jahrhunderten etabliert hatte, als eine mögliche Bucherfahrung unter vielen erscheinen. Während das Buch sich ins Digitale erweitert, dort seine Haptik und andere sinnliche Eindrücke, wie Geruch und Geräusch des Papieres verliert, entdecken und entwickeln Künstler*innen immer neue Buchformen, die den Bereich der Malerei und Zeichnung mit den Bereichen des Skulpturalen verbinden. Neben hybriden oder digitalen künstlerischen Büchern, die verschiedene digitale Medien in der Buchform vereinen können, sind auch die Hinwendung zu den sinnlichen Eigenschaften der einzelnen Bestandteile eines Buches und dessen künstlerische Produktion eine spannende Entwicklung im Feld der künstlerischen Praxen. So widmen sich vor allem Künstler*innen, die mit verschiedenen künstlerischen Medien arbeiten, verstärkt dem Künstler*innenbuch, da es offenbar sowohl bildbasiertem als auch plastisch-installativem künstlerischem Denken und Handeln entgegenkommt. Die Künstlerin Anna Boghiguian beispielsweise arbeitet in ihren Ausstellungen mit Displays, Fundstücken und Rauminstallationen, in die sie ihre malerischen und zeichnerischen Arbeiten integriert. In ihren künstlerischen Büchern vereint sie malerische Arbeiten mit skulpturalem Vorgehen. In Ausstellungen geht sie in der Regel ortsbezogen vor und reagiert auf den Ort Museum, aber auch auf den Ort, an dem sich das Museum befindet. Inhaltlich bezieht sie sich jedoch auch auf andere Orte, die sie bei ihren Reisen aufgesucht hat. Die Bücher nutzt sie, um die verschiedenen Eindrücke, die sie dort sammelt, und die verschiedenen Medien, mit denen sie arbeitet, zu ›zeigen‹ oder besser ›erlebbar‹ zu machen. Denn Bücher wie in Abb. 6 beziehen sich direkt auf Reisen. In anderen Arbeiten macht sie in der Leporelloform die Reise als Weg anschaulich. Die Reihenfolge der Seiten, die von gerissenen Cut-Outs durchbrochen werden (wie in Abb. 6), bildet besondere räumliche, fast landschaftliche Relationen zwischen den Seiten. Papier und Farben erzeugen Gerüche und vielfältige haptische Eindrücke. Das Besondere an diesen künstlerischen Büchern ist, dass sie durch eine starke Betonung von körperlich-sinnlichen Wahrnehmungsangeboten gekennzeichnet sind, die im Digitalen nicht

---

7 Zur Definition und kulturhistorischen Entwicklung von Buchrolle und Codex siehe: Mentzel-Reuters, Arno: Reclams Sachlexikon des Buches, Stuttgart: Reclam, 2003 Lemmata Codex, S. 132ff. und Buchrolle, S. 121f.

Abb. 6: Anna Boghiguian, A Myth, 1994, Notizbuch, 30 Seiten, verschiedene Materialien auf Papier, Sammlung der Künstlerin, Installationsansicht, Museum der Moderne Salzburg, 2018

reproduzierbar sind. Dadurch wird in der Begegnung mit Künstler*innenbüchern, wie denen von Anna Boghiguian, die eigene physische Präsenz erlebbar.

Das Buch erfährt parallel zur fortschreitenden Digitalisierung neue Aufmerksamkeit als Medium der Kunst. Es wird von Künstler*innen sowohl im Hinblick auf die physische Präsenz als auch auf die Vielfalt der digitalen Vernetzungsmöglichkeiten exploriert. Beides sind Bewegungen die für die schulische Kunstpraxis ein spannendes Potential aufweisen. Denn gerade in ihrer Gegensätzlichkeit werden die Besonderheiten von digitalen Zeichnungen und Malereien und analogen Zeichnungen und Malereien deutlich. Bei der Produktion eines künstlerischen Buches können die verschiedensten Bildpraxen miteinander verbunden werden.

Zeichnen und malen, digital und analog

Zeichnen und Malen beinhalten im Nichtdigitalen auch immer ein Arbeiten mit Oberflächen im Sinne eines plastisch-räumlichen Erlebnisses: Wie tief sinkt die Farbe in das Papier ein? Wie stark trocknet sie an der Oberfläche mit festen Bestandteilen auf? Beim Zeichnen erzeugt ein harter Bleistift eine Vertiefung oder macht die Struktur sichtbar, die sich unter dem Blatt befunden hat. Frottagen arbeiten mit diesem Verfahren. Die meisten kennen auch die Unfälle und Zufälle, die entstehen, wenn sich beispielsweise Radierkrümel unbeabsichtigt durch die Bleistiftzeichnung abdrücken.

Aber auch im Digitalen kann mit Zufall gearbeitet werden. Die Einstellungen ermöglichen eine Übersetzung des Fingeraufdrucks in Farbbewegungen, welche nicht oder nur teilweise im Vorhinein einzuschätzen sind, wie es beispielsweise beim Malen mit Aquarell auf Papier passieren würde. Anders als die ›echten‹ Aquarellfarben, werden die digitalen Aquarelltools nicht mit jeder Schicht dunkler und der digitale Bildträger kann anders als Papier niemals gesättigt und voll sein. Es ist immer wieder möglich, eine weitere transparente Schicht aufzutragen, ohne dass der Transparenz ein Ende gesetzt würde. (Abb. 7 c)

Dem Erlebnis von Farbe, Linien und Formen anhand mehr oder weniger glatter Oberflächen digitaler Geräte steht die mögliche Rauheit physischer Bildträger gegenüber. Die unterschiedlichen zeichnerischen und malerischen Prozesse erprobten Studierende der Universität Siegen in einem mehrtägigen Vorbereitungsworkshop gemeinsam mit jugendlichen Patient*innen der Patientenschule des DRK Kinderklinikums Siegen. Die räumliche Dimension des nicht-digitalen Zeichnens war ein Aspekt, der im Zusammenhang mit dem Thema des Seminars (Gemeinsames Agieren mit dem Wald) zu einer besonders intensiven gemeinsamen zeichnerischen Tätigkeit geführt hat, bei der alle zu Beteiligten wurden und die Spuren von Bäumen, Schüler*innen und Studierenden auf meterlangen Papierbahnen sichtbar gemacht hat. (Abb. 7a) Am Schluss der Zeichenaktion entstand die Idee, die kohlegefärbten Hände im Kreis zusammen zu strecken, um das Zeichenerlebnis zu dokumentieren. (Abb. 7 b) Diese Fotoidee, die von Studierenden und Betreuer*innen spontan entwickelt wurde, zeigt wie stark die Hände in den Fokus der ästhetischen Erfahrung gerückt sind und weist Zeichnen auch als haptisches Erlebnis aus, das nicht von vornherein von visuellen Eindrücken dominiert wird.

   Praxiserfahrungen sowohl aus der Schule als auch aus den universitären Semi-

Abb. 7a, 7b, 7c: Raues und Glattes in digitaler und nichtdigitaler Zeichnung und Malerei, Studierende mit einer Zeichnung, die den Baum einwickelt, Hände nach der Gruppenarbeit am Baum, Aquarell mit der App Sketches, Dokumentationsfotos aus dem Vorbereitungsworkshop (09/2021) mit der Patient*innenschule des DRK Siegen zum Seminar »Walden – Kunst mit dem Wald, digital und analog« an der Universität Siegen

naren weisen darauf hin, dass die digitalen und nicht-digitalen Zeichnungen und Malereien von Schüler*innen sich nicht so sehr voneinander unterscheiden, wie zunächst angenommen. In der Art und Weise ihrer charakteristischen Gestaltung und gesamten Wirkung entsprechen sie einander und sind deutlich den jeweiligen Urherber*innen zuzuordnen. Die Handschrift der Schüler*innen wird durch die digitalen Zeichentools nicht dominiert oder vereinheitlicht. Die digitalen Bilder waren den nicht-digitalen Bildern der Schüler*innen in ihrem Charakter erstaunlich ähnlich. Dass ein professioneller Künstler wie David Hockney sowohl digital als auch physisch die gleichen malerischen Themen bearbeitet und dabei erstaunlich ähnliche Wirkungen erzielt, ist vielleicht weniger überraschend, als dass auch die Schüler*innen in den jeweils unterschiedlichen digitalen und nicht-digitalen Techniken einen Ausdruck zeigen, der ihnen hierbei jeweils eigen ist. Die digitale Zeichen- und Malsoftwares dominieren offenbar nicht die Bildwirkung, sondern sind eine von vielen möglichen Techniken, in denen sich der individuelle Ausdruck zeigt.

In der Betrachtung von digitaler und nicht-digitaler Malerei wird auch die Performanz der Bilder nach ihrer Digitalisierung thematisiert. Wie verändert sich eine Malerei, wenn sie digital reproduziert wird? Bei David Hockneys Arbeiten fällt auf, dass sie in der digitalen Repräsentation auf dem Tablet oder via Beamer kaum in digitale iPad-Paintings und Leinwandmalereien unterschieden werden können, wenn die Bilder ausgeschnitten gezeigt werden und weder ein Museumsraum oder iPad-Display gezeigt wird.

Der Workshop

Auf Basis der obigen theoretischen Erörterung des Verhältnisses von digitalen und analogen Verfahren in Künstler*innenbüchern erprobt der Workshop *Supports/Surfaces_2021* mit Künstler*innen und Kunstpädagog*innen das Buch neben Zeichnung und Malerei in seinen medialen Eigenschaften. Ihre Spezifika werden anhand von konkreten Beispielen aus digitalen und analogen Projekten vorgestellt. Diese Projekte erproben digitales und analoges Arbeiten disziplinübergreifend in den Bereichen Zeichnung, Malerei und Künstler*innenbuch. Durch den Vergleich werden Besonderheiten und Chancen der jeweiligen Disziplinen im Digitalen und Analogen anschaulich. Die Diskussion zeigt auch, wie das künstlerische Heft als intuitive Methode eine freie künstlerische Begleitung der schulischen Aufgaben ermöglicht und dass dies Teil einer Unterrichtspraxis ist, die von besonders künstlerisch ausgerichteten Pädagog*innen im Alltag praktiziert wird. Praktikabilität und Handhabbarkeit im schulischen Alltag sind weiterhin ein Thema, wenn es um den Einsatz digitaler Medien und Techniken im Kunstunterricht geht. Gleiches gilt auch für nichtdigitale Buchprojekte: Gerade hier ist besonders ein großer Spielraum zwischen technisch unkomplizierten Bindetechniken und aufwändigen Gestaltungsmöglichkeiten bis hin zum Schöpfen des eigenen Papieres von Interesse. Digitale Software für Malerei, Zeichnung und Buchgestaltung, die als Freeware erhältlich ist und auch für Schüler*innen in Eigenregie installierbar ist, bietet auch jenseits pandemiebedingter Distanzlehre eine Chance, um die

Ausdrucksmöglichkeiten und die Motivation der Schüler*innen zu fördern. Hier ist auch eine Partizipation der Lernenden von Vorteil, da viele Schüler*innen Erfahrungen mit digitaler Gestaltungssoftware aus der Freizeit einbringen und dadurch den Unterricht bereichern und eine Wertschätzung erfahren. Die im praktischen Teil erprobten digitalen und analogen künstlerischen Praxen der Malerei, Zeichnung und Buchproduktion zeigen, dass gerade im vergleichenden Arbeiten die medialen Besonderheiten ausgeschöpft und reflektiert werden (Abb. 8 a, b, c). Malerei und Zeichnung als digitale und haptisch-sinnliche Erfahrungen lassen sich auch miteinander verschränken und überwinden so überkommene Dichotomien von Digitalem und Physischem.

Gemeinsam werden diese Verschränkungen der digitalen und physischen Kunst- und Bildungsräume in diesem Workshop im Rahmen des Kunstpädagogischen Tages in den Blick genommen. Ästhetische Erfahrungen, wie die Wahrnehmung von Materialität, Körper, Bild und Raum haben sich in den letzten Jahrzehnten deutlich verändert. Das Empfinden, die Ahnung der letzten Berührung, ein Fleck, ein Riss, ein Knick, das sinnlich-haptische Erleben beim Lesen und das Umdrehen der Seiten eines Buches, die persönliche Handschrift, die Beschaffenheit und die Stofflichkeit, der Geruch von Papier, die Materialität von Holz und Leinwand verändern sich durch unsere Nutzung der digitalen Medien stark. Im digitalen Künstler*innenbuch verbinden sich die Medien Malerei und Zeichnung durch Klicken, Wischen, Scrollen, Kombinieren, Zoomen. Exemplarische Projekte zeigen, dass das Künstler*innenbuch nicht nur in seiner physischen Form als Reaktion auf die digitalisierte Buchwelt verstanden werden kann, indem es die Haptik und Materialität des Buches (Abb. 3 und 5) besonders betont, sondern dass im künstlerischen Buch auch Potenziale und Chancen der intermedialen Erweiterungen des Digitalen liegen. In der Verknüpfung mit digitalen Pinnwänden (Abb. 8c) können Themen aus mehreren Perspektiven beleuchtet werden und Bilder aus verschiedenen Disziplinen miteinander vernetzt werden. Gerade in der künstlerischen Auseinandersetzung mit Themen, die verschiedene Disziplinen betreffen, ist das künstlerische Buch eine Möglichkeit, verschiedene Bildformen und Materialien zu vereinen.

Resümee

In Künstler*innenbüchern können verschiedene Medien und Materialien miteinander verbunden werden. Künstlerische Bücher können inzwischen auch digital erstellt werden und ermöglichen hier, ebenso wie im Nicht-Digitalen, Gemeischaftsproduktionen. Das Produzieren von Büchern beinhaltet immer auch die künstlerische Auseinandersetzung mit der einzelnen Seite. Im Falle von künstlerischen Büchern werden die Seiten auf verschiedenste Weisen bearbeitet und mit bildbasierten Medien und Materialien gestaltet, die in diversen nicht-digitalen und digitalen Verfahren produziert werden können. Durch digitales Malen und Zeichnen treten neben der Erweiterung der technischen Möglichkeiten durch das Digitale auch die Besonderheiten nicht-digitaler Mal- und Zeichenerlebnisse deutlicher hervor. Gerade in der Verknüpfung digitaler und nicht-digitaler Techniken eröffnet

Abb. 8a und 8b: Dokumentation des Workshops »Supports/Surfaces_2021 – Zeichnung, Malerei und Künstler*innenbuch als digitale und analoge Vorhaben«

Abbildung 8c: Dokumentation des Workshops »Supports/Surfaces_2021 – Zeichnung, Malerei und Künstler*innenbuch als digitale und analoge Vorhaben«

sich ein spannendes Handlungsfeld: Künstlerische Ausdruckmöglichkeiten werden erweitert, Partizipation und gemeinschaftliches Arbeiten erleichtert, weil im digitalen Arbeiten das gemeinsame, gleichzeitige Arbeiten an Projekten möglich ist und Schüler*innen Fähigkeiten und Kenntnisse, die sie jenseits des Unterrichts erworben haben, einbringen können. Dadurch erfahren die Schüler*innen Wertschätzung und können Einfluss auf die Ausgestaltung von künstlerischen Projekten nehmen. Dieser Beitrag will einen Anstoß zu einem intermedialen Arbeiten in der künstlerischen Lehre geben. Die angeführten Beispiele sind in vielerlei Hinsicht von intermedialem Vorgehen geprägt: Malerei, Zeichnung, Künstler*innenbücher, digitale Techniken und Medien, nicht-digitale Techniken, Medien und Materialien werden in den künstlerischen Arbeitsprozessen miteinander verknüpft. Durch das in mehrerlei Hinsicht intermediale Arbeiten wird ein zeitgemäßer Umgang mit Bildern ermöglicht, der Fragen nach Materialität, Bildlichkeit und hybriden Zuständen aufwirft und im praktischen Tun reflektiert.

Literatur

Apprich, Clemens: Vernetzt – Zur Entstehung der Netzwerkgesellschaft, Bielefeld: transcript 2015, https://www.degruyter.com/document/doi/10.1515/9783839430453/html?lang=de vom 02.06.2021.

Arnal, André-Pierre: https://musee.info/Andre-Pierre-Arnal, vom 25.02.2022.

Hasselbeck, Annette: »Kunstpädagogik und Partizipative Medien. Artzines und künstlerische Bücher als emanzipatorische Formen des Lehrens, Forschens und Ausstellens« in: Sara Hornäk/Susanne Henning (Hgg.): Kunstpädagogik und ... Bezugsfelder und Perspektiven kunstpädagogischer Theorie und Praxis. Oberhausen: Athena Verlag 2022, S. 118–147.

Mentzel-Reuters, Arno: Reclams Sachlexikon des Buches, Stuttgart: Reclam, 2003, Lemmata Codex, S. 132ff. und Buchrolle, S. 121f.

Rosa, Hartmut: Unverfügbarkeit, Berlin: Suhrkamp, 2020.

Schmidt, Annika (Hg.): Buchkunst. Kunst+Unterricht 441/442, Seelze/Velber: Friedrich-Verlag 2020.

Lehrplan für die Primarstufe in Nordrhein-Westfalen Fach Sachunterricht Auszug aus Heft 2012 der Schriftenreihe »Schule in NRW«, Sammelband: Lehrpläne Primarstufe, RdErl. d. Ministeriums für Schule und Bildung, 2012 https://www.schulentwicklung.nrw.de/lehrplaene/lehrplan/292/ps_lp_su_einzeldatei_2021_08_02.pdf, S. 196.

Abbildungen

Abb. 1: Andre-Pierre Arnal, Froissage, Arbeit auf Papier, Musée Fabre, Montpellier, 2021, Bildquelle: https://musee.info/Andre-Pierre-Arnal, Aufrufdatum 02.03.2022.

Abb. 2: Andrew Benson, Stirring Tints (sich bewegende/durchmischende Farbtöne), Still aus einem animierten GIF, 30 sec, 1920 × 1080 Pixel, 2021, Bildquelle: https://cryptoart.io/artist/pixlpa, Aufrufdatum 02.03.2022.

Abb. 3: Dokumentation von Unterrichtsergebnissen der Talentschmiede, Das Fische-Buch, von Beau Nana, Stufe 5, Foto Anke Lohrer: 2020.

Abb. 4.: Esterrolle, Jemen, vermutlich 17./18. Jahrhundert, Staatsbibliothek Berlin, Bildquelle: https://bibelimorient.staatsbibliothek-berlin.de/teil1/ (08.09.2021).

Abb. 5.: Bücher (Sc)rollen, Dokumentationsfoto E-Book aus dem Seminar »Walden – Kunst mit dem Wald, digital und analog« an der Universität Siegen, Foto: Annette Hasselbeck, 2021.

Abb. 6: Anna Boghiguian, A Myth, 1994, Notizbuch, 30 Seiten, verschiedene Materialien auf Papier, Sammlung der Künstlerin, Installationsansicht, Museum der Moderne Salzburg, 2018, Foto: Rainer Iglar, Bildquelle: https://www.museumdermoderne.at/de/presse/detail/anna-boghiguian/ (08.09.2021).

Abb. 7a, 7b, 7c: Raues und Glattes in digitaler und nichtdigitaler Zeichnung und Malerei, Studierende mit einer Zeichnung, die den Baum einwickelt, Hände nach der Gruppenarbeit am Baum, Aquarell mit der App Sketches, Dokumentationsfotos aus dem Vorbereitungsworkshop (09/2021) mit der Patient*innenschule des DRK Siegen zum Seminar »Walden – Kunst mit dem Wald, digital und analog« an der Universität Siegen, Foto: Annette Hasselbeck, 2021.

Abb. 8a und 8b: Dokumentation des Workshops »Supports/Surfaces_2021 – Zeichnung, Malerei und Künstler*innenbuch als digitale und analoge Vorhaben«, Foto: Annette Hasselbeck, 2021.

Abbildung 8c: Dokumentation des Workshops »Supports/Surfaces_2021 – Zeichnung, Malerei und Künstler*innenbuch als digitale und analoge Vorhaben«, Foto: Anke Lohrer

Open Education Ressource zum Beitrag

Glossar »Künstler*innenbücher«, faltbar als Minimagazin, erstellt von Annette Hasselbeck, http://didaktik-der-bildenden-kuenste.de/kpt2021/wp-content/uploads/sites/5/2023/03/Hasselbeck_Lohrer_Abb9.pdf.

Touching
Potenziale audio-visueller Aufzeichnungen haptischer und auditiver Phänomene in gestalterisch-künstlerischen Tätigkeiten

Nadia Bader und Michaela Götsch

Im vorliegenden Beitrag möchten wir am Beispiel einer experimentellen sowie explorativen Auseinandersetzung mit Tutorial- und *ASMR*[1]-Videos der Frage nachgehen, inwiefern sich physisch-körperliche, haptische und auditive Aspekte ästhetischer Wahrnehmung und gestalterisch-künstlerischen Arbeitens videografisch aufzeichnen und vermitteln lassen. Dabei rücken mediale Transformationsprozesse in den Blick, welche die Eigenheiten spezifischer medialer und ästhetischer Ausdrucks- und Darstellungsmöglichkeiten als solche anerkennen und nutzen.

Abb. 1: Dokumentation einer praktischen Erprobung audiovisueller Aufzeichnungen im Workshop 2021

[1] ASMR steht für das Akronym *Autonomous Sensory Meridian Response.* Im Folgenden wird das Phänomen anhand eines konkreten Beispiels näher betrachtet.

An digital-analogen Schnittstellen können spezifische ästhetische Erfahrungen gemacht werden, die wiederum zur Entwicklung praktischen Wissens führen können – sowohl über den Inhalt und Lerngegenstand als auch über die genutzten digitalen sowie analogen Medien.[2]

Ziel der Auseinandersetzung ist es zudem, zu einem medial sensibilisierten Umgang mit audiovisuellen Aufzeichnungen allgemein und Tutorial-Videos im Besonderen beizutragen, welcher so für den eigenen Kunstunterricht auf mehreren Ebenen fruchtbar werden kann – sei es bei der Auswahl und Gestaltung von Tutorial-Videos[3] oder beim Einsatz audiovisueller Medien in gestalterisch-künstlerischen (Unterrichts-)Vorhaben. Inhaltlich nehmen wir auf die Stationen des Tagungsworkshops Bezug und diskutieren ausgewählte (Video-)Beispiele im Hinblick auf Implikationen für die kunstpädagogische Praxis.

Eintauchen: hörend zeichnen

Für die erste praktische Übung zur auditiven Sensibilisierung erhielten alle Workshop-Teilnehmenden ein großes Blatt Papier, einen Bleistift und wurden eingeladen, auf die unterschiedlichen Klänge beim Zeichnen zu achten – sowohl auf die selbst erzeugten als auch auf jene, die von den weiteren Mitwirkenden hervorgebracht wurden. Die Zeichnenden sollten versuchen, auf der Ebene der Zeichengeräusche miteinander in einen Dialog zu treten und so im Sinne einer improvisierten Sound-Performance eine gemeinsame Komposition bis hin zu einem gemeinsamen Abschluss zu gestalten. Ausgehend von einer gewohnten Tätigkeit in kunstpädagogischen Kontexten (Zeichnen mit Stift auf Papier) kann sich so eine bewusste Wahrnehmungsverschiebung von einer i.d.R. visuellen Aufmerksamkeit hin zu einer auditiven Aufmerksamkeit vollziehen. Ziel der Übung ist weniger die Zeichnung als vielmehr der auditiv rezipierbare Zeichenprozess. Das Medium »Stift auf Papier« erhält eine andere Ausdrucks- und Bedeutungsdimension.

ASMR-Videos: Sensibilisierung für Zusammenhänge von Sound und Materialität

Um von einer analogen Tätigkeit (hörend zeichnen) zur Untersuchung medialer Übersetzungsprozesse zu gelangen, nutzen wir zunächst einen rezeptiven Zugang am Beispiel von ASMR-Videos. Dabei geht es um ein erweitertes Verständnis

---

2   Vgl. Bader, Nadia/Götsch, Michaela: »Mit der Kamera im Rücken und dem Stift auf der Wand. Wie können ästhetische Erfahrungen Handlungskompetenzen an digital-analogen Schnittstellen fördern?«, in: BÖKWE, Heft-Nr. 1: di[gi]alog, März 2020, S. 33–37; Vgl. Hörning, Karl H.: »Wissen in digitalen Zeiten«, in: Heidrun Allert/Michael, Asmussen/Christoph Richter (Hgg.): Digitalität und Selbst. Interdisziplinäre Perspektiven auf Subjektivierungs- und Bildungsprozesse, Bielefeld: transcript (Pädagogik) 2017, S. 69–85.

3   Vgl. Bader, Nadia/Karl, Notburga: »time (space) matters. Mediatisierte Zeit(räume) in Tutorial-Videos«, in: Jahrbuch 18: Ästhetik – Digitalität – Macht. MedienPädagogik, Zeitschrift für Theorie und Praxis der Medienbildung 2022, S. 257–292; Bader, Nadia: »Zeichnenlernen online. Kunstdidaktische Betrachtung eines Tutorial-Videos zum perspektivischen Zeichnen«, in: Publikation des Verbandes der Schweizer Lehrerinnen und Lehrer für Bildnerische Gestaltung LBG-EAV, Heft-Nr. 15: Ohne Worte, 2022.

des Phänomens und um die Frage, was daraus für die kunstpädagogische Praxis gewonnen werden kann. Die Videos dienen als Anlass für eine vertiefte Auseinandersetzung mit den vielschichtigen Zusammenhängen zwischen Sound[4] und Materialität, wie sie in audiovisuellen Aufzeichnungen zum Tragen kommen können. Leitend sind dabei die Fragen: Was zeigt sich bei der Rezeption von ASMR-Videos? Und was lässt sich daraus ableiten – im Hinblick auf eine Sensibilisierung der eigenen auditiven Wahrnehmung sowie für mediale Übersetzungsprozesse? Für den Workshop wurden öffentlich auf Youtube zugängliche Videos aus zwei Themenbereichen ausgewählt: Zeichnerische Tätigkeiten und Interaktionen mit Papier. Am Beispiel Papier soll nun aufgezeigt werden, inwiefern ASMR-Videos die genannten Zusammenhänge pointiert veranschaulichen können.

Beispiel: »Soft Paper Sounds 1 Hour«

Im Folgenden wird ein Ausschnitt aus dem Video »Soft Paper Sounds 1 Hour« von Vito ASMR[5] etwas genauer beleuchtet, in welchem die Aufmerksamkeit von Rezipient*innen in besonderer Weise auf die materialbezogenen, akustischen Eigenschaften von Papier gelenkt wird. In diesem Video sind in Nahaufnahme die

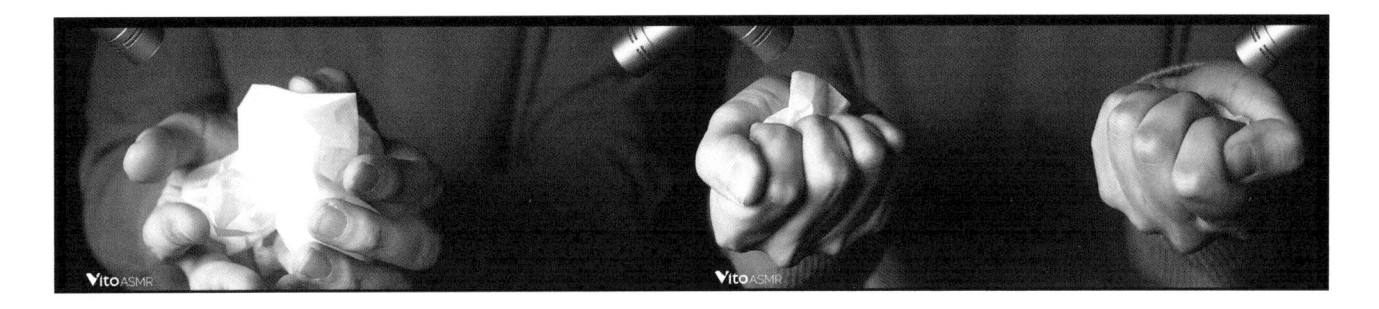

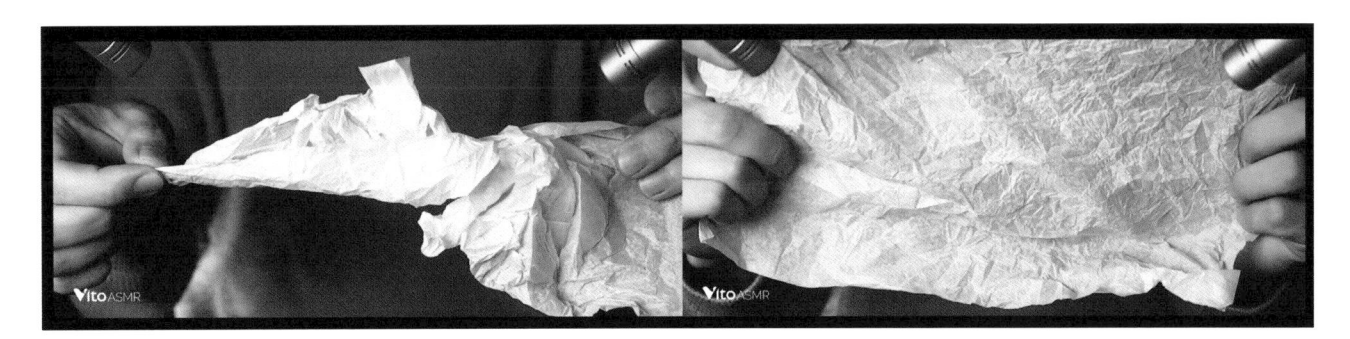

---

4 Sound soll im Folgenden im Sinne eines breiten Begriffsverständnisses für alle auditiv wahrnehmbaren Schallphänomene verwendet werden. Vgl. Schätzlein, Frank: »Sound und Sounddesign in Medien und Forschung«, in: Harro Segeberg, /Frank Schätzlein et al. (Hgg.): Sound. Zur Technologie und Ästhetik des Akustischen in den Medien, Marburg: Schüren 2005, S. 24–40, S. 26.
5 Vito ASMR: »ASMR: Papieren 1 Stunde (Weich, bequem, Schlaf, Konzentration, Studium) Soft Paper Sounds 1 Hour« vom 14.12.2020, www.youtube.com/watch?v=P1Ec3bAw6Wg vom 28.01.2022.

Abb. 2–5: Screenshots aus: Vito ASMR: Soft Paper Sounds 1 Hour, 2020

Hände eines Mannes zu sehen, der wiederholt verschiedene Papiersorten knickt, langsam zerdrückt und behutsam wieder auseinanderzieht.

Er hält die Papiere dabei nahe an zwei Stereo-Mikrofone, die an den beiden oberen Ecken des Kameraausschnittes ins Bild ragen und damit den Fokus der Handlungen auf das Erzeugen von Geräuschen unterstreichen. Die Bild- und Tonqualitäten des Videos lassen auf einen hohen technologischen Standard der Aufnahmegeräte schließen. Zu hören sind ausschließlich die Geräusche der Papiermanipulation, bei Verwendung von Stereo-Kopfhörern ist auch ihre räumliche Verortung wahrnehmbar. Die Bildebene wirkt bewusst komponiert. Die Hände und die Papiere in weiß und beige sind mit sanftem Licht beleuchtet und scharf zu sehen, während der Oberkörper der Person in einem hellbraunen Wollpullover farblich und durch Unschärfe in den Hintergrund rückt. Die langsamen Bewegungen und das harmonische Farbspektrum strahlen Ruhe aus. Im für den Workshop gewählten Ausschnitt (30:00–32:34) wird Seidenpapier zerdrückt. Auditiv und visuell wird die Materialität des Papiers geradezu eindringlich und zugespitzt ›spürbar‹. Assoziationen, etwa zu knackendem Eis, werden wach. An der Krümmung und Verfärbung der Finger kann zudem beobachtet werden, wie viel Druck beim Knüllen auf das Papier jeweils ausgeübt wird. Neben dieser spezifischen ästhetisch-medialen Präsentation erscheint bemerkenswert, dass das Video insgesamt eine Stunde dauert und im Titelzusatz damit wirbt, Schlaf oder Konzentration zu unterstützen.[6] In diesem Video geht es also nicht primär um Bildungsabsichten, sondern um etwas ganz anderes: um ASMR.

ASMR: Wirkungen und Nebeneffekte

Das Video »Soft Paper Sounds 1 Hour« zeigt eine für ASMR-Videos typische ästhetische Inszenierungspraxis. ASMR steht für das Akronym *Autonomous Sensory Meridian Response* und ist ein seit ca. zehn Jahren und nochmals verstärkt seit dem pandemisch geprägten Jahr 2020 beobachtbares Social-Media-Phänomen. Auf sehr vielfältige Weise zielen ASMR-Videos mit visuellen und akustischen Reizen, sog. *Triggern,* auf das Hervorrufen psychosomatischer Wirkung ab. Oft steht das Erzeugen von Geräuschen, die von ein bis zwei Mikrofonen aufgezeichnet werden, im Fokus. In manchen Videos interagiert eine Person mit der Kamera so, als berühre sie das Gesicht der Rezipient*innen. Dabei sollen Entspannung und Wohlbefinden evoziert werden, z. B. durch fokussierte Aufmerksamkeit, suggerierte Zuwendung, Nähe und Intimität auf der visuellen Ebene, sowie durch die Inszenierung von authentischen, leisen oder überdeutlichen Soundelementen, die in der Interaktion mit verschiedenen Materialien und mithilfe professioneller Stereotechnik entstehen.[7] Von Rezipient*innen werden zuweilen körperlich spür-

---

6   Vgl. ebd.

7   Vgl. Barratt, Emma L./Spence, Charles/Davis, Nick J.: »Sensory determinants of the autonomous sensory meridian response (ASMR): understanding the triggers«, in: PeerJ 2017, 5:e3846, peerj.com/articles/3846/ vom 04.12.2020, S. 1–13.

Neben explizit für sensorische Stimulation produzierten Videos existieren auch welche, die die benannten Wirkungen hervorrufen, ohne dies explizit anzustreben. Solche *Unintentional ASMR*-Videos stammen u. a.

bare Effekte, sog. *Tingles,* beschrieben, z. B. ein Kribbeln auf der Kopfhaut. Mehrere Studien beschäftigen sich mit von solchen Videos versprochenen und von den Rezipient*innen erwarteten Potentialen der ASMR-Stimuli, entspannungs-[8], konzentrations- und lernförderlich[9] zu wirken. Allerdings können diese Effekte bisher erst unzureichend belegt werden.

Kommen wir auf die Frage nach den kunstpädagogischen Anknüpfungspunkten zurück, scheint (neben der besonderen Aufmerksamkeit für sound- und materialbezogene Phänomene) die von ASMR-Videos erwartete Wirkung etwas mit ästhetischer Erfahrung und mit der Frage nach der medialen Vermittelbarkeit derselben zu tun zu haben. Im Tagungsworkshop dienten uns diese Videos daher als Anlass für einen gemeinsamen Erfahrungsaustausch.

ASMR Erfahrungsaustausch

Im Austausch über die persönlichen Erfahrungen beim Rezipieren des ASMR-Videos zeigte sich rasch, wie subjektiv und unterschiedlich die Wirkung empfunden wird.

Manche Teilnehmer*innen konnten sich auf die inszenierten audiovisuellen Aufzeichnungen einlassen und glaubten die Haptik des Papiers förmlich spüren zu können. Für sie wurde »die ›glatte‹ digitale Oberflächenstruktur« des Videos »gewissermaßen ›durchstoßen‹«. So beschreibt Malte Sachsse das vielschichtige Wahrnehmungsphänomen, das bei der Rezeption digitaler ASMR-Szenarien auftreten kann.[10]

Ein prickelndes Gefühl auf der Kopfhaut im Sinne der erwähnten *Tingles* wurde jedoch von niemandem erwähnt.[11] Das intensive Sounderlebnis wurde von manchen Teilnehmer*innen vielmehr als übertrieben und unangenehm empfunden. Als weitere, die Wahrnehmung störend überlagernde Eindrücke wurden der An-

---

aus professionellen Kontexten, die z. B. eine fokussierte und sorgfältige, oftmals handwerklich-gestalterische Auseinandersetzung mit einem Material, einem Gegenstand (z. B. in japanischem Kunsthandwerk, vgl. Best Unintentional ASMR: »Unintentional ASMR Traditional Japanese Printmaking (brushing, explanations)«, 30.05.2017, www.youtube.com/watch?v=QA7x9PVHtiQ, vom 31.01.2022) oder ruhiges, fokussiertes Sprechen dokumentieren (z. B. Bob Ross, vgl. ASMR Loopz: »ASMR Loop: Bob Ross Unintentional ASMR – 1 Hour«, 29.03.2021, www.youtube.com/watch?v=ZGiqSXYdtZs vom 31.01.2022). Seit Beginn der Covid-19-Pandemie ist auf Social Media zudem vermehrt auch Video-Content zu finden, welcher ASMR-spezifische Gestaltungsweisen und professionelles technisches Equipment gezielt für Online-Vermittlungs- und Marketingzwecke einsetzt. So präsentiert das Viktoria & Albert Museum in der Reihe »ASMR at the museum« besondere Gegenstände aus ihrem Archiv oder begleitet ihre Konservierungsarbeiten (vgl. www.vam.ac.uk/articles/asmr-at-the-museum vom 25.02.2022).

8   Vgl. Fredborg, Beverly/Clark, Jim/Smith, Stephen D.: »Mindfulness and autonomous sensory meridian response (ASMR)«, in: PeerJ 2018, 6:e5414, doi.org/10.7717/peerj.5414 vom 28.06.2021, S. 1–13.

9   Vgl. Jeong, Gyoung Youl: »A Study on the Influence of Watching Youtube Sound Content (ASMR) on Youth Learning and Life«, in: International Journal of Advanced Culture Technology, Jg. 8, Nr. 4, doi.org/10.17703/IJACT.2020.8.4.77 vom 28.06.2021, S. 77–81.

10   Sachsse, Malte: »Postdigitale Klangästhetiken als kollektive Imaginationen im virtuellen Raum – zur musikpädagogischen Relevanz von ASMR und elektronischer Pop-Avantgarde«, in: Peter W. Schatt (Hg.): Musik – Raum – Sozialität, Münster: Waxmann 2020, S. 73–102, hier S. 84.

11   Ob dies an der kurzen Rezeptionsdauer und dem Workshopsetting lag und inwiefern in einer intimeren Atmosphäre eine andere Wahrnehmung möglich wäre, muss offenbleiben. Bei Durchführungen dieser Übung mit Studierenden in einem asynchronen Online-Setting wurde vereinzelt von ›Gänsehaut-Feeling‹ berichtet.

blick der sehr gepflegten Hände des Mannes und die artifiziell wirkende Langsamkeit der Bewegungen und Handlungen benannt.

Die polarisierende und individuell unterschiedliche Wirkung von ASMR-Stimuli, wie sie im Dialog mit den Workshop-Teilnehmenden deutlich wurde, wird von Studien bestätigt. Negativ konnotierte Überempfindlichkeitsreaktionen auf akustische *Trigger* (*Misophonie*) sind bekannt und verbreitet. Die subjektive Wahrnehmung solcher Videos auf Personen ist offenbar mit ihrem je individuellen Wissen um das Phänomen, einer entsprechenden empfänglichen oder distanzierenden Erwartungshaltung sowie mit unterschiedlicher Reizsensibilität verbunden.[12] In (kunst-)pädagogischen Kontexten erscheint es sinnvoll, dies mitzudenken. Wie auch im Rahmen des Workshops geht es uns jedoch nicht um ein Herbeiführen ASMR-spezifischer psychosomatischer Stimulation, sondern um das Potential audiovisueller Aufzeichnungen, ästhetische Wahrnehmung oder gar ästhetische Erfahrungen zu ermöglichen. Durch das (über-)ästhetisierte und mit Hilfe professioneller Aufnahmetechnik entstandene Beispiel wurde die Aufmerksamkeit für gestalterische und technologische Aspekte sowie deren Auswirkungen auf die Wahrnehmung des Inhalts geschärft, die auch für die Auswahl bestehender und für die Produktion eigener Tutorial-Videos relevant sein können.

Von *Tingles* zu Vermittlungs- und Lernpotenzialen

In einem nächsten Schritt wenden wir uns den Dimensionen audiovisueller Aufzeichnungen zu, die nicht nur bestimmte Sinnesreize auslösen, sondern zum Vermitteln bzw. Erlernen spezifischer Inhalte oder Tätigkeiten beitragen können, bei denen Materialität und Sound eine bedeutsame Rolle spielen. Im Workshop wurden dazu drei unterschiedliche Videobeispiele zu *Momigami*-Papier[13] eingebracht. Das erste Beispiel ist ein sehr kurzes (1:30 Min.), schlicht mit »Momigami« betiteltes Video (Abb. 6–8).[14]

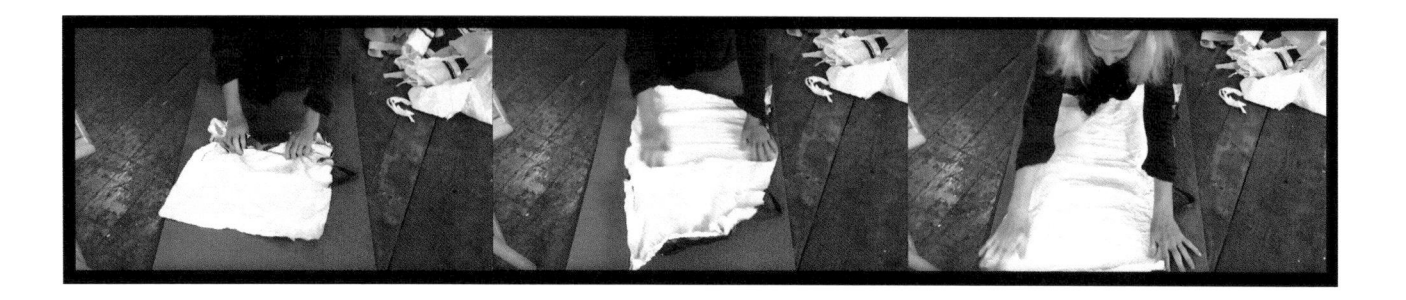

Abb. 6–8: Screenshots aus: Joley Moley: Momigami, 2016

12 Vgl. Emma L. Barratt/Charles Spence/Nick J. Davis, Triggers, S. 1–13.

13 *Momigami* bezeichnet ein textilartiges Papier mit knittriger Oberfläche, das manuell hergestellt und für Näh- und Mixed-Media-Arbeiten eingesetzt werden kann. Vgl. Leitner, Christina: Papiertextilien, Bern: Haupt-Verlag 2005, S. 18–21.

14 Joley Moley: »Momigami«, 28.09.2016, www.youtube.com/watch?v=CM3TYRdh6n0 vom 29.01.2022. Zu sehen ist die Textilkünstlerin Alison Harper. Vgl. www.alisonharper.net vom 21.02.2022.

Der Fokus liegt auf der Darstellung des manuellen Bearbeitungsvorgangs: Aus der Halbtotalen gefilmt, dokumentiert das Video den körperlichen Einsatz einer auf einer Yogamatte knienden Person beim Kneten einer aufgetrennten Papiertasche. Es wird nicht gesprochen, das Rascheln beim Knüllen und wieder Glattstreichen des Papiers klingt etwas entfernt. Das zweite Beispiel ist ein Ausschnitt (53:08–55:10) aus einem fast dreistündigen Lifestream eines Kreativ-Kanals, in welchem verschiedene Möglichkeiten der Gestaltung von *Momigami*-Papier für Mixed-Media-Collagen erklärt und vorgezeigt werden (Abb. 9–12).[15]

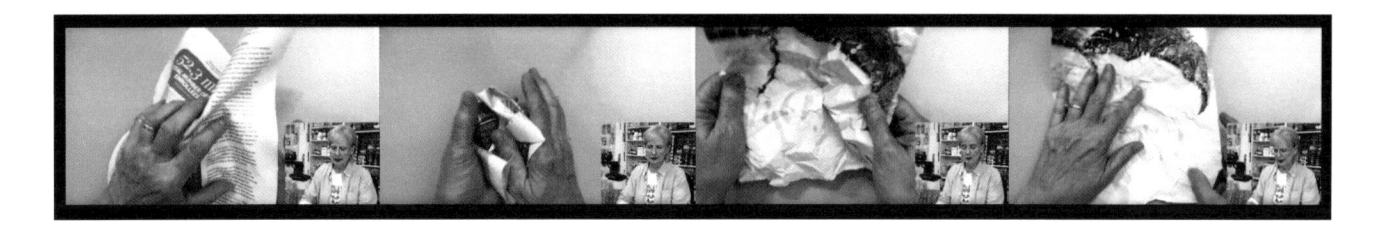

Dabei werden unterschiedliche Kameraperspektiven abwechselnd oder auch in Kombination eingesetzt, um die sprechende Protagonistin in Nahaufnahme oder ihren Blick auf die Arbeitsfläche zu zeigen. Zu hören sind ihre Erläuterungen sowie die Arbeitsgeräusche. Auch im dritten Beispiel wird der Gestaltungsprozess von *Momigami*-Papier für eine Mixed-Media-Arbeit gezeigt (Abb. 13–15).[16]

Dieses etwa vier-minütige Video unterscheidet sich von den anderen vor allem durch die Texteinblendungen am unteren Bildrand, welche die Arbeitsschritte kommentieren, und den Ersatz der Originaltonebene durch Musik. Die geringe Auflösung sowie Überblendungen an Videoschnitten führen wiederholt zu Unschärfen im Bild.

In der vergleichenden Diskussion der Beispiele wurden von den Workshop-Teilnehmenden als wichtige Elemente eines informativ und ästhetisch ansprechend wirkenden Tutorial-Videos u. a. festgehalten: Eine gute Bildqualität und gezielte

Abb. 9–12: Screenshots aus: Barb Owen: Kneaded Magazine Paper Mixed-Media Collage Cards, 2016

Abb. 13–15: Screenshots aus: Valérie Eguchi: Atelier Nihonga: le momigami, 2020

---

15 Barb Owen – HowToGetCreative.com: »Kneaded Magazine Paper Mixed-Media Collage Cards with Barb Owen – HowToGetCreative.com«, 30.09.2016, www.youtube.com/watch?v=OT3L5LuamsQ&t=3188s vom 29.01.2022.
16 Eguchi, Valérie: »Atelier nihonga: le momigami«, 20.05.2020, www.youtube.com/watch?v=aIlKNjxaWdM vom 29.01.2022.

Ausrichtung auf zentrale Aspekte, die gezeigt werden sollen, möglichst authentischer und zugleich fokussierter Sound (z. B. durch Verwendung eines Mikrofons) sowie eine reduzierte und ebenso fokussierte Kommentierung des Geschehens. Es kristallisierten sich also erste Qualitätskriterien für audiovisuelle Aufnahmen heraus, wobei technische, mediale, formal-ästhetische und inhaltliche Aspekte (was, wie, wozu?) eng miteinander verwoben sind und in jedem Video auf eine je spezifische Weise zusammenspielen.[17] Diese Erkenntnisse und Überlegungen sollten nun aus der Perspektive der Produktion betrachtet und erweitert werden.

Praktische Erprobungen als Vertiefung und Erweiterung

Wir gehen davon aus, dass eigene praktische Erprobungen einen wesentlichen Beitrag zu einem medial sensibilisierten Umgang leisten, der über einen rein rezeptiv angelegten Zugang (wie hier am Beispiel von ASMR- und Tutorial-Videos dargelegt) hinausgeht. Deshalb folgte im Tagungsworkshop nach der Rezeptionsphase und dem gemeinsamen Austausch eine Phase für eigene Erprobungen der Teilnehmenden. Anknüpfend an die betrachteten und diskutierten Videos sollten nun eigene audiovisuelle Aufzeichnungen entstehen und dabei die Aufmerksamkeit wiederum auf mediale Übersetzungsprozesse gerichtet werden. In Partnerarbeit wurden improvisierte Aufnahmesettings aufgebaut und einfache Handlungen im Umgang mit verschiedenen Papiersorten (z. B. Drucker-, Zeichen-, Pack-, Seiden-, Transparentpapier, Servietten) und/oder unter unterschiedlichen Bedingungen ausgeführt und mit dem eigenen Smartphone oder Tablet aufgezeichnet. Die kurzen Mitschnitte wurden über Kopfhörer begutachtet, besprochen und weitere Gestaltungsmöglichkeiten erprobt. Variiert wurden u. a.: Kameraperspektiven, -ausschnitte und Tiefeneinstellungen; Ausleuchtung, Farbkomposition von Sujet und Hintergrund; Aufnahmen mit und ohne zusätzliche, externe Mikrofone; unterschiedliche Ausrichtung und Entfernung der Mikrofone; Aufnahmen über die vorinstallierte Kamera-App oder weitere Video-Apps und die darin verfügbaren Einstellungen; die Art und Geschwindigkeit der Bewegungen vor der Kamera usw.

Im Vergleich der einzelnen Aufnahmen zeigte sich unmittelbar, wie sehr sich die verwendeten (digitalen) Technologien in die audiovisuellen Aufnahmen einschreiben und den Eindruck der aufgezeichneten Sujets und der selbst durchgeführten Interaktion mit dem jeweiligen Material prägen. Im Austausch über die gemachten Erfahrungen zeigte sich, dass praktische Übungen wie diese zu Erkenntnissen auf verschiedenen Ebenen führen könnten: Rasch machte sich eine erste, affirmative Faszination für die erzielbaren und weiter optimierbaren Effekte der audiovisuellen Aufzeichnung breit. Sie ließ einige Workshop-Teilnehmende tief in die digital vermittelte analoge Interaktion mit dem Papier eintauchen und dieses Material auf neuartige Weise kennenlernen: Z. B. erzeugten durch ein Mikrofon fokussierte und verstärkte Knick-Geräusche und die scharfen Nahansichten

---

17 Vgl. Kulgemeyer, Christoph: »Didaktische Kriterien für gute Erklärvideos«, in: Stephan Dogerloh/Karsten D. Wolf (Hgg.): Lehren und Lernen mit Tutorials und Erklärvideos, Weinheim: Beltz 2020, S. 71–75. Die nonverbale Ebene sowie die Schnittstelle zwischen einer medial-ästhetischen Ausgestaltung und den zu vermittelnden Inhalten werden darin jedoch kaum berührt.

schon bei der kleinsten Handbewegung den Eindruck eines massiven Eingriffs in die Unversehrtheit des Transparentpapiers und machten Unterschiede zu anderen Papiersorten unübersehbar und direkt hörbar. Ihre im Prozess beobachtbare und im Austausch spürbare Begeisterung legt nahe, dass hier ästhetische Erfahrungen gemacht wurden. Als eine Gelingensbedingung dafür nennt Eva Sturm »[...] das Moment des Sich-auf-etwas-Wahrgenommenes einzulassen, so, dass ein Bruch, eine Krise, eine Veränderung im System des oder der betreffenden Person bewirkt werden kann [...].«[18]

Einerseits konnten sich also bereits nach kurzen, ersten Experimenten aufschlussreiche Erkenntnisse einstellen. Andererseits zeichneten sich aber auch Grenzen einer zeitlich beschränkten Auseinandersetzung sowie weiterführende Überlegungen ab. Der durch die Videobeispiele hergestellte Bezug des Papierknüllens zur Materialstruktur verändernden *Momigami*-Technik geriet zugunsten vielfältigerer Erprobungsmöglichkeiten aus dem Blick. In der kurzen Zeit ließ sich zudem erst ansatzweise erahnen, wodurch genau die wahrnehmbaren auditiven und visuellen Unterschiede in den aufgenommenen Videos verursacht wurden. Ein ausführlicheres, systematisches Erproben und Recherchieren zu medialen und technologischen Eigenheiten bestimmter Geräte und Apps bietet sich weiterführend an.[19]

Abb. 16: Dokumentation einer praktischen Erprobung audiovisueller Aufzeichnungen im Workshop 2021

---

18 Sturm, Eva: »Mit dem was sich zeigt«, in: Klaus-Peter Busse/Karl-Josef Pazzini (Hgg.): (Un)Vorhersehbares Lernen: Kunst-Kultur-Bild. Dortmunder Schriften zur Kunst, BoD 2008, S. 71–91, hier: S. 73.
19 Vgl. Schmid, Mirjam/Krannich, Maike/Petko, Dominik: »Technological Pedagogical Content Know-

Materialbezogenes, praktisches Wissen audiovisuell vermittelt

Als exemplarisches Thema und konkreter Lerngegenstand sind wir im vorliegenden Beitrag dem Umgang mit dem Werkstoff Papier auf verschiedenen Ebenen nachgegangen. Papier ist ein allgegenwärtiges Material in künstlerischen Lehr-Lern-Kontexten und ein Überbegriff für eine große Vielfalt an Papiersorten, die sich nach Herstellungsweisen, vorgesehener Nutzung und den entsprechenden Anforderungen unterscheiden. Viele Eigenschaften und materielle Qualitäten lassen sich visuell, haptisch und eben auch auditiv erkunden. Wie anhand der besprochenen Videos deutlich wird, können Geräusche, die in der Interaktion mit Papier entstehen, eine Vielzahl an Informationen über das Material (z. B. seine Oberflächenbeschaffenheit, Papierstärke, Faserlänge, Laufrichtung) und über die Auswirkungen einer Bearbeitung vermitteln (z. B. wie widerständig oder knitteranfällig ein Papier ist).

In audiovisuellen Aufzeichnungen vermittelte Tätigkeiten, z. B. im Umgang mit Materialien, sind für Rezipient*innen nicht direkt haptisch erfahrbar. So stellt sich mit Blick auf Lehr-Lern-Medien wie Tutorial-Videos in besonderem Maß die Frage, inwieweit neben der visuellen auch die akustische Dimension von Videos ausgeschöpft werden kann, um dennoch materialbezogene, haptische Qualitäten zu vermitteln. Eine rezeptive Untersuchung von (ASMR-/Tutorial-)Videos sowie eigene praktische Erprobungen, wie sie im Fokus unseres Tagungsworkshops standen, können dahingehend konkrete Anregungen geben und zeigen insbesondere, welche Rolle die akustische Ausgestaltung von Videos dabei spielen kann.

Weiterführend stellt sich die grundlegende Frage, wo im Kunstunterricht eine Verschränkung materialbezogener und auditiver Aspekte für Lehr-Lern-Prozesse besonders relevant ist und inwiefern sie digital übersetzbar oder transferierbar sind. Kerstin Hallmann widmet sich im Themenheft *Sound im Kunstunterricht* der *sonischen Bildung* und zeichnet ein Bild eines durchgängig von visuellen und auditiven Medien geprägten Alltags.[20] Sie plädiert für eine kritisch-reflexive Ästhetische Bildung[21], die neben visuellen auch »andere sinnliche Aspekte von Wahrnehmungserfahrungen, Erkenntnisse und Gestaltungsdimensionen«[22] berücksichtigen soll.[23] Während Sound im Themenheft als vielfältiges gestalterisch-künstlerisches Medium dargelegt wird, wollen wir hier nochmals grundlegender über akustische Phänomene nachdenken – im Sinne von *Sonic Skills*: Die Fähigkeit,

---

ledge. Entwicklungen und Implikationen«, in: journal für lehrerInnenbildung, Heft-Nr. 1: Digitalisierung, 2020, doi.org/10.35468/jlb-01-2020_10 vom 25.02.2022, S. 116–124; Brinda, Torsten et al.: »Frankfurt-Dreieck zur Bildung in der digitalen Welt«, in: Thomas Knaus/Olga Merz (Hgg.): Schnittstellen und Interfaces. Digitaler Wandel in Bildungseinrichtungen, München: kopaed 2020, S. 157–167.

20   Hallmann, Kerstin (Hg.): Sound im Kunstunterricht, Kunst+Unterricht Heft-Nr. 429/430, Seelze/Velber: Friedrich-Verlag 2019.

21   Weiterführend erscheint hier Manuel Zahns Konzeption einer ästhetischen Praxis als Kritik interessant: Vgl. Zahn, Manuel: »Ästhetische Praxis als Kritik: Vom Aussetzen des Urteilens und der Empfindung neuer Wahrnehmungs-, Denk- und Handlungsmöglichkeiten«, in: Valentin Dander/Patrick Bettinger/Estella Ferraro et al. (Hgg.): Digitalisierung – Subjekt – Bildung, Opladen: Verlag Barbara Budrich 2020, S. 213–233.

22   Hallmann, Kerstin: »SOUND. Medium und Gestaltungsmaterial im Kunstunterricht«, in: Kunst+Unterricht: Sound, 2019, S. 4–12, hier S. 5.

23   Vgl. ebd.

Geräusche, Töne und Klänge von Materialien, Maschinen, Geräten oder auch von körperlichen Aktivitäten hörend als Informationsquellen zu deuten und zu nutzen, ist z. B. in Bereichen des Ingenieurwesens[24], der Musikwissenschaft und der Sportmedizin[25] eine wichtige Wissenspraxis und erscheint uns auch im kunstpädagogischen Kontext bedeutsam, sowohl für Lehrende als auch für Lernende.[26] Ein reißendes Geräusch von Papier lässt sich als Indiz für ein misslungenes Schnittergebnis oder eine ungünstige Handhabung des Cutters deuten. Ein quietschendes Geräusch kann darauf hinweisen, dass die Kohlezeichnung auf dem gewählten gestrichenen Papier wenig Haftung findet. Das Geräusch beim Auswalzen der Druckfarbe kann helfen, die geeignete Farbverteilung und -menge zu eruieren. Auf solche spezifischen Phänomene lohnt es sich nicht nur im Unterricht, sondern gerade auch beim Rezipieren und Produzieren von (Tutorial-)Videos zu achten.

Literatur

Bader, Nadia/Karl, Notburga: »time (space) matters. Mediatisierte Zeit(räume) in Tutorial-Videos«, in: Jahrbuch 18: Ästhetik – Digitalität – Macht. MedienPädagogik, Zeitschrift für Theorie und Praxis der Medienbildung 2022, S. 257–292.

Bader, Nadia: »Zeichnenlernen online. Kunstdidaktische Betrachtung eines Tutorial-Videos zum perspektivischen Zeichnen«, in: Publikation des Verbandes der Schweizer Lehrerinnen und Lehrer für Bildnerische Gestaltung LBG-EAV, Heft-Nr. 15: Ohne Worte, 2022/i. V.

Bader, Nadia/Götsch, Michaela: »Mit der Kamera im Rücken und dem Stift auf der Wand. Wie können ästhetische Erfahrungen Handlungskompetenzen an digital-analogen Schnittstellen fördern?«, in: BÖKWE, Heft-Nr. 1: di[gi]alog, März 2020, S. 33–37.

Brinda, Torsten et al.: »Frankfurt-Dreieck zur Bildung in der digitalen Welt«, in: Thomas Knaus/Olga Merz (Hgg.): Schnittstellen und Interfaces. Digitaler Wandel in Bildungseinrichtungen, München: kopaed 2020, S. 157–167.

Hallmann, Kerstin (Hg.): Sound im Kunstunterricht, Kunst+Unterricht Heft-Nr. 429/430, Seelze/Velber: Friedrich-Verlag 2019.

Hallmann, Kerstin: »SOUND. Medium und Gestaltungsmaterial im Kunstunterricht«, in: Dies. (Hg.): Sound im Kunstunterricht, Kunst+Unterricht 429/430, Seelze/Velber: Friedrich-Verlag 2019, S. 4–12.

Hörning, Karl H.: »Wissen in digitalen Zeiten«, in: Heidrun Allert/Michael Asmussen/Christoph Richter (Hgg.): Digitalität und Selbst. Interdisziplinäre Perspektiven auf Subjektivierungs- und Bildungsprozesse, Bielefeld: transcript (Pädagogik) 2017, S. 69–85.

Kulgemeyer, Christoph: »Didaktische Kriterien für gute Erklärvideos«, in: Stephan Dogerloh/Karsten D. Wolf (Hgg.): Lehren und Lernen mit Tutorials und Erklärvideos, Weinheim: Beltz 2020, S. 71–75.

Leitner, Christina: Papiertextilien, Bern: Haupt-Verlag 2005, S. 18–21.

---

24 Vgl. Supper, Alexandra/Bijsterveld, Karin: »Klingt überzeugend: Arten des Zuhörens und Sonic Skills in Wissenspraktiken«, in: Magdalena Zorn/Ursula Lenker (Hgg.): Zu-Hören interdisziplinär, München: Allitera Verlag 2018, S. 133–146.

25 Vgl. Hohagen, Jesper/Wöllner, Clemens: »Bewegungssonifikation: psychologische Grundlagen und Auswirkungen der Verklanglichung menschlicher Handlungen in der Rehabilitation, im Sport und bei Musikaufführungen«, in: Jahrbuch Musikpsychologie, Band 28: Musikpsychologie – Musik und Bewegung, 2018, e36, doi.org/10.5964/jbdgm.2018v28.36 vom 03.02.2022.

26 An dieser Stelle möchten wir uns herzlich für den fruchtbaren Austausch mit den Studentinnen Samira Agha Majidi und Léonie Schütz bedanken.

Sachsse, Malte: »Postdigitale Klangästhetiken als kollektive Imaginationen im virtuellen Raum – zur musikpädagogischen Relevanz von ASMR und elektronischer Pop-Avantgarde«, in: Peter W. Schatt (Hg.): Musik – Raum – Sozialität, Münster: Waxmann 2020, S. 73–102.

Schätzlein, Frank: »Sound und Sounddesign in Medien und Forschung«, in: Harro Segeberg/Frank Schätzlein et al. (Hgg.): Sound. Zur Technologie und Ästhetik des Akustischen in den Medien, Marburg: Schüren 2005, S. 24–40.

Sturm, Eva: »Mit dem was sich zeigt«, in: Klaus-Peter Busse/Karl-Josef Pazzini (Hgg.): (Un)Vorhersehbares Lernen: Kunst-Kultur-Bild. Dortmunder Schriften zur Kunst, BoD 2008, S. 71–91, hier: S. 73.

Supper, Alexandra/Bijsterveld, Karin: »Klingt überzeugend: Arten des Zuhörens und Sonic Skills in Wissenspraktiken«, in: Magdalena Zorn/Ursula Lenker (Hgg.): Zu-Hören interdisziplinär, München: Allitera Verlag 2018, S. 133–146.

Zahn, Manuel: »Ästhetische Praxis als Kritik: Vom Aussetzen des Urteilens und der Empfindung neuer Wahrnehmungs-, Denk- und Handlungsmöglichkeiten«, in: Valentin Dander/Patrick Bettinger/ Estella Ferraro et al. (Hgg.): Digitalisierung – Subjekt – Bildung, Opladen: Verlag Barbara Budrich 2020, S. 213–233.

Onlinequellen

Barratt, Emma L./Spence, Charles/Davis, Nick J.: »Sensory determinants of the autonomous sensory meridian response (ASMR): understanding the triggers«, in: PeerJ 2017, 5:e3846, peerj.com/articles/3846/ vom 04.12.2020, S. 1–13.

Fredborg, Beverly/Clark, Jim/Smith, Stephen D.: »Mindfulness and autonomous sensory meridian response (ASMR)«, in: PeerJ 2018, 6:e5414, doi.org/10.7717/peerj.5414 vom 28.06.2021, S. 1–13.

Hohagen, Jesper/Wöllner, Clemens: »Bewegungssonifikation: psychologische Grundlagen und Auswirkungen der Verklanglichung menschlicher Handlungen in der Rehabilitation, im Sport und bei Musikaufführungen«, in: Jahrbuch Musikpsychologie, Band 28: Musikpsychologie – Musik und Bewegung, 2018, e36, doi.org/10.5964/jbdgm.2018v28.36 vom 03.02.2022.

Jeong, Gyoung Youl: »A Study on the Influence of Watching Youtube Sound Content (ASMR) on Youth Learning and Life«, in: International Journal of Advanced Culture Technology, Jg. 8, Nr. 4, doi.org/10.17703/IJACT.2020.8.4.77 vom 28.06.2021, S. 77–81.

Schmid, Mirjam/Krannich, Maike/ Petko, Dominik: »Technological Pedagogical Content Knowledge. Entwicklungen und Implikationen«, in: journal für lehrerInnenbildung, Heft-Nr. 1: Digitalisierung, 2020, doi.org/10.35468/jlb-01-2020_10 vom 25.02.2022, S. 116–124.

Victoria & Albert Museum: ASMR at the museum, www.vam.ac.uk/articles/asmr-at-the-museum vom 25.02.2022.

Videobeispiele

Vito ASMR: »ASMR: Papieren 1 Stunde (Weich, bequem, Schlaf, Konzentration, Studium) Soft Paper Sounds 1 Hour«, 14.12.2020, www.youtube.com/watch?v=P1Ec3bAw6Wg vom 28.01.2022.

Best Unintentional ASMR: »Unintentional ASMR Traditional Japanese Printmaking (brushing, explanations)«, 30.05.2017, www.youtube.com/watch?v=QA7x9PVHtiQ, vom 31.01.2022.

ASMR Loopz: »ASMR Loop: Bob Ross – Unintentional ASMR – 1 Hour«, 29.03.2021, www.youtube.com/watch?v=ZGiqSXYdtZs vom 31.01.2022.

Joley Moley: »Momigami«, 28.09.2016, www.youtube.com/watch?v=CM3TYRdh6n0 vom 29.01.2022.

Barb Owen – HowToGetCreative.com: »Kneaded Magazine Paper Mixed-Media Collage Cards with Barb Owen – HowToGetCreative.com«, 30.09.2016, www.youtube.com/watch?v=OT3L5LuamsQ&t=3188s vom 29.01.2022.

Valérie Eguchi: »Atelier nihonga: le momigami«, 20.05.2020, www.youtube.com/watch?v=alIKNjxaWdM vom 29.01.2022.

Abbildungen

Abb. 1: Foto: Michaela Götsch

Abb. 2–5: www.youtube.com/watch?v=P1Ec3bAw6Wg vom 21.02.2022; Min. 31:29, 32:09, 31:06, 32:23.

Abb. 6–8: www.youtube.com/watch?v=CM3TYRdh6n0. Screenshots vom 21.02.2022; Min. 0:46, 0:27, 0:31.

Abb. 9–12: www.youtube.com/watch?v=OT3L5LuamsQ&t=3188s vom 21.02.2022; Min. 53:24, 53:27, 53:50, 53:54.

Abb. 13–15: www.youtube.com/watch?v=alIKNjxaWdM vom 21.02.2022; Min. 0:22, 0:28, 0:42.

Abb. 16: Foto: Michaela Götsch

Zwischen Feldforschung und Kartierung

Maria Jörgens und Stefanie Oelke

Draw a map to get lost[1]

Yoko Ono

Seit der im frühen 20. Jahrhundert durchgeführten Studie *Der Lebensraum des Großstadtkindes*[2] der Geschwister Muchow hat sich die Außenwelt von Kindern zunehmend in Innenräume und Freizeiteinrichtungen verlagert. Auf Brachflächen, an namenlosen Orten spielende Kinder sind selten zu finden. Folglich thematisieren pädagogische und kunstpädagogische Schriften die Bedeutung aktiver Auseinandersetzung von Kindern und Jugendlichen mit ihrer Lebenswelt. Daran knüpft sich die Hoffnung auf eine Verbindung zu vielfältigen Möglichkeiten sozialer Teilhabe.

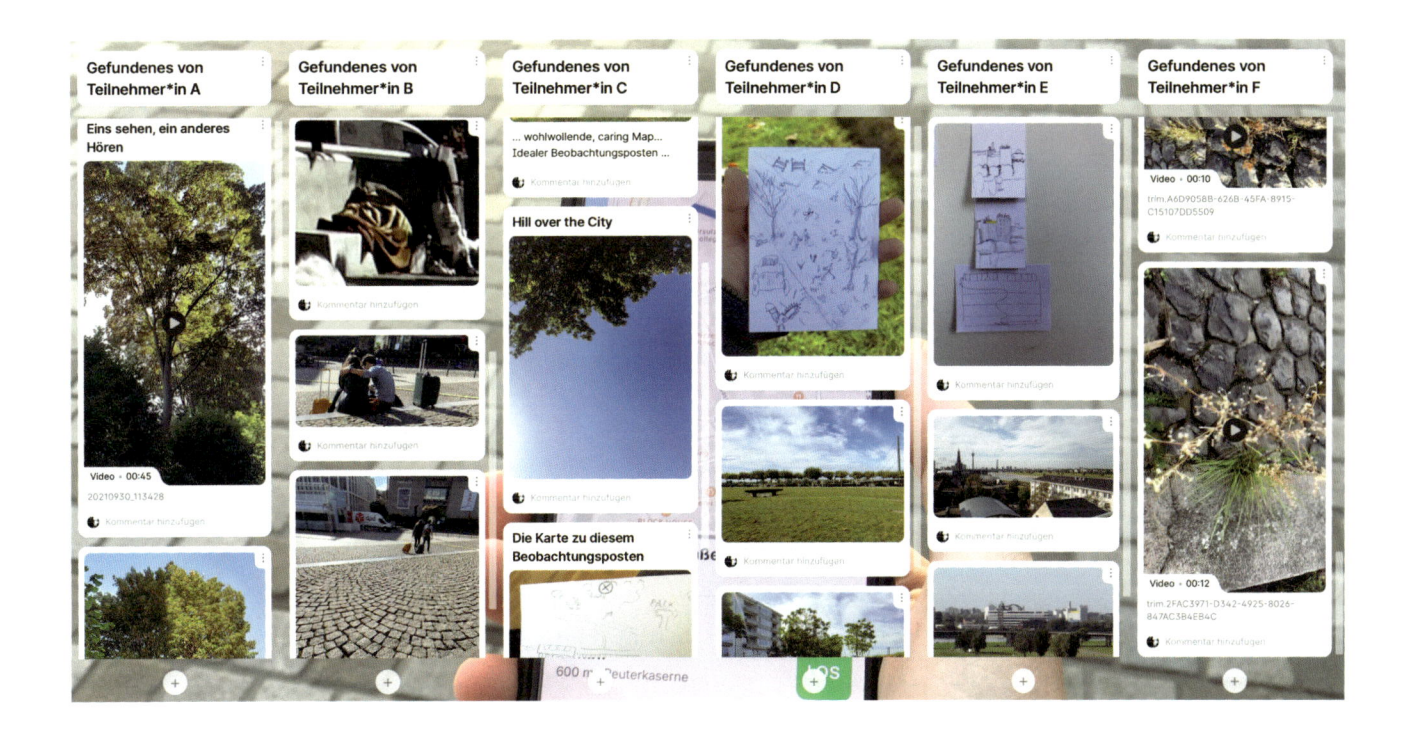

Abb. 1: Teilansicht der gesammelten Ergebnisse des Workshops in einem Padlet

---

1   Ono, Yoko: grapefruit. A Book of Instruction and Drawings. MAP PIECE. Draw a Map to get lost. 1964, Spring. (ohne Seitenzahlen)

2   Zitiert nach Stieve, Claus: Von den Dingen lernen – die Gegenstände unserer Kindheit. München/Paderborn: Wilhelm Fink Verlag 2008, S. 11, (siehe auch: Behnken, Imbke/Honig, Michael-Sebastian (Hgg.): Martha und Hans-Heinrich Muchow: Der Lebensraum des Großstadtkindes. Weinheim: Beltz/Juventa 2012).

Stadterkundung – analog und digital dokumentierte Raumerfahrungen

Während der Planung unseres Workshops lag unser Interesse auf drei Fragestellungen:

1. Wie sehen ›aus dem Kopf‹ gezeichnete Karten aus? – Karten, mit denen die Workshop-Teilnehmer*innen sich den Weg zu bestimmten Orten imaginieren und andere zu bestimmten Orten führen? Lassen sich diese Karten nachvollziehen?

2. Inwieweit können sich Wahrnehmungsmodi durch eine absichtslose, beobachtende Haltung verändern? Was nehmen wir wahr, wenn wir uns aus einem aktiv mit der Welt handelnden Modus zurückziehen?

3. Wie lassen sich digitale und analoge Werkzeuge zur Erforschung und Dokumentation von Stadtkultur in unterschiedlichen Sozialformen so miteinander verbinden, dass gute Austausch- und Anknüpfungsmöglichkeiten entstehen? Inwiefern unterstützt eine digitale Plattform wie Padlet den kollaborativen Arbeitsprozess?

Wahrnehmen und Durchqueren von Stadtlandschaft – einige Beispiele

Auf der Suche nach einer Geschichte der Erkundung urbaner Räume sind in Literatur, bildender Kunst und Kultursoziologie zahlreiche Dokumente zu finden: Charles Baudelaire verleiht der Erkundung des Stadtraums durch seinen 1863 veröffentlichten Essay ›Le peintre et la vie moderne‹ programmatische Züge.[3] An Baudelaire anknüpfend reflektiert Walter Benjamin die Praxis des Gehens, indem er unter anderem die Wahrnehmung des großstädtischen Raumes als Phantasmagorie beschreibt. Die Beobachtungen des Flaneurs im Paris des 19. Jahrhunderts schildert dieser als Schwellenerfahrung in welcher sich u. a. Architekturwahrnehmung mit der Beobachtung flüchtiger Ereignisse verbindet.[4]

Georg Simmel problematisiert in seiner Schrift *Die Großstädte und das Geistesleben* die Wahrnehmung von Großstädtern als eine Form der Ignoranz:

> »Das Wesen der Blasiertheit ist die Abstumpfung gegen die Unterschiede der Dinge, nicht in dem Sinne, dass sie nicht wahrgenommen würden […], sondern so, daß die Bedeutung und der Wert der Unterschiede der Dinge und damit der Dinge selbst als nichtig empfunden wird. Sie erscheinen dem Blasierten in einer gleichmäßig matten und grauen Tönung, keines Wert, dem anderen vorgezogen zu werden.«[5]

Michel de Certeau plädiert dafür, urbane Struktur leiblich zu erfahren. Dabei geht es ihm weniger um das Lesen des städtischen Gefüges, als vielmehr darum, sich der Stadt, die eigenen Wege gehend, einzuschreiben. Für ihn konstituiert sich erst

---

3   Baudelaire, Charles: »Der Künstler, Mann von Welt, Mann der Menge und Kind«, in: Kemp, Friedhelm/Pichois, Claude (Hgg.): Charles Baudelaire: Sämtliche Werke/Briefe. Bd. 5, München/Wien: Hanser Verlag 1989, S. 368–371.

4   Tiedemann, Rolf (Hg.): Walter Benjamin: Das Passagen-Werk. Ges. Schriften Bd. V, Frankfurt a. M.: Suhrkamp 1991, S. 54.

5   Simmel, Georg: »Die Großstädte und das Geistesleben (1903)«, in: Georg Simmel Gesamtausgabe, Bd. 7: Aufsätze und Abhandlungen: 1901–1908, Bd. 1, hg. Rüdiger Kramme et al., Frankfurt a. M.: Suhrkamp 1995, S. 121.

im Begehen der Stadt die materielle Struktur, im leiblichen Erleben entsteht der Raum.[6]

Für eine Einwohner*in aus Mexiko-Stadt ist nach Ansicht der Schriftstellerin Valeria Luiselli diese Form der Stadterkundung nicht möglich, denn der Fußgänger des Distrito Federal »schleppt die Stadt mit sich herum«, steckt so im »urbanen Strudel«, sodass nur, was unmittelbar vor Augen ist, betrachtet werden kann.[7]

Bogdan Bogdanovic, ehemaliger Bürgermeister von Belgrad, berichtet von einer Untersuchung, in der 20 Proband*innen beim Abschreiten einer Stadtstrecke völlig disparate Ausschnitte der Stadtlandschaft notierten. Die Summe der pluralen Darstellungen habe keine von einzelnen Betrachter*innen unabhängige Wirklichkeit des städtischen Raumes erfasst. Die Notizen zeigten diffuse und unharmonische Beziehungen zur Stadt.[8]

Wir fragten uns in der Vorbereitung des Workshops, inwieweit das zu bemängeln sei? Kann es nicht als Bereicherung empfunden werden, wenn jede Person eine andere Perspektive hat, einen anderen Ausschnitt sieht, andere Dinge im Fokus hat, Eindrücke, die nicht unmittelbar zu einem geschlossenen Gesamtbild beitragen?

Der Künstler Boris Sieverts

»veranstaltet Exkursionen in die unerforschten inneren und äußeren Randgebiete unserer Metropolen und Ballungsräume. Die ein- und mehrtägigen Reisen verknüpfen Brachflächen und Siedlungen, Parkplätze, Einkaufszentren und Wälder, Wiesen und Autobahnen, Schulen, Fabriken und Asylantenheime, Tiefgaragen und Hotels, Manöverplätze und Deponien, Flughäfen und Trampelpfade zu wunderschönen bis krassen Raumfolgen. Das Image der Stadt wird bis zur Unkenntlichkeit relativiert. Die Orientierung an Bauwerken und Verkehrswegen löst sich auf und landschaftliche Zusammenhänge für ansonsten als extrem disparat geltende Umgebungen werden sichtbar.«[9]

Sieverts entwickelt »Visionen und weiterführende Interpretationen der erforschten Umgebungen und speist diese in die Raumplanung und den Kulturbetrieb ein.«[10] Eine Stadt lässt sich neben dem gehenden Erkunden auf unterschiedliche Weisen erforschen: Fahrend, radelnd, joggend und in manchen Gewässern auch schwimmend.

Ein bekanntes Beispiel der unterirdischen Stadterkundung ist die Geschichte des japanischen Designers Nobuyuki Siraisi. Dieser bereitete sich auf den Entwurf des New Yorker Subway-Diagramms vor, indem er mit geschlossenen Augen alle U-Bahn-Linien der Stadt abfuhr, während er auf einem Schreibblock die Strecken und Kurven nachzeichnete. Dies tat er

---

6   Vgl. de Certeau, Michel: Kunst des Handelns. Leipzig/Berlin: Merve Verlag 1988, S. 179ff.
7   zitiert nach Hens, Gregor: Die Stadt und der Erdkreis. Berlin: AB – Die Andere Bibliothek GmbH & Co. KG 2021, S. 60.
8   Ebd., S. 78ff.
9   https://www.neueraeume.de vom 27.02.2022.
10 Ebd.

Zwischen Feldforschung und Kartierung

»offenbar mit dem Ziel, die schwer zu fassende Geografie der Stadt, das Verhältnis von Streckenführung, Entfernung und Stadtwirklichkeit zu erspüren, eine Intuition zu schaffen, die sich auf eine Karte übertragen ließe. Was er spürte, waren vor allem die Beschleunigungs- und Fliehkräfte, die ihm der komplexe Mechanismus seines Innenohrs mitteilte, dazu das Dröhnen des Zuges in der Röhre, das Quietschen der Bremsen, den Luftzug der sich öffnenden und schließenden Türen, die vom Bahnsteig hereindringenden Durchsagen, das ein oder andere Wort eines verstörten, ins Selbstgespräch vertieften Fahrgasts.«[11]

Betrachtet man die Geschichte des Psychogeografierens im Umfeld von Guy Debord und der Situationisten, so wird deutlich, dass die Analyse historisch und kulturell geprägter Handlungsmuster in der Tradition gesellschaftskritischer Perspektiven steht. Entfremdung im Sinne eines Eingerichtetseins im Trügerischen soll mit politisch motivierten Aktionen im Stadtraum entgegengewirkt werden.[12]

Zur Arbeit *This Way Brouwn* von Stanley Brouwn schreibt Christophe Cherix:

»What's fascinating here is an artist making a work through his interaction with people. He's basically delegating the making of his work, not to someone that he chose, but to anyone. And the artist basically gives you here only a starting point and stops right when the work begins. What he did was to ask someone, ›How can I get from here to another point of the city?‹ And he would hand them a sheet of paper, with a pen or a pencil. And, the passerby was asked to make the drawing. ...«[13]

Zudem sollen hier Richard Long mit seiner Arbeit *A Walk Across England* (1997), Gordon Matta-Clarks Schnitte durch Architektur, das Freilegen von Fassaden und Herstellen von Durchbrüchen zur Auflösung von Sehgewohnheiten an Abrisshäusern und Francis Alÿs' Aktionen wie beispielsweise das Schieben eines Eisquaders durch die Straßen von Mexiko-Stadt (*Sometimes Making Something Leads to Nothing*, 2007) erwähnt werden.

Peter Piller unternimmt

»[…] an verschiedenen Orten Europas sogenannte *Peripheriewanderungen*. In Hamburg, dem Ruhrgebiet, in Bonn, Graz und Barcelona umwanderte er in […] Etappen die Siedlungsgrenzen dieser unterschiedlich großen Städte und Regionen. Peter Piller folgt dabei seinem Blick und seiner Erinnerung und hört auf, sobald seine Wahrnehmungsfähigkeit erschöpft ist. Wenn ihn eine Situation auf der Tour interessiert, kann er vom Weg abweichen, in der Gegend herumstreifen oder einfach auf entscheidende Momente warten. So entstehen Archive von Fotografien, die er im Nachhinein in seinem Atelier mit Erinnerungszeichnungen vervollständigt. In seinen *mental maps* ergänzt das Medium Zeichnung das Medium Fotografie – und umgekehrt.«[14]

Im Katalog zur Ausstellung »gehen bleiben – Bewegung, Körper, Ort in der Kunst der Gegenwart« im Kunstmuseum Bonn 2007 schreibt Volker Adolphs:

---

11 Hens, Gregor: Die Stadt und der Erdkreis, S. 61.
12 Vgl. Grünenwald, Ursula: Francis Alÿs: Die Stadt als Handlungsraum. München: Edition Metzel 2017, S. 53f.
13 https://www.moma.org/audio/playlist/176/2336 vom 27.02.2022.
14 https://www.fotomuseum.ch/de/exhibitions-post/peter-piller-peripheriewanderung-winterthur/ vom 27.02.2022.

»Das Gehen als Wandern, Flanieren, Laufen, und das Bleiben als Stehen, Sitzen, Liegen sind zuerst physische Handlungen, Erfahrungen des Körpers und sogleich mehr. Die bewusste Wahrnehmung des eigenen Körpers vermittelt ein Gefühl von Identität, so vorläufig und rudimentär diese auch sein mag. Ich gehe in den Raum, ich bleibe an einem Ort, ich spüre meinen Körper. Im Gehen und Bleiben entwerfe und gliedere ich die Welt um mich herum, ordne sie auf mich zu, ich bin ihr Zentrum und fühle mich ihr doch ebenso ausgeliefert als etwas, das unkontrollierbar außerhalb meiner Existenz ist. Gehen und Bleiben setzen das Ich und die Welt in eine Beziehung.«[15]

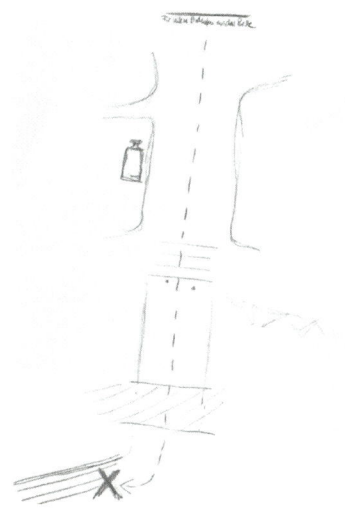

Nichts tun – Warten – Geschehen lassen

Welche insistierenden Effekte können Pausen enthalten?
Das Nichttun, so heißt es einleitend im Sammelband Performanzen des Nichttuns, oszilliert »zwischen zwei seiner Grenzbegriffe: »dem *Nichtstun* als passivem oder dem Subjekt ›unterlaufenden‹ Dasein (das im Dösen, Schlafen oder Faulenzen zu Tage tritt) und dem *Unterlassen*, als aktivem, das heißt willentlichen, bewussten und gezielten Ausschlagen einer Handlungsmöglichkeit.«[16] An Letzteres kann eine Erweiterung des Wahrnehmungsspektrums geknüpft werden. Große Aufmerksamkeit für die Umgebung entwickeln wir beispielsweise, wenn wir allein und erstmalig einen Weg gehen oder in unbekannter Umgebung eine Zeit verweilen. Diese Aufmerksamkeit für den Ort, die Umgebung ist weniger intensiv, wenn wir in Gesellschaft sind oder uns digital navigieren oder unterhalten lassen.

Hartmut Rosa verdeutlicht in seinem Buch *Unverfügbarkeit* die Paradoxie eines »Zurückweichens der Welt«[17] je weniger wir uns den medialen Angeboten im Alltag entziehen können. Durch gezieltes Nichtstun und Aufmerksamkeit während

---

15 Adolphs, Volker: gehen bleiben, Bewegung, Körper, Ort in der Kunst der Gegenwart. Kunstmuseum Bonn. Bonn/Ostfildern: Hatje Cantz Verlag 2007, S. 8.
16 Gronau, Barbara/Lagaay, Alice: »Einleitung«, in: Dies. (Hgg.): Performanzen des Nichttuns, Wien 2008, S. 11–19, S. 13.
17 Rosa, Hartmut: Unverfügbarkeit. Wien: Residenz Verlag 2020, S. 25ff.

Abb. 2–4: Ergebnisse der zweiten Arbeitsphase

des Alleinseins entstehen wie von selbst Beobachtungen vor Ort. Diese sind bedingt durch das Interesse und die Perspektive der Betrachtenden. Unerwartetes und Überraschendes wird wahrgenommen und weitet den Blick. Dieses Beobachten, sich Konzentrieren, sich Einlassen auf einen Ort und zugleich das Einlassen auf sich selbst, kann zum Ausgangspunkt bildnerischer Auseinandersetzung werden. Hier entsteht ein Wechselwirkungsprozess, der bei aller Unterschiedlichkeit der einzelnen Beobachtungen und Schwerpunktsetzungen mit Hartmut Rosa als Resonanzgeschehen bezeichnet werden kann.[18]

»Im Nichttun«, so Gronau und Lagaay, »werden dabei Zwischenzonen kreiert, die sich als Pause oder als Intervall, als Durchquerung oder als Leerstelle, als Potential oder Spielraum beschreiben lassen. Bezeichnenderweise hat das Nichttun darin weniger beendenden, als vielmehr eröffnenden Charakter. Es markiert stets die Sphäre des Möglichen.«[19]

Ob und wann sich solche Momente der Rezeptionsoffenheit ereignen, bleibt unberechenbar. Es geschieht unvermutet und auf ungeplante Weise. Zudem bleibt auch unverfügbar, ob und wie Menschen diese Erfahrungen für sich auswerten.

Karten			
Orte	zeichnen	lesen	
Wege		navigieren	
Höhen	finden	suchen	schätzen
Orientierung	entdecken	tracken	
Schrittmaß	zählen	streunen	kennen
Landmarks	überwinden	folgen	
Routen		verfolgen	
Pläne	messen	peilen	pirschen
Schritte	schreiten	flanieren	sichten
Oberflächen	erfassen	durchqueren	
Rhthmus			
Raum			

Vor Ort

Aufgaben

Schritt 1
Situation: Sie möchten mit einer anderen Person einen Treffpunkt in ca. 200–300 m Entfernung zur Akademie verabreden. Dieser Ort sollte so beschaffen sein, dass man sich dort auch noch gern aufhalten würde, wenn man etwas länger auf die andere Person warten müsste.
Den Weg dorthin und den Ort können Sie der anderen Person nur über eine kleine, gezeichnete Karte beschreiben. Verwenden Sie möglichst wenige Beschriftungen.

---

18 Rosa, Hartmut: Resonanz. Eine Soziologie der Weltbeziehung. Berlin: Suhrkamp 2020.
19 Barbara Gronau/Alice Lagaay: Einleitung, S. 15.

Abb. 5: Wortfeld

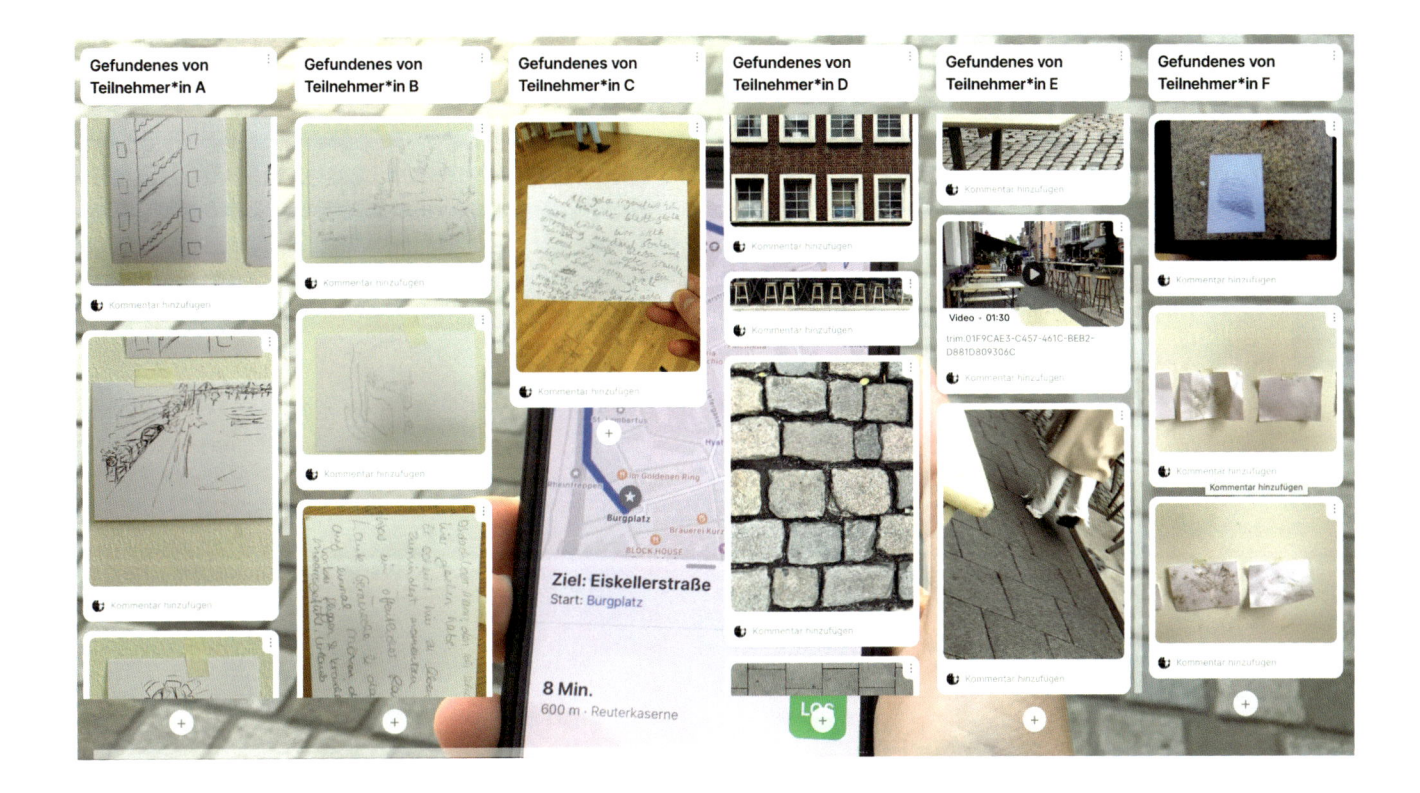

Skizzen auf DIN A5-Karteikarten, 5 min. Zeit
Anschließend werden die Karten zwischen den Teilnehmer*innen ausgetauscht.

Schritt 2:
Versuchen Sie sich zu orientieren (ohne Rücksprache). Begeben Sie sich zu dem Ort.
Bitte bleiben Sie an diesem Ort und verweilen Sie dort aufmerksam.
TUN SIE 10 MINUTEN NICHTS –
Was passiert?
Bitte achten Sie darauf in dieser Zeit weder zu skizzieren, noch zu fotografieren oder
Kaffee zu trinken.
Nach 10 Minuten öffnen Sie den Umschlag mit Aufgabe 3.

Schritt 3
Wahrscheinlich haben Sie etwas beobachten können oder haben etwas entdeckt.
Versuchen Sie jetzt Ihre Beobachtungen, Ihr Thema, Ihren Fokus … festzuhalten, zu
dokumentieren, Fragen zu entwickeln …
Alles ist möglich:
Fotos, Skizzen, Sammeln von Dingen, Audioaufnahmen …
Nehmen Sie sich 20 min. Zeit und kommen Sie danach wieder zum Austausch in die
Akademie.

Abb. 6: Gesammelte Ergebnisse des Workshops in einem Padlet

Intermedialität und Zwischenschritte

Im Rückblick auf die beiden Workshopdurchführungen wurden die anfangs formulierten Fragen für uns als Suche nach Formen der Auseinandersetzung mit Stadtkultur lesbar.

1. Wir ließen aus der Erinnerung gezeichnete Karten, die in ihrer Anmut und Eigenart erst einmal verwirren, anstelle konventioneller Navigationssysteme, von denen man sich in der Regel ›führen lässt‹, zum Ausgangspunkt werden.

2. Im Anschluss an einen Moment der Orientierungslosigkeit wurden multisensorische Erfahrungen bzw. Erfahrungen von Resonanz gemacht. Bestenfalls öffneten sich im Nichtstun Zwischenräume: Das eigene Erleben öffnete die Aufmerksamkeit zur Welt hin und ließ Phänomene wie ein Rauschen, Wind, Beobachtung von Passanten oder sich in ähnlicher Anordnung wiederholende Strukturen in Fassaden oder Bodenflächen aufscheinen. Die Beobachtungen wurden als grafische Skizze, Audioaufnahme, Foto oder Objet trouvé etc. festgehalten und anschließend zu unserem Treffpunkt mitgebracht und zusammengeführt. Aus einigen Rückmeldungen in beiden Gruppen wurde deutlich, dass diese Erfahrung auch zukünftig »für den eigenen künstlerischen Arbeitsprozess zu nutzen« sei.

Bruce Naumann formuliert hierzu in *Mapping the studio I*: »So you really have not to concentrate and allow your peripheral vision to work. You tend to get more if you just scan without seeking. You have to get passive, I think«[20]

3. Mit dem Einsatz unterschiedlicher Medien nutzten wir Sammlungs- und Darstellungsmöglichkeiten für einen Austausch im Plenum. Wir fanden zu einer verknüpften Nutzung analoger und digitaler Medien. Unter Bezugnahme auf die *Kurze Geschichte der Linien*[21] von Tim Ingold erkannten wir die unsichtbaren Linien, auf denen wir uns in der Vorbereitung des Workshops und bei der Durchführung mit den Teilnehmenden bewegten.

Die Teilnehmer*innen schwärmten von unserem Treffpunkt in Raum 002 der Düsseldorfer Kunstakademie in alle Richtungen aus, fanden sich allein an mehr oder weniger markanten Orten in fußläufiger Umgebung, um nach persönlichen Erfahrungen mit Fundstücken, Zeichnungen, Textdokumenten und Audioaufnahmen wieder an den zentralen Ort zurückzukehren.

An unserem Sammelpunkt ordneten sich die Text-, Bild-, und Tondokumente an einer Ausstellungswand, während zugleich die Möglichkeit bestand, über einen QR-Code das Gefundene und Entstandene in einem gemeinsam zugänglichen Padlet hochzuladen. In diesem Sinne funktioniert auch das Padlet wie ein Platz, der aufgesucht, verändert, durchwandert und von den Teilnehmenden erweitert und verkleinert werden kann und auf welches aus verschiedensten Orten der Umgebung zugegriffen wird.

Wir planten den Workshop unter Einbeziehung analoger und digitaler Medien und waren abschließend in der Auswertung über die Besonderheiten im Zusammenspiel der unterschiedlichen Präsentationsformen überrascht:

---

20   Nauman, Bruce: »Mapping the studio I«. (Fat chance John Cage). (Bilingual edition), Köln: Verlag der Buchhandlung König 2003, S. 11.
21   Ingold, Tim: Eine kurze Geschichte der Linien. Konstanz: Konstanz University Press 2021.

In Raum 002, in welchem alle Teilnehmenden zum Austausch zusammenkamen, wurden die Ergebnisse auf zwei, im rechten Winkel zueinander liegenden Wänden gesammelt: Der Raum ermöglichte eine stufenweise Verdunkelung und so konnten die Teilnehmenden, die in einem Halbkreis saßen, dieselben Objekte und Dokumente ihrer Erfahrungen in zwei Präsentationen betrachten. Auf der rechten Wand waren die Originalzeichnungen und Fundstücke zu sehen, die unmittelbar nach Eintreffen jeder/jedes Teilnehmenden dort als Teil einer gemeinsamen, temporären Ausstellung zusammengeführt wurden. An der linken Wand war die Projektion des Padlets zu sehen und man konnte das schrittweise Wachsen dieser gemeinsam nutzbaren Plattform beobachten.

Wir beobachteten insbesondere das Zusammenwirken des Digitalen und Analogen aufgrund der parallelen Nutzung beider Präsentationsformen. Dieser Eindruck veranlasste uns als Workshopleiterinnen, im Umgang mit digitalen und analogen Medien den Begriff der Multimedialität durch den Begriff der Intermedialität zu ersetzen – Intermedialität als ein im Diskurs über Installationen oder Aufführungen bildender und darstellender Kunst bekannter Begriff.

Das in der Abschlussbesprechung projizierte und laut gelesene Zitat des Stadtplaners Thomas Sieverts fasst auch zum Abschluss dieses Textes noch einmal unser Anliegen zusammen und betont die Offenheit unserer Herangehensweise, denn zu den Ergebnissen des Workshops konnte sowohl eine fertige Zeichnung, als auch ein im künstlerischen Arbeitsprozess gemachter Zwischenschritt gehören:

»Aus der Welt der erschlossenen Informationen, also im weitesten Sinne aus Kulturlandschaft kommend, stellt sich am namenlosen, unprominenten, wilden Ort erstmal Langeweile ein. Das, was auf uns zukommt, können wir nicht lesen. So tritt zur Langeweile Irritation. Erst nach einer Weile kommt die produktive Wahrnehmung sozusagen in Gang, und die Welt um uns herum beginnt sich zu füllen. Leere Räume sind notwendig, um die Fähigkeiten, die Menschen zu Kulturwesen machen, zu trainieren: Erschließen, Fügen, Interpretieren, Assoziieren, Projizieren, Erinnern.«[22]

Literatur

Adolphs, Volker/Berg, Stephan (Hgg.): Der Flaneur vom Impressionismus bis zur Gegenwart. Kunstmuseum Bonn. Köln: Wienand Verlag 2018.

Adolphs, Volker: gehen bleiben, Bewegung, Körper, Ort in der Kunst der Gegenwart. Kunstmuseum Bonn. Bonn/Ostfildern: Hatje Cantz Verlag 2007.

Baudelaire; Charles: »Der Künstler, Mann von Welt, Mann der Menge und Kind«, in: Friedhelm Kemp/Claude Pichois (Hgg.): Charles Baudelaire: Sämtliche Werke/Briefe. Bd. 5 München/Wien: Hanser Verlag 1989, S. 368–371.

Behnken, Imbke/Honig, Michael-Sebastian (Hgg.): Martha und Hans-Heinrich Muchow: Der Lebensraum des Großstadtkindes. Weinheim: Beltz/Juventa 2012.

Burckhardt, Lucius: Warum ist Landschaft schön? Die Spaziergangswissenschaft. Berlin: Martin Schmitz Verlag 2006/2011.

De Certeau, Michel: Kunst des Handelns. Berlin/Leipzig: Merve Verlag 1988.

---

22   Sieverts, Thomas: Zwischenstadt – zwischen Ort und Welt – Raum und Zeit – Stadt und Land. Basel: Birkhäuser Verlag 2021, S. 57.

Gronau, Barbara (Hg.): Künste des Anhaltens. Ästhetische Verfahren des Stillstellens. Berlin: Neofelis Verlag 2019.

Gronau, Barbara/Lagaay, Alice: »Einleitung«, in: Dies. (Hgg.): Performanzen des Nichttuns, Wien 2008, S. 11–19.

Grünenwald, Ursula: Francys Alÿs. Die Stadt als Handlungsraum. München: Edition Metzel 2017.

Habig, Inge et al.: Der Auftritt des Ästhetischen. Zur Theorie der architektonischen Ordnung. Frankfurt a. M.: Fischer Taschenbuch Verlag 1990.

Hens, Gregor: Die Stadt und der Erdkreis. Berlin: AB – Die Andere Bibliothek GmbH & Co. KG 2021.

Ingold, Tim: Eine kurze Geschichte der Linien. Konstanz: Konstanz University Press 2021.

Keller, Christoph (Hg.): Archiv Peter Piller, Materialien (B), Peripheriewanderung Bonn. Frankfurt: Revolver – Archiv für aktuelle Kunst 2007.

Kölle, Brigitte/Peppel, Claudia (Hgg.): Die Kunst des Wartens. Berlin: Verlag Klaus Wagenbach 2019.

Leenhaardt, Jacques: »Eine Ästhetik des Randgebietes«, in: Manfred Smuda (Hg.): Die Großstadt als Text. München: Wilhelm Fink Verlag 1992. S. 91.

Long, Richard: A Walk Across England., London: Thames and Hudson 1997.

Nauman, Bruce: Mapping the studio I (Fat chance John Cage). Köln: Verlag der Buchhandlung König (Bilingual edition) 2003.

Ono, Yoko: grapefruit. A Book of Instruction and Drawings by Yoko Ono (1964). New York: Simon & Schuster 2000.

Oswald, Debora et al (Hgg.): Wege. Gestalt – Funktion – Materialität. Berlin: Reimer Verlag 2018.

Pettig, Fabian: Kartografische Streifzüge. Bielefeld: transcript Verlag 2019.

Rosa, Hartmut: Unverfügbarkeit. Wien: Residenz Verlag 2020.

Rosa, Hartmut: Resonanz. Eine Soziologie der Weltbeziehung. Berlin: Suhrkamp 2020.

Sennett, Richard: Fleisch und Stein. Der Körper und die Stadt in der westlichen Zivilisation. Berlin: Suhrkamp Taschenbuch 1997.

Sieverts, Thomas: Zwischenstadt – zwischen Ort und Welt – Raum und Zeit – Stadt und Land. Basel: Birkhäuser Verlag 2021.

Simmel, Georg: »Die Großstädte und das Geistesleben (1903)«, in: Rüdiger Kramme et al (Hgg.): Georg Simmel Gesamtausgabe, Bd. 7: Aufsätze und Abhandlungen: 1901–1908, Bd. 1, Frankfurt a. M.: Suhrkamp Verlag 1995.

Stieve, Claus: Von den Dingen lernen – die Gegenstände unserer Kindheit. München/Paderborn: Wilhelm Fink Verlag 2008.

Tiedemann, Rolf (Hg.): Walter Benjamin: Das Passagen-Werk. Ges. Schriften Bd. V, Frankfurt a. M.: Suhrkamp Verlag 1991.

Weisshaar, Bertram (Hg.), Spaziergangswissenschaft in Praxis. Formate in Fortbewegung, Berlin: Jovis Verlag 2013.

https://www.neueraeume.de vom 27.2.2022.

https://www.moma.org/audio/playlist/176/2336 vom 27.02.2022.

https://www.fotomuseum.ch/de/exhibitions-post/peter-piller-peripheriewanderung-winterthur/ vom 27.02.2022.

Abbildungen

Abb. 1: Screenshot
Abb. 2–4: Fotos: M. Jörgens/S. Oelke
Abb. 5: Wortfeld
Abb. 6: Screenshot
Abb. 7: Foto: M. Jörgens

Zwischen Feldforschung und Kartierung

Ton, Steine, Handys

Christine Moldrickx und Martin Schepers

Googelt man das Wort „digital", erscheint an erster Stelle dieser
Wörterbucheintrag:
1. MEDIZIN
mithilfe des Fingers erfolgend
 "etwas digital untersuchen"
2. PHYSIK
 in Stufen erfolgend; in Einzelschritte aufgelöst
 "digitales Signal (Digitalsignal)"

Von diesen beiden Bedeutungsebenen ausgehend erkunden wir das Wesen des
Digitalen in der Kunst mit einer kollektiven künstlerischen Arbeit, die
während des Workshops entsteht.
Die Gruppe teilt sich in Zweierteams auf. Zu Beginn bekommen alle ein Stück
Ton und modellieren daraus frei mit den Händen eine Figur. Die fertigen
Figuren werden zwischen den Partner*innen ausgetauscht. Jetzt beginnt der
zweite Teil: die ausgetauschten Figuren werden inszeniert und mit dem
Smartphone fotografiert. Das kann draußen im öffentlichen Raum, aber auch in
der Akademie passieren. Diese Bilder werden dann direkt im Handy mit den
verschieden digitalen Werkzeugen der Bildbearbeitungs-App (Farben,
Markierungen, Filtern usw.) bearbeitet.
Am Ende entsteht ein Ensemble aus haptischen Skulpturen und ihren digital in
Szene gesetzten Doppelgängern. Die Fotos werden mit einem Beamer projiziert.
In der Projektion können sie extrem vergrößert werden und unterscheiden sich
so von den Tonobjekten nicht nur in ihrer Materialität, sondern auch in ihrer
neuen Dimension.
Der deutsche Philosoph Ernst Kapp formulierte in der Mitte des 19. Jahrhunderts in seinem Buch Grundlinien einer der Philosophie der Technik die Organprojektionsthese: Alles,was der Mensch technisch entwirft, ist eine Projektion seiner Leiblichkeit. Der Hammer imitiert die Faust, die Säge imitiert die Schneidezähne. In der Technik, so Kapp, formuliert der Mensch die Bedingungen seiner Erkenntnismöglichkeiten, die ihm zuvor nicht bewusst waren. Wie ist das Verhältnis der digitalen Technik zu unserem Körper? Das ist die leitende Frage, die wir jenseits von einem digitalen Dualismus erforschen.

Christine Moldrickx und Martin Schepers

Ton, Steine, Handys

Christine Moldrickx und Martin Schepers

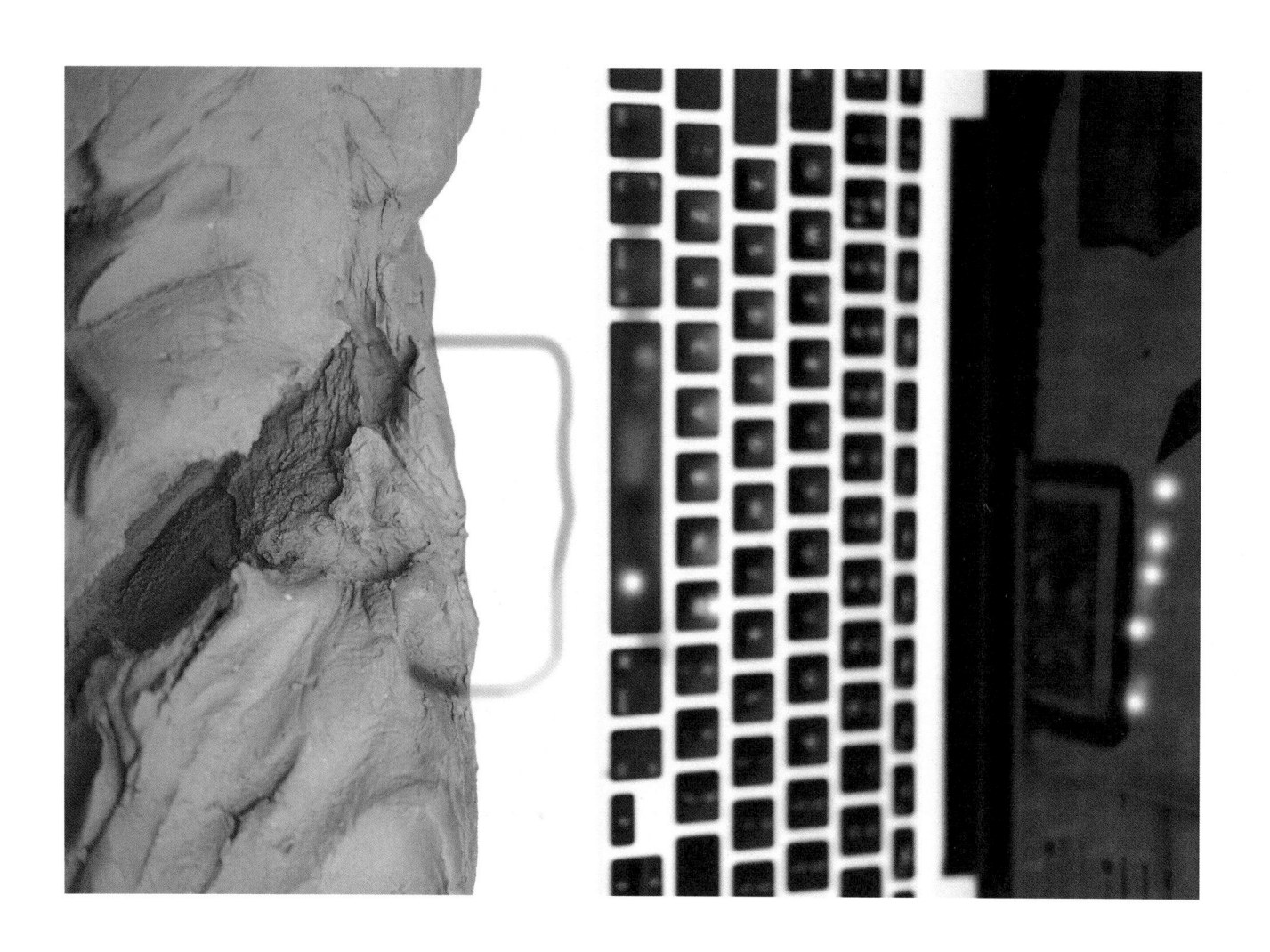

Ton, Steine, Handys

Christine Moldrickx und Martin Schepers

Ton, Steine, Handys

Christine Moldrickx und Martin Schepers

Ton, Steine, Handys

Christine Moldrickx und Martin Schepers

Performance_2021

Transformationen der leiblichen Körper- und Raumerfahrung in digital erzeugte Bilder

Monique Breuer

Die Kunstdidaktik war in den ersten Jahren der Pandemie eng verknüpft mit Körper-, Leib- und Raumerfahrungen, die unsere Wahrnehmungsmuster teilweise bis heute prägen. Die Prozesse der künstlerischen Vermittlungspraxis wurden definiert von analogen künstlerisch-praktischen Übungen und Aktionen, deren Ergebnisse über ein digitales Medium vermittelt wurden. Die enge Verknüpfung von künstlerisch-performativen Handlungen und medial vermittelten bewegten Bildern gibt es bereits seit den Anfängen der Performance-Kunst. Daher sind nicht die Präsentationsformate der Performance-Art Gegenstand der Ausführungen, sondern die Lehr- und Lernkontexte, die eine andere Herangehensweise erfordern und neue Perspektiven auf den Entstehungsprozess und die Konzeption eröffnen.

Die räumliche Beschränkung in der Phase des Homeschoolings sowie die Seh- und Wahrnehmungserfahrung, die Videokonferenzen und die konzentrierte Rezeption digital vermittelter Bilder in Echtzeit erzeugten, beeinflussten auch das Kommunikationsverhalten von Sender und Empfänger[1]. Das veränderte Setting zeigte in der künstlerisch-praktischen Vermittlung und Umsetzung von Performance-Art neue Wege in der gestalterischen Arbeit mit Schüler*innen auf. Das Verhältnis von Raum, Begrenzung, Wahrnehmung und leiblicher Erfahrung sowie Leerstellen in der digitalen Kommunikation ist der Ausgangspunkt für die folgenden didaktischen Überlegungen zur Vermittlung von Performance-Art in schulischen und außerschulischen Lern- und Lehrkontexten.

Dadurch, dass während der Pandemie die körperlichen Differenzerfahrungen durch ein tägliches Wechselspiel zwischen enger räumlicher Begrenzung mit Umfriedung und Bedachung (eigenes Zimmer/Wohnung) und dem Nicht-Vorhanden-Sein innerhalb einer größeren Fläche (Straße, Wiese, Feld, weite Flächen ohne Überdachung) ebenso wegfiel wie die Kopräsenz des eigenen Körpers in Gruppen sowie im Gegenzug die digitale Kommunikation neue Räume[2] eröffnete, verän-

---

[1] Vgl. Das Sender-Empfänger-Kommunikationsmodell in: Röhner, Jessica/Schütz, Astrid: Psychologie der Kommunikation, Wiesbaden: Springer, S. 21.

[2] Eine Übung aus dem digital vermittelten Seminar *Übersetzung – Körper- und Raumstrukturen* mit Kunststudent*innen der Universität Paderborn im Zeitraum 04.2021–05.2021, verdeutlichte die veränderte Raumwahrnehmung im analogen Setting: Die*der Student*in bittet eine andere Person den Raum zu betreten, während sie*er an der Online-Konferenz teilnimmt. Die Person bleibt an einem Punkt x stehen. Die*der Student*in hat die Aufgabe den Abstand zur Person zu benennen, ohne den Blick vom digitalen Konferenzraum zu lösen, und zu beschreiben, wie der Abstand zur Person empfunden wird. Im zweiten Schritt wird der digitale Konferenzraum verlassen und die*der Teilnehmer*in gebeten, sich mit einem Buch und ausgeschaltetem Computer an seinen Schreibtisch zu setzen, während eine Person auf die gleiche Art und Weise wie zuvor und im gleichen Abstand den Raum betritt. Erneut wird über den Abstand und

derten sich eingeschriebenen Bewegungsmuster und leiblichen Interaktionserfahrungen. In viele Student*innen- und Schüler*innen-Körper schrieben sich seit 2020 folgende Aspekte in Bezug auf Raum und Körper ein, die im Kontext dieser digitalen Vermittlungssituation entstanden sind: Ein privates Zimmer mit einem Schreibtisch, der den Raum horizontal trennt und Ober- und Unterkörper in zwei Aktionszonen teilt – den Oberkörper oberhalb der Fläche, der als Repräsentant[3] des Körpers über ein digitales Medium für andere sichtbar ist, und den für andere nicht sichtbaren Unterkörper. Die Bewegungen sind alle nach vorne gerichtet und die Augen fixieren einen Punkt, der auf einen digitalen Raum außerhalb des physischen Erlebens verweist. Bei der Wahrnehmung und Erinnerung werden in diesem Moment aufgenommene, digital vermittelte Reize an die Erfordernisse und Beschränkungen unseres Gehirns angepasst.[4] Die*der Rezipient*in greift auf bereits längerfristig bestehende Erkenntnisse zurück, ergänzt diese durch kurzfristige und versucht beide Ebenen im Moment der Aufnahme einzuordnen.[5] Im Falle des Wissens um die Bewegung im Raum, die für die Performancearbeit wichtig ist, spielt das leibliche Vorwissen über mögliche Bewegungsmuster eine Rolle. Diese Bewegungsmuster können in der Performance-Vermittlung reflektiert und durch neue ergänzt werden. Neben der Thematisierung der Produktion und Rezeption von Bewegungen im realen Raum, kommt folgendem Aspekt eine besondere Bedeutung zu: Die Student*innen und Schüler*innen befinden sich in dieser Vermittlungssituation in ihrem privaten Bereich und nicht in einem institutionellen Gebäude.

Künstlerischen Lehrprozessen, die digital vermittelt und im analogen privaten Raum umgesetzt werden, mit denen im institutionellen Rahmen zu verbinden, kann für Performance-Projekte mit einem biografischen Bezug eine große Chance bieten[6]. Bewegungen, Erkenntnisse und Ergebnisse müssen dabei jedoch punktuell gebündelt und begleitet werden. In analogen sowie digitalen Lehr- und Lernkontexten sind zunächst Körperübungen der Ausgangspunkt, die zeitlich synchron vom Vermittelnden verbal angeleitet und von den Lernenden akustisch aufgenommen und in Körperbewegungen übersetzt werden, damit die Transformation der leiblichen Körper- und Raumerfahrung im analogen Raum auf die Kör-

---

die Wahrnehmung des eigenen Körpers zu dem des anderen reflektiert. Die Ergebnisse der Befragung haben gezeigt, dass die Raumwahrnehmung in dem Buch-Setting im analogen Raum sich von der Körper-Raum-Wahrnehmung durch die Öffnung des analogen Raumes in einen digitalen Kommunikationsraum unterscheidet. Die Mehrzahl der Student*innen gab an, die analogen Körper-Raum-Abstände im zuerst genannten digital erweiterten Setting schlechter einschätzen zu können. Im Rahmen des künstlerischen Entwicklungsprozesses einer Performance der Student*innen wurde Übungen so angelegt, dass die visuelle Kommunikation entfiel und nur über einen akustisch vermittelten Text Übungen zur Raumwahrnehmung angeleitet wurden.

3   Vgl. Berger, Christiane: Körper denken in Bewegung. Bielefeld: transcript 2006, S. 101.
4   Vgl. ebd., S. 31.
5   Vgl. ebd., S. 35.
6   Eine mögliche Aufgabenstellung könnte lauten: *Suchen Sie sich einen Platz in Ihrem privaten Zimmer/ Raum! Schließen Sie kurz die Augen. Sobald Sie die Augen öffnen, notieren Sie alle Assoziation, die Sie mit dem Raum und Ihrer Situation verbinden. Finden Sie eine Pose, die Ihre Empfindungen repräsentiert, an einem von Ihnen ausgewählten Punkt im Raum und halten Sie diese für fünf Sekunden.* Weiterführend könnten Skizzen oder Filmaufnahmen/Fotos mit Selbstauslöser angefertigt werden. Darauf aufbauend könnte eine Tagebuchreihe entstehen, die auf der Wiederholung der Übung basiert.

perpräsentation in digital erzeugte Performance-Bilder gelingen kann. Die Verfahrensweise der leiblichen Aneignung von Raum in der künstlerischen Performance wird im Kontext von Arbeiten der Student*innen der Universität Paderborn im Fach Kunst[7] aus dem Jahr 2021 und den daraus entstanden Vermittlungskonzepten für Schüler*innen am Ende des Beitrags thematisiert.

Die Produktion und Wahrnehmung von Raum

Das Raumerleben verändert sich, wenn sich die physischen Aktionsräume der Kommunikationsteilnehmer*innen unterscheiden und im Moment der digitalen Vermittlung ein repräsentierter, geruchloser und körperloser Kommunikationsraum entsteht. Ausgehend von der Annahme, dass das Ausloten von Räumen eine Grundbedingung des menschlichen Handelns ist, das zur Vorstellung von Wirklichkeit und des eignen Selbstverständnisses nötig ist[8], stellt sich die Frage, wie die leibliche Wahrnehmung von Körper und Raum sowohl in der analogen als auch digitalen Vermittlung herausgearbeitet werden kann. Der Einbezug des privaten Raumes in den künstlerischen Prozess kann bei der biografischen Auseinandersetzung eine Möglichkeit sein, um Brüche, Leerstellen und Übergänge aufzuzeigen und die ortspezifische Performance im Kontext von privaten und öffentlichen sowie subjektiv erlebten und inszenierten Räumen in ihrer Wandelbarkeit zu diskutieren.

> »Bestimmt man Raum nicht als feste Größe, sondern als zu produzierende Konstellation, gewissermaßen als Wucherung aus physisch Wahrnehmbarem, subjektiv Erlebten und Repräsentiertem, dann ermöglichen Thematisierungen von Raum unter anderem die Wahrnehmung dieser Zusammensetzung, […].«[9]

Der subjektive Raum, der gemeinschaftliche Raum, der Außenraum und der institutionelle Raum[10] werden dabei als Gegenstand der künstlerisch-ästhetischen Erfahrung den Entwicklungen von Performances zugrunde gelegt. »Der konkrete Raum ist ein anderer je nach Wesen, dessen Raum er ist und je nach Leben, das sich in ihm vollzieht.«[11] Der Raum ist kein festes Konstrukt, auch wenn die Umfriedung[12] eines Ortes durch Mauern den Innenraum vom Außenraum trennt, ist die Zuordnung, Nutzung und Wahrnehmung von einer aktiven Bedeutungszuschreibung des Subjektes in der Gemeinschaft abhängig. Dabei sind die Bewegungen

---

7 Student*innen des Seminars *Übersetzungen – Körper- und Raumstrukturen*, Universität Paderborn 2021.

8 Vgl. Meyer, Kathrin. »Raum schaffen. Von der Produktion (symbolischer, virtueller, sozialer) anderer Räume«, in: Sprengel Museum Hannover/Kestner Gesellschaft/Kunstverein Hannover (Hgg.): Made in Germany Zwei. Kat. zur Ausstellung, Nürnberg: 2012, S. 142.

9 Vgl. ebd., S. 145.

10 Vgl. ebd., S. 142.

11 Vgl. von Dürckheim, Karlfried: »Vom gelebten Raum«, in: Stephan Günzel (Hg.): Texte zur Theorie des Raumes, Stuttgart: Reclam 2013, S. 316–318, S. 317.

12 Vgl. Semper, Gottfried: »Die vier Elemente der Baukunst«, in: Stephan Günzel (Hg.): Texte zur Theorie des Raumes, Stuttgart: Reclam 2013, S. 22–25, S. 22.

des Subjektes ein fundamentaler Aspekt des Raumes[13]. Das Erkunden des Raumes findet seit der Aufrichtung der Körperachse des Menschen vor allem durch das Gehen statt.[14] Ein Experiment im Rahmen der Vermittlung ist das Erkunden des durch die Außenmauern begrenzten Raumes innerhalb eines institutionellen oder privaten Gebäudes. Dabei startet die*der Akteur*in mit offenen Augen einen »Rundgang« an einem selbst festgelegten Punkt und geht entlang der Mauern so lange bis er*sie an diesem wieder ankommt. Im Anschluss werden die Diagonalen von einer Ecke zur anderen erschlossen. Nachdem sich die*der Akteur*in mit seinem*ihren wahrnehmenden Leib[15] zum Raum in Beziehung gesetzt hat, wird die Übung erneut durchgeführt, aber diesmal mit geschlossen Augen. Meist verlangsamt sich der Gang, aber die Raumgrenzen werden vom Leib des Subjektes so abgespeichert, dass es die Wege ohne Probleme zurücklegen kann.

Der bewegte Körper im begrenzten Raum

In der Vermittlungsarbeit von Performances wird die Wahrnehmung des Raumes, die Zuordnung des eigenen Leibes zum Raum sowie die Analysefähigkeit eines fremden, sichtbaren Körpers im Raum an den Anfang gestellt und die Überlegungen, wie die Bewegungen des eigenen Körpers einen Raum erzeugen, an praktischen Beispielen überprüft. Dieser Ansatz wird ebenso in der digitalen Vermittlung und medialen Repräsentation zugrunde gelegt.

Während der pandemiebedingten Lockdowns 2020 und der damit einhergegangenen Einführung des Homeoffices waren Schüler*innen, Student*innen, Lehrer*innen und Eltern sowie andere Berufstätige in ihrer Vermittlung auf die Öffnung und Umstrukturierung ihres privaten Raumes angewiesen, der durch die digitale Kommunikation in Form von Online-Konferenzen oder Videoaufzeichnung zu einem in Teilen öffentlichen Raum wurde, während zur gleichen Zeit das Erschließen des Außenraumes begrenzt wurde. Studierende der Universität Paderborn[16] berichteten, dass sie in diesem Zeitraum mit Ausnahmen von Spaziergängen in der Nähe ihr WG-Zimmer nicht verließen.

Das WG-Zimmer wurde so sowohl als Privat- als auch Arbeitsraum verstanden, teilweise wurden dabei innerhalb des Zimmers durch raumteilende Gegenstände oder neu konnotierte Flächen Denkräume erschaffen, um eine Struktur der Raumabgrenzung zu ermöglichen. Im Rahmen der stattfindenden Online-Seminare wurde ein inszenierter Raum im digitalen Abbild gezeigt.

In der Arbeit mit den Kunststudierenden[17] ist die Idee des künstlerisch-gestalterischen Raumes im eigenen Zimmer mit den Maßen 1 × 1 m entstanden. Die auf dem Boden durch Markierungen begrenzte Aktionsfläche stellte den Ausgangs-

---

13 Vgl. Laban, Rudolf von: Choreutik. Grundlagen der Raum-Harmonielehre des Tanzes, Wilhelmshaven: Noetzel 1991, S. 14.
14 Vgl. Fischer, Ralf: Walking Artists, Bielefeld: transcript 2011, S. 26.
15 Vgl. Barkhaus, Annette: »Körper und Identität«, in: Sabine Karoß/Leonore Welzin (Hgg.): Tanz-Politik-Identität, Hamburg: LIT 2001, S. 31.
16 Seminar *Übersetzungen – Körper- und Raumstrukturen*, Universität Paderborn 2021.
17 Seminar: Übersetzungen – Körper- und Raumstrukturen, Universität Paderborn 2021.

punkt einer Recherche zur Raumerfahrung dar. Nur in diesem Feld sollten künstlerische Handlungen in den nächsten Wochen stattfinden. Gegenstände konnten hinzugefügt und mit diesen interagiert werden. Im Fokus stand dabei immer die Beziehung von handelndem Körper und selbstdefinierten Raum. Der erste Zugang zu diesem Gestaltungsraum erfolgte über das Gehen und Erschließen der Fläche. Den leeren und neutralen Raum und immer gleichen Raum gibt es trotz der gleichbleibenden Begrenzung nicht.[18] Der erste Schritt produziert schon Bedeutung und die Beziehung zum Raum wird hergestellt. Der Grundgedanke des Herstellens von Körper-Raumbeziehung, wie ihn Bruce Nauman gehend in *Walking in an Exaggerated Manner Around the Perimeter of a Square* (1967–1968)[19] durch sein »leeres« Atelier aufgreift, steht auch am Anfang des 1 × 1 m-Raumes. Ein Raum ohne Gegenstände steht nicht jedem zur Verfügung. Daher ist es wichtig, die Begrenzung als konzentrierten Prozess zu initiieren, der mit Materialien wie Kreide, Klebeband o. ä. in einem zuvor festgesetzten Rahmen (Anfang/Ende) vollzogen wird. Aus anderen Experimenten mit Schüler*innen ist bekannt, dass allein die optisch wahrnehmbare Begrenzung[20], die von der*dem Akteur*in selbst bewusst gesetzt wird, sowohl die Konzentration erhöht als auch das Vermögen fördert, sich von einer 1 × 1 m Bodenfläche ausgehend einen dreidimensionalen Raum vorzustellen, in dem sich die*der Performende bewegen kann. Bruce Naumann setzt in seiner Videoarbeit die Wiederholung einer Bewegung sowohl als Gestaltungs- als auch eigenes Rezeptionsmittel ein. In Experimentierphasen des Seminars wurde der Prozess des raumerfassenden Gehens mehrfach wiederholt, um diesen erneut körperlich zu erfahren und neu umzusetzen. Die Interaktion von Raum und Akteur*in geschah zunächst in der Abwesenheit von Zuschauenden. In einer späteren erweiterten medialen Vermittlung wurde der Ort erneut begrenzt, da nur ein Ausschnitt für den Rezipienten zu sehen war. Das Körper-Raum-Verhältnis wird in seiner perspektivischen Abbildung durch die*den Performende*n, die*der auch die Kamera bedient, gesteuert. Der abgebildete Raum, in dem eine künstlerische Aktion durchgeführt wird, entsteht in einem privaten Raum, der voller Gegenstände des täglichen Lebens von Schüler*innen und Student*innen sein kann. Die markierte Fläche von 1 × 1 m wird über einen längeren Zeitraum etabliert und kann mit Materialien und Gegenständen gefüllt sowie wieder geleert werden. Die Grundbedingung der performativen Aktionen in dem sich aus der Fläche ergebenden Handlungsraums ist, dass jeder Anfang bewusst gesetzt, jede Aktion in voller Konzentration ausgeführt und ein Ende physisch gesetzt wird. Die Fläche kann zu jeder Zeit betreten werden. Voraussetzung ist nur, dass, sobald der Eintritt erfolgt, die künstlerischen Handlungen bewusst vollzogen werden. Das Nachlassen der Konzentration im eigenen performativen Handeln hat zur Folge, dass das Handlungsfeld verlassen wird. Aus dieser Bedingung ergibt sich die Aktionszeit.

---

18 Vgl. Kathrin Meyer, Raum schaffen, S. 142.
19 Vgl. Bruce Nauman: *Walking in an Exaggerated Manner Around the Perimeter of a Square*, 1967–1968, Video.
20 Vgl. Breuer, Monique/Henning, Susanne: »BieleFELD – Künstlerische Interventionen in urbanen Kontexten«, in: Martin Jungwirt/ Nina Harsch/Yvonne Korflür/Martin Stein (Hgg.): Forschen. Lernen. Lehren an öffentlichen Orten – The Wider View, Münster: WTM 2020, S. 81.

Eine erweiterte Vorgabe besteht darin, dass die 1 × 1 m-Fläche im Alltag für den Zeitraum der Erprobung nicht betreten werden darf. Bevor die Akteur*innen in ihrem privaten Raum anfangen zu agieren, werden die Übungen so angeleitet, dass die subjektive Raum- und Körperwahrnehmung unterstützt wird. Die Flächenbegrenzung von 1 × 1 m wird mit langsamen Schritten und ohne Schuhe erforscht, der Blick ist im ersten Durchgang horizontal nach vorn ausgerichtet, im zweiten entlang der Markierungslinie, im dritten werden die Augen geschlossen und nach Beendigung der Wege die Fläche verlassen. Im Anschluss wird die*der Akteur*in gebeten, sich an eine äußere Kante der Markierung zu stellen, die Augen zu schließen und einen so großen Schritt zu vollziehen, dass sie*er genau die Mitte der Fläche trifft. Die*der Akteur*in kann so die Größenverhältnisse von Fläche und Körperbewegung abgleichen, was später dazu führt, dass größere Bewegungen erprobt werden und die*der Handelnde anhand der Flächenmarkierung einen dreidimensionalen Raum imaginiert[21]. Um dieses und die eigene Körperspannung noch zu verstärken, kann das Einnehmen von Posen (mehrere Sekunden halten) als Gestaltungs- und Konzentrationsmittel eingesetzt werden. Nach der zunächst erwähnten Phase der Produktion und Imagination von Raum durch Bewegung wird in der zweiten Phase der Fokus auf die Körperaktion, die Körpersetzung und die Körperreaktion des*der im Moment handelnden Performers*in gelegt.

Das Ausloten von Raum- und Körpergrenzen

Der künstlerischen Performance als ephemerer Ausdrucksform der Kunst werden Authentizität, Im-Moment-Sein, leibliche Kopräsenz und Spontanität zugeschrieben.[22] Die*der Akteur*in agiert, während die*der Zuschauer*in reagiert und beide ihre Rolle anerkennen.[23] Der Körper der*des Betrachter*in ist dabei nicht als passiv zu verstehen, sondern die*der Zuschauer*in vollzieht die Bewegung[24] leiblich mit, auch wenn sie*er diese nicht selbst ausführt, greift sie*er auf ihre*seine leiblichen Erfahrungen zurück und dabei werden dieselben Neuronen aktiviert wie in der leiblichen Bewegungsausführung.[25] Da es bei der künstlerischen Performance keine »klassischen« Rollen wie im Theater gibt und die Handlung nicht einstudiert, wiederholt und vorgegeben ist, kommt der leiblichen Erfahrung der*des Agierenden, die*der im Moment der Durchführung auf ein Material, eine Situation oder andere Individuen reagiert, eine besondere Bedeutung zu. Die*der Performer*in wird immer im situativen Kontext verortet, auch in Bezug auf soziale, politische

---

21 Anne Haun-Efremides stellt die Frage, ob ein Atelier nicht im Kopf entsteht und damit ein Raum der Imagination ist. Die Vorstellung des Raumes wird in dem genannten Beispiel über die Bodenmarkierung entwickelt und mit Hilfe der Bewegung und Gegenstände zu einem eigenen Kreativitätsort. Vgl. Haun-Efremides, Anne: »Körper, Raum, Leben, Kunst, Netz«, in: Kunstforum: Das Atelier als Manifest, Band 208, 2001, S. 78–91.

22 Vgl. Klein, Gabriele/Sting, Wolfgang: Performance, Bielefeld: transcript 2005, S. 13.

23 Vgl. Gabriele Klein/ Wolfgang Sting, Performance, S. 10.

24 Unter »Kinästhetic sympathy« versteht Berger, dass der Zuschauende die Bewegungen, die er sieht, leiblich nachvollzieht. Im Moment der Betrachtung von Bewegungen werden dieselben Neuronen aktiviert wie im Augenblick der eignen Durchführung. Vgl. Christiane Berger, Körper denken in Bewegung, S. 118f.

25 Vgl. Christiane Berger, Körper denken in Bewegung, S. 119.

und zeithistorische Kontexte, die eine Kultur im Moment der Aufführung prägen.[26] Dem Körper der*des Akteur*in wird eine Einschreibung in die Biografie des Im-Jetzt-Agierenden Subjektes unterstellt. Dies bedeutet im Umkehrschluss, dass eingeschriebene und erlebte Erfahrung das Handlungsmuster prägen und es Schüler*innen, je nach Alter, zunächst schwerfällt, sich von eigenen Mustern zu lösen und sich von dem Gedanken zu befreien, eine definierte Rolle innerhalb der Teilnehmer*innen Gruppe einnehmen zu müssen. Davon ausgehend ist die *Kipp-Punkt-Übung*, die die*den Akteur*in auf sich selbst zurückwirft, eine Möglichkeit, sich mit dem Moment der Kontrolle und des Kontrollverlustes auseinanderzusetzen. Diese Übung kann ausgehend von einer Auseinandersetzung mit den Arbeiten von Charles Ray *Plank, Piece I-II* (1973), und Bruce Nauman, *Failing to Levitate in the Studio* (1966), initiiert werden. Charles Ray experimentiert mit einem Brett, wie er den Körper unter Berücksichtigung der Gewichtsverteilung vom Boden entfernt an einer Wand positionieren kann. Da das Brett mit keinem Hilfsmittel fixiert wird, bestimmen Körpergefühl und Körperbeherrschung die Aktion des mit dem Kopf nach unten positionierten Performers. Bruce Nauman bringt den eigenen Körper in eine Liegeposition zwischen zwei Stühlen, die nur durch die eigene Körperspannung gehalten werden kann. Kopf und Füße liegen auf den Klappstühlen, während der Rest des Körpers horizontal gegen die Schwerkraft kämpft. Das Austesten, das Ausprobieren und das Herausfordern des eigenen Körpers im Kontext einer Materialauseinandersetzung sind nur durch die absolute Konzentration auf die Handlung im Moment möglich. Diese Konzentration auf das Erleben des Kipp-Momentes – die Körperspannung wird so lange gehalten, bis die*der Akteur*in diese nicht mehr erzeugen kann – ist eine intensive Auseinandersetzung mit dem Leib und dem Körper als Objekt im Raum. Der Impuls dafür kann lauten: *Suchen Sie sich Flächen und/ oder ein Objekt im Raum und finden Sie eine Position, die Sie ausbalancieren müssen. Dabei sollte das Objekt /die Fläche Sie an einem oder maximal zwei Punkten berühren. Entscheiden Sie zuvor, wo Ihr Aktionsraum beginnt und endet. Die Auseinandersetzung mit der Pose kann wiederholt werden und endet erst, wenn Sie aus dieser Situation bewusst herausgehen.*

Die Kipp-Punkt-Übung kann auf den bereits angelegten 1 × 1 m-Raum angewendet oder die Markierungen auf eine ortsspezifische Fläche übertragen werden. Körper- und Raumerfahrung/-erzeugung durch Begrenzung, Bodymemory[27] einhergehend mit Wiederholung und Köperanspannung, Bewegungsvarianz und Materialinteraktion ermöglichen den Übergang von einem konzentriert erlebten Raum auf einen erwählten gestalteten Ort, der in digital erzeugte Bilder transformiert werden kann.

Suchen Sie sich in der privaten Wohnung/ im institutionellen Gebäude oder im urbanen Kontext einen Ort aus. Grenzen Sie diesen in Ihrer Vorstellung ein und schreiten Sie die äußeren Grenzen ab. Finden Sie Positionen/Bewegungen, in denen sich vor-

---

26 Vgl. Fischer-Lichte, Erika: Performativität, Bielefeld: transcript 2012, S. 43.
27 Bodymemory: Vollziehen wir Bewegungen das erste Mal, liegt die Konzentration bewusst auf dieser Durchführung. Mit der Wiederholung von Bewegungen wird die bewusste Konzentration auf diese eine Ausführung abnehmen: Während die*der Tänzer*in eine durch Wiederholung einstudierte Tanzbewegung durchführt, kann sie*er die Takte in der Musik zählen, in einer Gruppenformation auf andere Tänzer*innen achten und den Bühnenraum im Blick haben.

handene Materialien/Strukturen und Ihr eigener Körper an mindestens einem Punkt berühren. Probieren Sie mit dem Handy/der Kamera verschiedene Aufnahmewinkel und Ausschnitte aus und gleichen Sie den abgebildeten Raum mit Ihren eigenen Körperrezeptions- und Produktionserfahrungen ab.

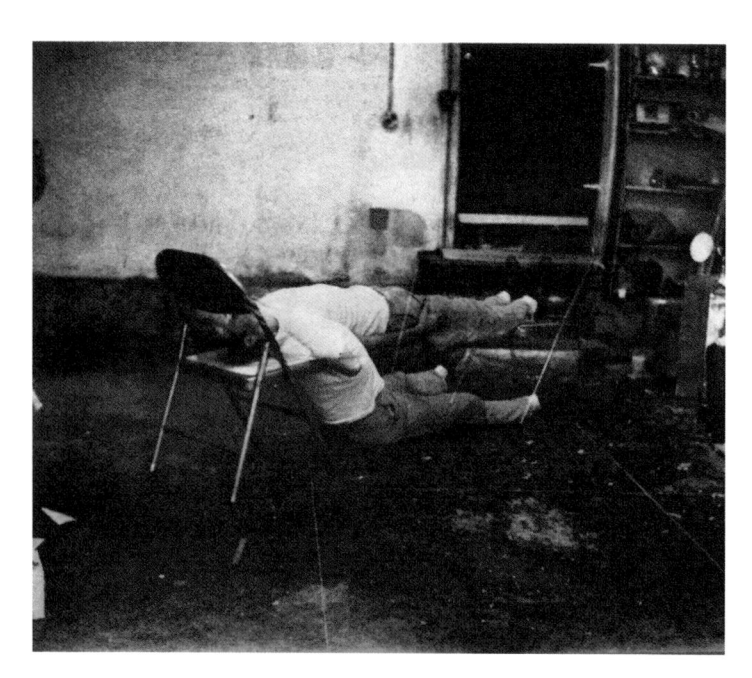

Abb. 1: Charles Ray: Plank Piece, 1973

Abb. 2: Bruce Nauman: Failing to Levitate in the Studio, 1966

Vom erlebten zum digital abgebildeten Raum

Anhand der während des Experimentierens mit Studierenden entstandenen Videoarbeiten zu künstlerischen Performances, die im privaten Raum entstanden sind, soll die Transformation der leiblichen Erfahrungen und des Raumerlebens in digital erzeugte Bilder veranschaulicht werden. Dieser mehrschrittige Prozess wird am Beispiel der Ausführungen zur Arbeitsweise von Nevzat Onur Ertunc[28] erörtert. Die zuvor erläuterten Raum- und Körperübungen sind dieser Arbeit vorangegangen und sollten auf die Auswahl des Settings- und den Einsatz des Körpers im Hinblick auf das eigene Konzept so verinnerlicht werden, dass die Grundbedingung umgesetzt werden kann: Die Performance wurde nur einmal durchgeführt und in einem Shot/Take aufgenommen. »Bei der Vorbereitung der Performance musste ich mich vor allem auf die Art und Weise fokussieren, auf das digitale Abbild von mir und die Darstellung des eigentlich realen Raumes«, erläutert Ertunc. Zuallererst habe er dabei auf die eigene Körpererfahrung geachtet, die er aus den Übungen memoriert habe und im nächsten Schritt viele Räume gefilmt, um zu erken-

---

28 Nevzat Onur Ertunc war ein Teilnehmer des Seminars *Übersetzung – Körper- und Raumstrukturen*, Universität Paderborn 2021.

nen, wie die Kamera diese wahrnimmt. Um den Abgleich von Leiberfahrung und Abbildung des Ortes zu vollziehen, entstanden mehrere Videos, in denen er in das Bild hinein- und aus ihm herausgegangen ist, um die Dimension des Dargestellten zu verinnerlichen. »Ich beklebte den Boden von Räumen, wenn ich Schwierigkeiten hatte, und passte Bewegungen an, wenn ich schon bei der Vorbereitung der Performance unsicher war. Der kleinere Aktionsraum half mir, den Raum, meine Bewegungen und meine Körpererfahrungen leichter wahrzunehmen«,[29] führt er aus. Der körperlich wahrgenommene und zunächst durch Bewegungen vertraut gemachte Gesamtraum transformiert durch die Markierung in einen Aktionsraum. Der gesamte äußere Raum wurde von den Studierenden, die in vielen Onlinesitzungen gesessen haben, durch die Körper-Raum-Übungen in der Rezeption der digitalen Repräsentation als größer empfunden[30], weil der reale Raum durch den digitalen Kommunikationsort im Kopf ergänzt wurde. Dieser Abgleich und die Bedeutung für die Akteur*in-Rezipient*in-Beziehung zeigen sich im Rechercheprozess für die Performance: »Die digitale Öffnung des Raumes hat mir bewusst gemacht, dass es möglich ist, mit jedem Betrachter individuell zu interagieren, da jeder die Performance separat auf einem digitalen Endgerät betrachtet. Darüber hinaus kann die digitale Öffnung des Raumes die Aufführung für jeden mit einem digitalen Endgerät wahrnehmbar machen«, erläutert Ertunc. An die digitale Präsentation sind die möglichen Überlegungen zu den Formaten, wie Echtzeit-Übertragung oder zeitversetzte Online-Video-Präsentation geknüpft.[31] Die zum Teil in sozialen Netzwerken veröffentlichten Seminar-Performances konnten von vielen Zuschauer*innen betrachtet werden, aber wie die Ausführungen zeigen, wird häufig von einem Empfänger an seinem digitalen Endgerät ausgegangen. Die Vorstellung vom Abbild des Raumes in einem digitalen Kommunikationsraum erzeugt ein Spannungsverhältnis zwischen eigenem leiblich erlebtem Raumgefühl und der Inszenierung des Raumes für den Bildausschnitt. Dabei lassen sich zwei Komponenten herausarbeiten – der Körper als bewegtes Objekt[32] und das digital vermittelte Raumsetting.

Suchen Sie sich einen Raum in Ihrer privaten Umgebung[33], den Sie täglich betreten. Überlegen Sie, welche Handlungen Sie täglich vollziehen, welche Räume relevant sind und wie Sie diese Räume empfinden. Wie können Sie das zum Ausdruck bringen? Skizzieren, fotografieren, schreiben Sie Assoziationen auf, führen Sie tägliche Bewegungen bewusst aus oder setzen Sie Ihren Körper und den Raum in Beziehung, indem Sie sich an unterschiedliche Punkte im Raum stellen. Überprüfen Sie mit einer Kamera, ob der

---

29 Interview mit Nevzat Onur Ertunc, Teilnehmer des Seminars *Übersetzung – Körper- und Raumstrukturen*, Universität Paderborn 2021.

30 Ergebnisse einer Seminarbesprechung von Nevzat Onur Ertunc.

31 Aus technischen Gründen sowie aus der Tatsache heraus, dass eine Live-Übertragung im schulischen Kontext nicht den geschützten Rahmen bietet, ist eine Videoaufnahme der Performance zu bevorzugen.

32 Vgl. Anne Haun-Efremides, Körper, Raum, Leben, Kunst, Netz, S. 78–91.

33 Einige Student*innen des Seminars Übersetzungen – Körper- und Raumstrukturen hatten sich für einen Raum innerhalb eines Mehrfamilienhauses, aber außerhalb der eigenen Wohnung, entschieden und dafür ein mobiles Atelier entwickelt, indem sie Materialien in einer leicht mitzunehmenden Box gesammelt und immer wieder neu an dem Ort erforscht, mit ihnen interagiert und platziert haben.

abgebildete Raum die Größenverhältnisse, Materialien und Flächen zeigt, die Sie in Ihrer Körper-Raum-Interaktion als wichtig und als Referenz empfinden.

Erarbeiten Sie ein Konzept[34] für Ihre Performance und recherchieren Sie zu dem gewählten Thema. Begrenzen Sie dafür Ihren Aktionsraum. Überprüfen Sie anhand von Videoaufzeichnung Ihr Setting sowie die Abbildung des Raumes. Erforschen Sie mit Bewegungen den Raum, indem Sie sich ganz auf Ihre Handlungen und Wahrnehmungen fokussieren. Führen Sie die Performance unter voller Konzentration nur einmal durch und zeichnen Sie diese währenddessen auf.

Der Aktionsraum wird im letzten Schritt noch begrenzt, ist aber nicht mehr auf ein bestimmtes Maß festgelegt. Die Ortswahl wird vom eigenen privaten Raum auf Räume in der Umgebung erweitert. Mit dieser Erweiterung ist es besonders wichtig, dass die Perspektive der*des Performer*in als erfahrender Leib und Körperobjekt künstlerisch mit diversen Techniken/Experimenten physisch und rezeptiv erfasst wird, um eine bessere Fokussierung zu erreichen. Für die Ergebnisse der transferierten Bewegungen, Räume und Settings in digital vermittelte Bilder ist es wichtig, den Perspektivwechsel des*der performenden Akteur*in aktiv immer wieder zu thematisieren und einen Abgleich zwischen analogem Raum und Handy-/Kamerabild zu vorzunehmen.

Die Performanceergebnisse der Student*innen beziehen sich zwar auf die Zeit des Distanzlernens, sind jedoch in ihrer Herangehensweise auf die Kunstvermittlung in Schule übertragbar. Die Betonung liegt dabei darauf, dass eine Teilaufgabe, die sich auf einen privaten Raum oder eine über einen längeren Zeitraum zur Verfügung stehende Fläche bezieht, in der etwas in Ruhe entwickelt werden kann, eine gute Basis für die Entstehung einer Performance bilden kann, die über digitale Kommunikationsmedien präsentiert werden soll.

Die Performance von Nada Abu Shaieer[35] entstand in einem privaten Wohnraum, der sehr wenig Platz bot. Ausgehend von der Idee einer Begrenzung der Fläche begann sie, weiße Stoffbahnen in eine Ecke des Raumes zu hängen. Das digital übertragene Raumbild zeigte im ersten Entstehungsprozess eine Bodenfläche und eine Raumecke sowie eine am Boden stehende Nähmaschine, an der*die ins Bild tretende Performer*in zu nähen begann. Im Laufe der Performance verschwindet die Nähmaschine und ein weißer Sack bleibt auf dem Boden liegen, in den die Akteurin schlüpft. Ihr Körper wird am Ende ganz von dem weißen Stoff bedeckt und das weiße Objekt verformt sich immer wieder neu durch die Bewegungen im Inneren. Die Bewegungen und die Raumerfahrungen, die sie gerade im Inneren des Stoffes erlebt, nehmen Rezipienten als das nach außen sichtbare Körper-Objekt wahr, aber sie denken die Transformation der zuvor körperlich sichtbaren Performerin mit. Das Thema der Öffnung von privatem Raum, der Enge und des Platzschaffens im begrenzten Raum prägen diese Arbeit ebenso wie die Frage, wie sich der handelnde Leib zu einem abgebildeten Körperding entwickelt.

---

34 Der Konzeptentwicklung kann sich auf ein zuvor bekannt gegebenes Thema beziehen. Die vorliegenden Ausführungen skizzieren den der Prozess nur allgemein.

35 Nada Abu Shaieer war eine Teilnehmerin des Seminars *Übersetzung – Körper- und Raumstrukturen*, Universität Paderborn 2021.

In der Performance »Wie viel Platz braucht der Mensch?« beschäftigt sich Mariell Storch[36] mit der Frage, wie wir mit der räumlichen Begrenzung leben: In Hongkong leben Menschen mit ihrem Hab und Gut teilweise in 2 qm großen Käfigen, in den USA leben sie vermehrt in Autos, weil das Geld nicht reicht. Eine deutsche Statistik zeigt, dass ein Mensch 45 qm braucht plus 15 weitere je zusätzliche Person im Haushalt. Die Experimentierfläche für die Performance beträgt 6 qm und ist ursprünglich der Kellerraum der Performerin[37], der mit vielen Gegenstände vollgestellt ist. Die Kamera wurde oben an der Decke angebracht, die Wandbegrenzung und ein kleiner Teil des Bodens sind sichtbar. Während der Performance werden die Gegenstände bestiegen und sortiert, so lange hin- und hergeschoben oder neu gestapelt bis die Performerin einen Platz freigeräumt hat, an dem sie einen Liegestuhl aufstellen kann, um sich hineinzusetzen. Wie kann in der Enge ein Freiraum entstehen?

---

36 Mariell Storch war eine Teilnehmerin des Seminars *Übersetzung – Körper- und Raumstrukturen*, Universität Paderborn 2021.

37 Die Performerin verweist darauf, dass sie mit einer Mitbewohnerin auf 72qm wohnt und ihr somit auch während des Lockdowns relativ viel Platz zur Verfügung stand.

Abb. 3: Nevzat Onur Ertunc: Ohne Titel, Performance, Video, 2021

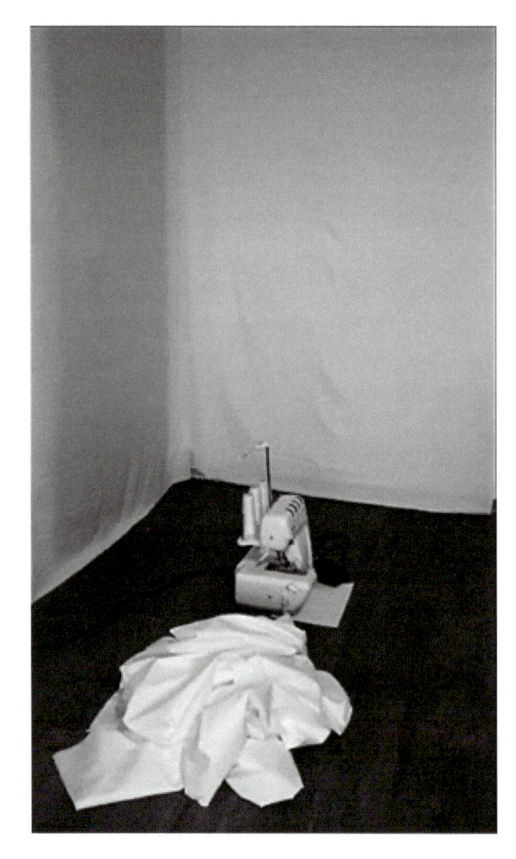

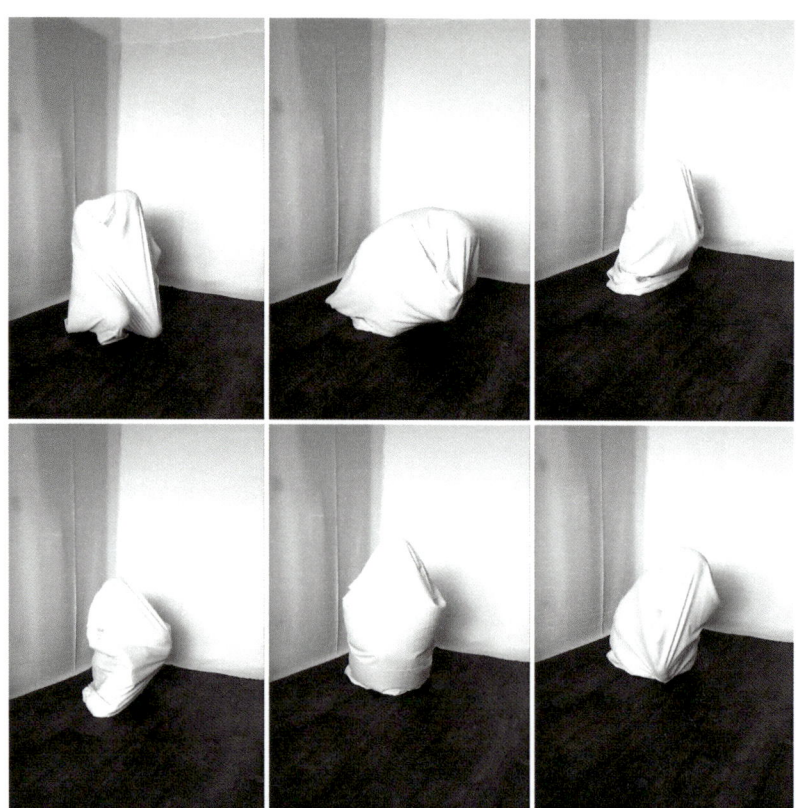

Abb. 4a und b: Nada Abu Shaieer: Sack, Performance, Video, 2021

Abb. 5a und b: Mariell Storch: Wieviel Platz braucht der Mensch?, Performance, Video, 2021

Die Thematisierung der räumlichen Enge des Körpers, der in seinen Bewegungen eingeschränkt ist und der Reibung, die zwischen Objekten und dem eigenen Körper dabei entsteht, zeigt auf, wie der vorangegangene Recherche- und künstlerische Forschungsprozess in die Entwicklung eingeflossen ist. Die Positionierung der Kamera an der Decke erzeugt die Wirkung eines geschlossenen Systems, die*der Rezipient*in ist nicht in der gleichen Raumebene wie die Akteurin, was sie gesichtslos erscheinen lässt.

Besonders wichtig für diese Arbeiten war die Positionierung der Kamera, die Körpererfahrung im privaten Raum sowie die Übertragung des Körpergefühls auf ein digital erzeugtes Bild, das mit dem Leib-Sein und Körper-haben in einem begrenzten Raum spielt.

Literatur

Barkhaus, Annette: »Körper und Identität«, in: Sabine Karoß/ Leonore Welzin (Hgg.): Tanz-Politik-Identität. Hamburg: LIT 2001, S. 27–49.

Berger, Christiane: Körper denken in Bewegung, Bielefeld: transcript 2006.

Breuer, Monique / Henning, Susanne: »BieleFELD – Künstlerische Interventionen in urbanen Kontexten«, in: Martin Jungwirt/ Nina Harsch/ Yvonne Korflür/Martin Stein (Hgg.): Forschen. Lernen. Lehren an öffentlichen Orten – The Wider View, Münster: WTM 2020, S. 77–82.

von Dürckheim, Karlfried: »Vom gelebten Raum«, in: Stephan Günzel (Hg.): Texte zur Theorie des Raumes, Stuttgart: Reclam 2013, S. 316–318.

Haun-Efremides, Anne: »Körper, Raum, Leben, Kunst, Netz«, in: Kunstforum: Das Atelier als Manifest, Band 208, 2001, S. 78–91.

Fischer, Ralf: Walking Artists. Über die Entdeckung des Gehens in den performativen Künsten, Bielefeld: transcript 2011.

Fischer-Lichte, Erika: Performativität, Bielefeld: transcript 2012.

Klein, Gabriele/Sting, Wolfgang: Performance, Bielefeld: transcript 2005.

Laban, Rudolf von: Choreutik. Grundlagen der Raum-Harmonielehre des Tanzes, Wilhelmshaven: Noetzel 1991.

Meyer, Kathrin. »Raum schaffen. Von der Produktion (symbolischer, virtueller, sozialer) anderer Räume«, in: Sprengel Museum Hannover/kestnergesellschaft/Kunstverein Hannover (Hgg.): Made in Germany Zwei. Kat. zur Ausstellung, Nürnberg 2012, S. 142–146.

Semper, Gottfried: »Die vier Elemente der Baukunst«, in: Stephan Günzel (Hg.): Texte zur Theorie des Raumes, Stuttgart: Reclam 2013, S. 22–25.

Röhner, Jessica/Schütz, Astrid: Psychologie der Kommunikation. Wiesbaden: Springer 2012.

Abbildungen

Abb. 1: https://www.charlesraysculpture.com/collections/plank-piece-i-ii/ vom 17.03.2023.

Abb. 2: upload by Heather Diack: https://www.researchgate.net/figure/Bruce-Nauman-Failing-to-Levitate-in-My-Studio-1966-Courtesy-of-the-artist-Photo-C_fig4_339219875 vom 17.03.2023.

Abb. 3: Filmstill: Nevrat Onur Ertunc aus seinem Video: Ohne Titel, 2021.

Abb. 4a und b: Filmstills: Nada Abu Shaieer aus ihrem Video: Sack, 2021.

Abb. 5a und b: Filmstill: Mariell Storch aus ihrem Video: Wieviel Platz braucht der Mensch?, 2021.

Schalte deine Sinne an[1]

Wahrnehmungskompetenzen im medial-materiellen Crossover

Tessa Knapp und Susanne Henning

Die zum Alltag gewordene digitale Medienkultur und die damit einhergehenden Veränderungen von Wahrnehmungsgewohnheiten und Wirklichkeitsbezügen stellen auch die Didaktik der Künste vor Herausforderungen und Fragestellungen. Wie lassen sich Bildung und die Rolle der Künste für eine Weiterentwicklung von Gesellschaft denken, sodass Kompetenzen in Kritik und Gestaltung des Digitalen jenseits eines affirmativen Weitertradierens medial vermittelter Codes zukunftsorientiert erworben werden können?

---

[1] siehe auch: Kapitel 1: Schalte Deine Sinne an – oder vom Glück der Entdeckung – mit Beiträgen und Künstlerideen von Tessa Knapp in: Hauska, Birgit/Waibel, Nina (Hgg.): Wir machen uns die Welt – ein kreativer Guide für Jugendliche. Oberhausen: Athena 2016.

Kunstpädagogische Überlegungen richten sich in diesem Kontext vielfach auf aufklärerische Ziele. Ausgehend von der Prämisse, dass ein Verständnis von digitalen Technologien und Algorithmen sowie des durch sie ermöglichten medialen Outputs erforderlich ist, um die uns umgebende Welt verstehen und mitgestalten zu können, geht es aus diesen Perspektiven um die Vermittlung von Hintergründen und Wirkmechanismen des Digitalen, durch die eine Reflexionsfähigkeit zumeist intuitiv angeeigneter medialer Strategien angeregt werden kann. Digitale Medienkultur fordert nicht nur das Sehen, Hören und begriffliche Verstehen in zeitlichen Dramaturgien heraus. Ebenso wie andere Formen auf sinnlicher Wahrnehmung basierender Erfahrung adressiert sie immer auch weitere, untereinander verbundene Sinne und konfrontiert uns so mit einer eigenen, oft überwältigenden Performanz. Beschränken sich die vorwiegend analytischen Auseinandersetzungen eines bildorientierten Kunstunterrichts tendenziell auf die Ebenen des Visuellen und Begrifflichen, werden sie der Komplexität alltäglicher medialer Erfahrungen nicht gerecht und vermitteln so alleine nicht die notwendigen Grundlagen, um in einer mediatisierten Gegenwart Momente der Souveränität aufrecht erhalten zu können. Unser kunstpädagogisches Forschungsinteresse richtet sich vor diesem Hintergrund auf die Erkundung von Möglichkeiten, um in kunstpädagogischen Settings subtilere, dabei aber umso umfassendere Wirkungen, die von medienkulturellen Gestaltungen über periphere Wahrnehmungsbereiche ausgehen, auf bewusstere, der anschaulichen oder begrifflichen Reflexion zugängliche Ebenen gelangen zu lassen. Ein spezifischer Schwerpunkt liegt dabei auf nahsinnlichen und leiblichen Fundierungen visuell und auditiv vermittelten Erlebens.

Im Workshop »Schalte Deine Sinne an« – Wahrnehmungskompetenzen in mediatisierten Wirklichkeiten erkunden wir diese Strategie. Der Workshop gliedert sich dazu in drei Abschnitte. Zunächst machen wir uns durch gemeinsame Übungen zur Wahrnehmungsöffnung und durch einen kurzen Stationenlauf unserer sinnlichen Wahrnehmung bewusst und fokussieren uns dabei auf einzelne, jeweils unterschiedliche sinnliche Bereiche. Daran anschließend stellen wir ein materielles Objekt – in unserem Fall einen Karton – »vor die Sinne«[2] und fordern die Teilnehmer*innen auf, es nach individuellen Präferenzen zunächst einmal sinnlich-ästhetisch zu erforschen. Hierbei soll dann ein Schwerpunkt des sinnlichen Zugangs gewählt werden – etwa das Hören, das Sehen, das Räumlich-Bauende, das Körperlich-Performative – um es dann in eine Gestaltung mit digitalen Medien wie etwa Fotografie, Video, Klang, 3D-Scan oder auch Text zu übersetzen und ggf. auch auf neue Ausdrucksmöglichkeiten zu stoßen. Dabei sind die Besonderheiten des Mediums – im Übergang von Material zu Medium – zu beachten. Die mit dem Karton gemachte materialästhetische Erfahrung soll durch einen medialen Übersetzungsvorgang in eine Gestaltung übergehen und neue Wahrnehmungsdramaturgien hervorbringen.

---

2   Selle, Gert: Gebrauch der Sinne. Eine kunstpädagogische Praxis. Reinbek: Rowohlt 1993, S. 23.

Der »Gebrauch der Sinne«[3]

Der Zugang, den wir in unserem kunstpädagogischen Forschungsansatz verfolgen, ist ein zunächst basal sinnlicher und subjektiver, von dem ausgehend die Bedingungen und Möglichkeitsräume ästhetischer Erfahrung und ihre Übersetzungsmöglichkeiten ins Digitale erkundet werden. Um dem sinnlichen Erleben als Grundlage medienkünstlerischen Arbeitens Raum zu geben, verfolgen wir die Strategie, sinnliche Wahrnehmung zu vertiefen und zu differenzieren. Eine Vertiefung eröffnet Möglichkeiten des Aufmerkens für die eigene Wahrnehmung. Ein solches Aufmerken wiederum bildet eine Grundlage für eine differenzierte und differenzierende Erkundung sinnlicher Wahrnehmungsbereiche. Welche Ebenen umfasst die auditive Wahrnehmung jenseits der Aufnahme von Informationen? Welche Momente des Taktilen spielen in die visuelle Wahrnehmung hinein und führen dazu, dass diese nicht auf die Identifikation und begriffliche Verarbeitung der uns umgebenden Welt zu reduzieren ist? Eine Erkundung dieser und ähnlicher Fragen im Kontext medienkünstlerischer Projekte führt zu Situationen, in denen ästhetische Erfahrungen mit digitalen Medien jenseits einer Dichotomie des Materiellen und Immateriellen gemacht werden können.

Wie eingangs erwähnt, liegt es für uns aufgrund unseres Interesses an kunstdidaktischen Möglichkeiten der Erkundung sinnlichen Erlebens nahe, an Überlegungen und Herangehensweisen des Kunstpädagogen Gerd Selle anzuknüpfen, der Ende der 1980er-Jahren zum »Gebrauch der Sinne«[4] arbeitete und im Rahmen seiner Lehre sinnliche Erfahrungsangebote als Ausgangspunkte künstlerischen Handelns erkundete. Dabei interessierte er sich – wie wir – für Alternativen zu einem sich auf Gestaltungs- und Bildkompetenzen ausrichtenden, eher einseitig analytisch-begrifflich orientierten Kunstunterricht. Insofern Selles Überlegungen aus einem anderen, insbesondere noch weitgehend vordigitalen zeitlichen Kontext stammen, versuchen wir, seinen kunstdidaktischen Ansatz auf seine Aktualität zu überprüfen und zu erweitern. Zunächst stellen wir hierzu Selles Überlegungen zu sinnlichen, den ganzen Körper einbeziehenden Erfahrungen als Basis künstlerischen Arbeitens, an die wir anknüpfen, vor, um anschließend auf drei Aspekte der zeitgenössischen Wirklichkeit einzugehen, hinsichtlich derer wir seinen Ansatz aktualisieren möchten.

Gert Selles Überlegungen zum sinnlichen Wahrnehmen als Basis künstlerischen Arbeitens

Gert Selle beschreibt künstlerisches Arbeiten in *Gebrauch der Sinne* als eine Form intensivierter Erfahrungsarbeit, deren Gestaltungsabsicht von dem Bedürfnis getragen wird, ein authentisches sinnliches Erleben zu verarbeiten. Die Arbeit folge damit dem Bedürfnis, subjektives Erleben zu sichern, es aber auch zu vertiefen

---

3 Gert Selle, Gebrauch der Sinne.
4 Ebd.

und weiterzuentwickeln.[5] Zu Beginn einer künstlerischen Arbeit geht es Selles Überlegungen folgend darum, »noch vorkünstlerische, gleichwohl schon gestaltbildende Verarbeitungsprozesse, die einem ganzheitlichen (sinnlich-körperlichen, psychischen und geistigen) Erleben nahebleiben, ohne darin bewußtlos aufzugehen«, zu ermöglichen, d. h. um die Initiierung ästhetischer Erfahrungsprozesse.[6] Aus der Sicht Martin Seels ist eine ästhetische Erfahrung als eine erlebnishaft werdende Form ästhetischer, d. h. in sich verweilender und selbstbezüglicher Wahrnehmung zu begreifen.[7] Gegenstände und Phänomene, denen wir alltäglich begegnen, scheinen zunächst ein geringes Potenzial zu haben, um ästhetisch wahrgenommen oder gar erfahren zu werden. So werden Objekte in der Regel im Rahmen eines identifizierenden Wahrnehmens gesehen, benannt, mit Blick auf eine mögliche Funktionalität eingeordnet und ggfs. genutzt. Eine weitere Auseinandersetzung, in der sinnliche Wahrnehmung vollzugsorientiert, selbstbezüglich und somit zur Basis ästhetischer Erfahrungsmöglichkeiten werden kann, findet dabei nicht statt. Um eine solche zu ermöglichen, ist es also zunächst wichtig, neue, verlangsamte und intensivierte Zugänge zu eröffnen. Wie sowohl Gert Selle als auch Martin Seel betonen, ist für ästhetische Erfahrungen eine leibliche Dimension des Wahrnehmens konstituierend, eine Dimension also, in der sich Selle zufolge »Momente körperlich-sinnlicher, psychischer und geistiger Bewegtheit verbinden«[8]. Auch Bezüge zu Vorerfahrungen und Assoziationen spielen im Kontext ästhetischer Erfahrungen eine zentrale Rolle und sind mit dafür verantwortlich, dass in das Erleben eine emotionale Ebene einbezogen wird. Um die Entwicklung ästhetischer Erfahrungsprozesse zu unterstützen, in denen Bezüge zwischen dem Wahrgenommenen, dem eigenen körperlichen Erleben, Erfahrungen und Assoziationen hergestellt werden, eignen sich aus Selles Perspektive künstlerische Formen des Übens, bei denen es darum gehe »sich in der Welt als ein waches, handelndes Ich zu bewegen« und »die Passivität des Aufnehmens« zu durchbrechen.[9] Um solche Formen des Übens initiieren zu können, benötigten Lehrende eigene künstlerische Erfahrungen.[10] Unter Bezugnahme auf eigene und fremde künstlerische Vorgehensweisen und Arbeiten können sie Settings entwickeln, in denen »Risse in der gedeuteten Welt«[11] entstehen und somit Zugänge zu intensiven Erfahrungsmöglichkeiten eröffnet werden können.

---

5   Vgl. Gert Selle, Gebrauch der Sinne, S. 30f.

6   Ebd. S. 26.

7   Vgl. Seel, Martin: Ethisch-ästhetische Studien, Frankfurt a. M.: Suhrkamp 1996, S. 48.

8   Gert Selle, Gebrauch der Sinne, S. 28.

9   Ebd., S. 17.

10 Vgl. ebd., S. 14.

11 Seel, Martin: »Über die Reichweite ästhetischer Erfahrung. Fünf Thesen«, in: Gert Mattenklott (Hg.), Ästhetische Erfahrung im Zeichen der Entgrenzung der Künste. Epistemische, ästhetische und religiöse Formen von Erfahrung im Vergleich, Hamburg: Meiner 2004. S. 73–81, hier S. 73.

Die Mediatisierung der sinnlichen Wahrnehmung
Erkundungen des Cross-Overs der Sinne

Seit dem zeitlichen Kontext der Überlegungen Selles hat die Unterscheidung von Material und Medium im künstlerischen Arbeiten zunehmend ihre Berechtigung verloren, da nun alles Materielle und Immaterielle zum Medium künstlerischen Ausdrucks werden kann.

Erika Fischer-Lichte stellt in Ästhetik der Performance eine »Unterscheidung zwischen der sinnlichen Wahrnehmung eines Objektes, die als ein eher physiologischer Vorgang begriffen wird, und der Zuweisung einer Bedeutung, die als ein geistiger Akt gilt«[12] in einen Zusammenhang mit einem dualistischen Subjekt-Objekt-Denken, das sich in einer gedachten bzw. gesetzen Trennung von Körper und Geist zeige. Entgegen einer solchen Perspektive müsse davon ausgegangen werden, »dass Wahrnehmung und Bedeutungserzeugung der gleiche Prozess sind.«[13] »Bewusste Wahrnehmung erzeugt immer Bedeutung und »sinnliche Eindrücke« lassen sich daher angemessener als jene Art von Bedeutungen beschreiben, die mir als spezifisch sinnliche Eindrücke bewusst werden.«[14] Gerd Selle beschreibt gewonnene Erfahrungen aus Übungen bereits selbst als »sinnliches Material« und als »Vortasten am Material der Sinne und des Bewusstseins«[15] und so lässt sich weiterführen, dass es nach einem intuitiven Experimentieren in Übungen um eine sich daran anschließende bewusste Entscheidung geht, welches Moment von Erfahrung in den Gestaltungsprozess einfließen soll. Vertiefung kann dann das Entdecken und Erforschen möglicher Ausdrucksformen bedeuten, die sich immanent aus Material und Medium ergeben und sich in der Art und Weise zeigen, wie jenes Material als Medium genutzt wird. Während wir noch beim Übergang von den analogen zu den elektronischen von ›neuen‹ Medien sprachen, arbeiten wir mittlerweile mit digitalen Universaltools im Crossover der Sinnesorgane, d. h. mit diesen Tools entwickelte Ergebnisse fordern unabhängig von ihrer meist visuellen und/oder akustischen Ausgabe multisensorische Wahrnehmungen heraus. Beispiele sind die beliebten ASMR-Apps, bei denen akustische, visuelle und taktile Sinnenreize durch *Trigger* wie etwa beim assoziierten Rühren von schleimigen oder matschigen Oberflächen ein *Tingle* (Kribbeln), ein angenehmes und entspannendes Gefühl, auslösen können.

Vor dem Hintergrund dieser Entwicklungen, erscheint es uns erforderlich, Gert Selles kunstpädagogische Überlegungen zu einer Entfaltung der Sinne zu erweitern. Im Kontext des sich hieraus ergebenden ersten Erweiterungsinteresses geht es uns um die Frage, wie eine dichotome Perspektive auf Materielles und Immaterielles überwunden werden kann. Gerade im medienkünstlerischen Arbeiten liegen Chancen, dieser Frage praktisch nachzugehen, insbesondere, wenn die gesamte Bandbreite sinnlicher Erfahrungsmöglichkeiten einbezogen wird.

---

12 Fischer-Lichte, Erika: Ästhetik der Performance. Frankfurt a. M.: Suhrkamp 2004, S. 246.
13 Ebd., S. 247.
14 Ebd., S. 246.
15 Gert Selle, Gebrauch der Sinne, S. 33.

So ist das Vorhaben, ereignishaft-besondere Momente des eigenen Erlebens über Audiodateien, Fotografien oder Videos zu transportieren, die von Betrachtenden ästhetisch erfahren werden können, dann besonders herausfordernd, wenn die eigene ästhetische Erfahrung auf Bereiche sinnlicher Wahrnehmung rekurriert, die nicht in erster Linie dem Visuellen und Auditiven zugeordnet werden können. Zu diesen Bereichen gehören neben nahsinnlichen Wahrnehmungen wie Tasten, Riechen und Schmecken das leibliche Erleben sowie mit ihm verbundene Erfahrungen, in denen Bezüge zum eigenen Bewegungsapparat eine zentrale Rolle spielen.

Sind nahsinnliche Wahrnehmungen für das subjektive Erleben, das so zum Ausdruck gebracht werden soll, dass etwas davon bei den Betrachter*innen ankommt, zentral, bestehen technikbasierte Möglichkeiten ihres Einbezugs in mediale Settings. So wird z. B. im Rahmen von VR-Projekten erprobt, wie über *Head-Mounted-Displays* vermittelte visuelle Informationen mit Bewegungen sowie (realen) haptischen oder taktilen Wahrnehmungen der Rezipient*innen verbunden werden können[16]. Aber auch ohne eine solche technisch-additive Hinzufügung einer somatischen Ebene (und damit für den Kunstunterricht relevanter) kann eine Taktilität gefilmter oder fotografierter Objekte filmisch oder fotografisch transportiert werden. Zu denken ist hier an eine andere Dimension von Taktilität, bei der diese nicht als isolierbare Tasterfahrung in den Blick genommen, sondern als »Gemeinsinn«[17] verstanden wird, der die unterschiedlichen Sinneswahrnehmungen in ein Geflecht einbindet.[18] Wie Roland Wetzel unter Bezugnahme auf Überlegungen Marcel Duchamps darstellt, können zwei Formen der Berührung unterschieden werden, zum einen »direkte Berührung und Berührtwerden durch die Sinneszellen des haptischen Apparates« und zum anderen »Evokationen von Berührung durch andere Sinne, vor allem den Sehsinn.«[19] Mit Blick auf Exponate der Ausstellung *Prière de Toucher. Der Tastsinn der Kunst*[20] stellt Wetzel heraus, dass sich die letztere Form der Taktilität nicht darin erschöpfe, fehlende Wahrnehmungsdimensionen zu ersetzen. Vielmehr weise sie eine eigene Qualität auf, weshalb »die ›Evolution‹ der perzeptiven Distanzierung keine Verarmung der unmittelbaren sinnlichen Wahrnehmung bedeuten muss.«[21] Ein wichtiger Hintergrund einer solchen besonderen taktilen Qualität fernsinnlicher Erfahrungen ist die enge Verschränkung nahsinnlichen und emotionalen Erlebens, auf die die übertragenen Bedeutungen von Formulierungen wie ›etwas berührt/bewegt mich‹, ›etwas

---

16   Vgl. Höfler, Carolin: »›Jeder Mensch ist tast- und raum-sicher‹. Über die haptische Erfahrbarkeit virtueller Umgebungen«, in: Anne Röhl u. a. (Hgg.): bauhaus-paradigmen. künste, design und pädagogik, Berlin/Boston: De Gruyter 2021, S. 285–301.

17   Harrasser, Karin: »Der Tastsinn als Gemeinsinn. Überlegungen zu einer Medienästhetik des Taktilen«, in: Museum Tinguely (Hg.): Prière de toucher. Der Tastsinn der Kunst. Interdisziplinäres Symposium. Weitra: Bibliothek der Provinz, S. 27–34, S. 28.

18   Ebd.

19   Wetzel, Roland: »Prière de toucher. Der Tastsinn der Kunst«, in: Museum Tinguely (Hg.): Prière de toucher. Der Tastsinn der Kunst, Interdisziplinäres Symposium. Weitra: Bibliothek der Provinz, S. 7–18, S. 9.

20   Museum Tinguely, Basel, 12.02.–16.05.2016.

21   Roland Wetzel: Prière de toucher, S. 9.

geht mir nahe‹ verweisen[22]. In ihrer Medienphilosophie der Nahsinne befasst sich Barbara Becker u. a. mit den Entstehungsbedingungen von Fotos, die »eine Form des Berührtwerdens jenseits des konkreten Kontakts«[23] ermöglichen. Eine zentrale Voraussetzung hierfür sieht sie darin, dass Fotografierende sich auf eine zu fotografierende Situation einlassen und sich von ihr in einem weiteren Sinne berühren lassen, wodurch sich ein »pathisches Moment der Widerfahrnis, das als typisch für die Berührung«[24] erkannt werden könne, in den Fotografien widerspiegele. »Die Bilder engagierter Photographen im oben genannten Sinne lassen die wenigsten unberührt. Man knüpft an die Erfahrungen desjenigen an, der an den Ereignissen mit allen Sinnen, mit seiner leiblichen Existenz partizipierte.«[25] Wenngleich Barbara Becker ihre Überlegungen auf Fotografien beschränkt, erscheinen sie auch auf die Aufnahme von Videos übertragbar zu sein.

Wie neurowissenschaftliche Erkenntnisse bestätigen, kann darüber hinaus auch eigenes Erleben, das mit Bewegung verbunden ist, durch Beobachtung einer realen oder medial vermittelten körperlichen Aktion transportiert werden. Aufgrund der Existenz von Spiegelneuronen, die sich in unmittelbarer Nähe von somatosensiblen Teilen der Hirnrinde befinden, löst die Wahrnehmung einer Handlung diesen Forschungen zufolge ähnliche neuronale Prozesse aus, wie die eigene Ausführung der entsprechenden Bewegung.[26] Auf diese Weise bewirkt die Beobachtung von Bewegungen oder körperlicher Interaktionen mit Gegenständen, die in einem Film gezeigt werden, dass eine propriozeptive Ebene einbezogen wird. Die wahrgenommene Bewegung wird so unmittelbar körperlich mitvollzogen. Einfühlungsästhetischen Überlegungen des 19. und frühen 20. Jh. folgend, die den aktuellen neurowissenschaftlichen Forschungen bereits umfassend vorgreifen, können aber auch statische Formen oder Bilder Bewegungen suggerieren, deren Betrachtung ein Miterleben auszulösen vermag.[27] Auch hier dürfte ein vertieftes Erkunden von Bewegungen und Interaktionen eine filmische oder fotografische Übersetzung des darauf basierenden Erlebens unterstützen.

Als kunstdidaktische Konsequenz der spezifischen Relevanz, die entsprechende Übersetzungsvorgänge zwischen unterschiedlichen Bereichen sinnlichen Wahrnehmens in einer mediatisierten Gegenwart annehmen, erscheint es uns sinnvoll, diese Übersetzungen auch in künstlerische Lehr- und Lernsettings stärker zu berücksichtigen. Während Gert Selle in ›Elementarpraktische Übungen‹ in der Lehrerausbildung künstlerisch-gestalterische Herangehensweisen beschreibt, in denen

---

22   Becker, Barbara: »Medienphilosophie der Nahsinne«, in: Dies.: Taktile Wahrnehmung. Phänomenologie der Nahsinne, München: Fink 2011, S. 131–147, S. 132f.

23   Ebd. S. 146.

24   Ebd. S. 145.

25   Ebd. S. 146.

26   Vgl. Lauer, Gerhard: »Spiegelneuronen. Über den Grund des Wohlgefallens an der Nachahmung«, in: Karl Eibl/Katja Mellmann/Rüdiger Zymner (Hgg.): Im Rücken der Kulturen. Paderborn: mentis 2007, S. 1371–63, S. 138f.

27   Robert Vischer, der den Einfühlungsbegriff prägt, zufolge, lösen Objektwahrnehmungen ein »unbewusstes Versetzen der Leibform und hiemit auch der Seele in die Objektform«, wobei Vischer neben einer sensitiven »Zuführung« auch eine motorische »Nachfühlung« beschreibt. Vischer, Robert: Über das optische Formgefühl. Ein Beitrag zur Ästhetik, Leipzig: Credner 1873, S. VII.

es darum geht, Erfahrungen über die Entwicklung von Erfahrungssituationen unmittelbar, d. h. in den gleichen Wahrnehmungsbereichen zu teilen[28], kann es hier z. B. darum gehen, taktile Momente einer Filmsequenz in eine Tasterfahrung zu übersetzen, besondere Tasterfahrungen in eine auditive Form zu überführen etc. Als Basis entsprechender Möglichkeiten eignet sich der im Workshop eingeschlagene Weg, sinnliches Wahrnehmen zunächst zu vertiefen, um hiervon ausgehend zu Differenzierungen zu gelangen. Auf deren Basis können dann Übersetzungsmöglichkeiten erkundet werden, durch die mediale Formen eines Crossovers der Sinne reflexiv zu werden vermögen und dichotome Perspektiven auf Materielles und Immaterielles überwunden werden können.

Von der multisensorischen Erfahrung zum (medien-)künstlerischen Ausdruck

Kommunikative Aspekte künstlerisch-gestalterischen Arbeitens

Unser zweites Erweiterungsanliegen richtet sich darauf, Selles künstlerisches und kunstpädagogisches Interesse an innersubjektiven Dialogen durch einen stärkeren Einbezug von Kommunikation nach außen zu ergänzen.

Selles Überlegungen interessieren sich für das gestalterische Arbeiten als ein »Dingfestmachen von Erfahrung«[29]. Er wertschätzt seine Ergebnisse somit in erster Linie als eine Art rückversichernde Materialisierung des Erfahrungsprozesses. Ein Moment künstlerischen Arbeitens, das Gert Selle in seinen Überlegungen zum Gebrauch der Sinne weniger stark fokussiert, ist das Anliegen, Betrachtenden eine Teilhabe am eigenen subjektiven Erleben zu ermöglichen. Der Einbezug einer solchen Ebene der Interaktion mit Betrachter*innen, der künstlerischen Prozessen immer schon immanent ist, gewinnt in einer medienkulturell geprägten Gegenwart noch einmal zusätzlich an Bedeutung. Gerade auch in kunstpädagogischen Kontexten ist es wahrscheinlich, dass in Gestaltungsprozesse umfangreiche Erfahrungen mit dem Zeigen und Mitteilen eigenen Erlebens einfließen, die Schüler*innen in den sozialen Medien gesammelt haben. Das Mitteilen als Moment gestalterischen Arbeitens gerade in den Bereichen Fotografie und Video folgt damit nicht allein dem von Selle in den Vordergrund gestellten Bedürfnis, intensivierter subjektiver Erfahrungen zu dinghaftem Ausdruck zu verhelfen, sondern richtet sich verstärkt auf Betrachtungssituationen. Ein Erkunden der subjektiven sinnlichen Wahrnehmung verbleibt damit nicht auf einer rein selbstbezüglichen Ebene, sondern wird zu einer Auseinandersetzung, die zwischen Momenten des Verweilens im eigenen Erleben und ihrer Vermittlung an Welt changiert und so eine auch analytische Distanznahme erfordert. Auf diese Weise werden Verarbeitungsprozesse unterstützt, in denen das subjektive Erleben in bewusster oder anschaulicher Weise

---

28 Vgl. Selle, Gert: »›Elementarpraktische Übungen‹ in der Lehrerausbildung. Ein Thesenbeitrag«, in: Rainer Wick (Hg.): Ist die Bauhaus Pädagogik aktuell?, Köln: König 1985, S. 117]–34, S. 132. Hier beschreibt Selle u. a., wie Tasterfahrungen in die Gestaltung von Tastobjekten münden können.
29 Gert Selle, Gebrauch der Sinne, S. 31.

hinsichtlich seiner intersubjektiven Relevanz reflektiert wird. Wahrnehmungs- und Erfahrungsmöglichkeiten möglicher Betrachter*innen werden antizipiert, ihre Assoziationsmöglichkeiten und mögliche Vorerfahrungen einbezogen. Die im Workshop angestrebte Initiierung vertiefter sinnlicher Erfahrungsmöglichkeiten bildet dabei eine notwendige Basis von Gestaltungen, führt doch der in Social-Media-Kontexten in den Vordergrund tretende Adressat*innenbezug ohne eine solche Vorbereitung zu einem eher codierten, eigene Erfahrungsbezüge überspringenden Reproduzieren.

Zeitbasierte Aspekte künstlerisch-gestalterischen Arbeitens

Medientechnologien konstituieren in zunehmendem Maße Gleichzeitigkeit, verändern die Qualität der global gewordenen Zeitgenossenschaft und haben Einfluss auf unser subjektives Zeitempfinden. Sie demokratisieren die Bildherstellung und führen doch rascher zu einer visuellen Erschöpfung im digitalen Bildersturm. Mit digitalen Geräten in der Hosentasche können wir Livestreams verfolgen, die Zeitung lesen, mit eher mündlich gemeinten Bildern und grafischen Icons auch als nicht-elitäre ›Bild-Laien‹ kommunizieren und uns räumlich ungebunden verbinden. Wo die Anfänge des Medialen noch Zeit in analogem Material etwa auf Silbergelatine oder Schellack einspeicherten, beginnt mit dem Übergang zu den elektronischen Medien die Erfahrung der medial vermittelten ›Echtzeit‹, die im Digitalen nun abhängig von der ›Performance‹ der Übertragungsgeschwindigkeit, der Rechner- und Netzwerkleistung ist. Da in der digitalen Wirklichkeit fotografische Bilder in Abfolgen, Klang und Bewegtbild in Kombination erscheinen, haben wir es in zunehmendem Maße mit Zeit fordernden Seh-, Lese- und Hörangeboten zu tun, die um unsere Aufmerksamkeit buhlen. Wahrnehmungspsychologisch ist es nicht verwunderlich, dass das Bewegtbild sich einen bedeutenden Platz in der medialen Kommunikation erobert hat. Evolutionär bedingt gehört das Erkennen von Bewegung zu lebensnotwendigen Unterscheidungsmerkmalen. Und so fällt uns das, was sich bewegt, sofort ins Auge. Ein Video auf Instagram zieht eine längere Verweildauer auf sich, als ein fotografisches Bild – erst recht, wenn dieses mit einer Klangebene gepaart ist. Umso interessanter ist es, in kunstpädagogischen Kontexten andere Möglichkeiten zu finden, mit dieser Beschleunigung nicht nur affirmativ, sondern kritisch und transformativ umzugehen. Zeit ist als Dimension der Wirklichkeit und Gestaltungsmittel in der Bildenden Kunst zwar kein Novum. In der Wechselwirkung von kreativer Erweiterung und neuen technischen Möglichkeiten entstehen allerdings nicht nur neue Inhalte und Formate, sondern verändert sich auch die Rezeption von Kunst und wie sie im raschen ›Test of Time‹ Bedeutung für die*den Betrachter*in auszulösen vermag. Vor diesem Hintergrund erweitern wir Selles Ansatz um die zeitliche Dimension, indem wir diese nicht nur auf den Moment sinnlicher Erfahrung beschränken, sondern ebenso Zeit als formbares Material einbeziehen.[30] Im Zusammenhang me-

---

30   Hierfür bieten Selles Herangehensweisen Anknüpfungspunkte, da sie der Prozesshaftigkeit von ästhetischer Erfahrung Rechnung tragen. Allerdings sind wir der Auffassung, dass Selles Einbezug einer zeitlichen Dimension auf einer impliziten Ebene verbleibt, auf der sie nicht in ihrer Eigenständigkeit untersucht wird und somit auch nicht gestaltet werden kann.

dienpädagogischer Curricula würde es hier auch im Verständnis Selles weniger um ein »Training zum Einschleifen von Fertigkeiten oder der Steigerung irgendeines Könnens, dessen Maßstäbe die Leistungsgesellschaft setzt«[31] gehen, sondern um die Entwicklung einer eigenen Haltung gegenüber dem Wahrnehmbaren und »um den Versuch einer Verbindung sinnlicher und geistiger Tätigkeit […] für das im Augenblick Aufzunehmende«[32], das in dem von uns gesetzten Zusammenhang eben auch mediale und zeitliche Aspekte berücksichtigt.

Wahrnehmung unterliegt zeitlichen Verarbeitungsprozessen und oszilliert zwischen leiblich gebundenen und geistigen Vorgängen. Seit Beginn des 20. Jahrhunderts haben bildende Künstler*innen Zeitliches in ihre Werke eingebunden, was zahlreiche neue Gattungen hervorbrachte – um mit der Performance, dem Experimentalfilm, der kinetischen Kunst oder der späteren Medien- und Netzkunst einige Beispiele zu nennen. Diese Gattungen werden wohl auch immer wieder einmal Teil von Unterricht. Allerdings erfordern diese zeitbasierten Formen andere Rezeptionsbedingungen. Die Betrachtung zeitbasierter Werke unterscheidet sich von klassischen Bildwerken wie denen der Malerei oder Skulptur, weil der Betrachtungszeitraum, in dem zumeist die volle Aufmerksamkeit erforderlich ist, von der Dauer des jeweiligen Werks bestimmt wird. Wir haben es dann nicht mehr mit einem unbewegten Gegenstand und einer selbstbestimmten Betrachtungszeit zu tun, sondern mit Wahrnehmungsdramaturgien, die uns zu spezifischen Betrachter*innen im Nachvollzug einer zeitgebundenen ästhetischen Erfahrung werden lassen. Die Wirkung solcher Werke kann nur im Anschluss reflektiert werden und ist darum von der Erinnerungsfähigkeit abhängig, also von der Relevanz und Bedeutung, die das Werk im Arbeitsgedächtnis der Betrachter*innen hervorgerufen hat. Für die Art und Weise, wie sich visuelle Aufmerksamkeit etwa auf sozialen Medien einstellt, kann das künstlerische Arbeiten mit Gestaltungsmitteln der Zeit darum aufschlussreich sein und ebenso dazu einladen, unsere inflationär herausgeforderte Wahrnehmung zu hinterfragen. Mediale Apparate können so gleich einer prothetischen Erweiterung für die Erkundung des eigenen »Weltbildapparats«[33] fungieren. Alle Lebewesen stehen vor der Aufgabe, sich ein möglichst passgenaues Bild ihrer Welt zu machen, um überleben zu können. Insofern können biologische »Weltbildapparate« auch als Strukturen begriffen werden, die Daten über die Außenwelt sammeln und sie zu zweckmäßigem Verhalten verarbeiten. Vor diesem Hintergrund kann es auch in einer kunstpraktischen Ausbildung spannend sein, mehr über die Wirkweise der eigenen Wahrnehmung, etwa des eigenen Sehens, experimentell herauszufinden. Etwa zu fragen: Wie findet Selektion statt – was bindet meine Aufmerksamkeit? Und warum? In dem entsprechenden Versuch, ein Bild von subjektiv erlebter Wirklichkeit zu machen – sie etwa zu fotoselbsteren, oder auf einem Videoband aufzunehmen, sie also mit

---

31 Gert Selle, Gebrauch der Sinne, S. 24.
32 Ebd., S. 25.
33 Konrad Lorenz, zitiert nach Zimmer, Dieter: »Ich bin, also denke ich – Eine kopernikanische Wende unserer Zeit: die evolutionäre Erkenntnislehre«. In: Die Zeit Nr. 24/1980, S. 35–36. https://www.zeit.de/1980/24/ich-bin-also-denke-ich/komplettansicht vom 17.03.2023. Wir greifen den Begriff des Weltbildapparats hier gerne auf, ohne uns umfassend auf Konrad Lorenz beziehen zu wollen.

technischer Hilfe zu ›imaginieren‹ – »erscheint der Prozess des Angleichens an das zu Erkennende als eine Art Tanz von Standpunkt zu Standpunkt. […] Die Absicht dahinter wäre dann auch nicht mehr das Enthüllen, sondern das Herstellen von Bildern, die der Kommunikation dienen.«[34]

Der Workshop »Schalte deine Sinne an«

Phase 1: Öffnung der Sinne

Die im Folgenden genauer vorgestellten Übungsanleitungen öffnen oder erweitern das Erleben, indem die Aufmerksamkeit getrennt auf Wahrnehmungsorgane gerichtet wird, die im Visuellen zwar meist subtil mitschwingen, aber oft nicht bewusst mit einbezogen werden. Das Sehen wird hier nicht direkt eingebunden, da es ohnehin in Medienkultur wie auch bildorientierter Ausbildung dominiert und in den medialen Phasen des Workshops Raum erhält. Bei der Konzeption der Übungen wurde darauf geachtet, jeweils unterschiedliche Sinnesarten fokussiert zu aktivieren, um diverse Einlassstellen für ästhetische Wahrnehmungs- und Erfahrungsprozesse zu öffnen und sie überhaupt erst bewusst zu machen für eine mögliche mediale Übersetzung ins Digitale.

Den Anfang macht eine an eine Zen-Meditation angelehnte gemeinsam durchgeführte Übung, bei der alle Teilnehmer*innen barfuß auf einer imaginierten Kreislinie im Uhrzeigersinn gehen. Dabei wird die zeitlupenartige Taktung der Schritte durch das regelmäßige Schlagen eines Triangels vorgegeben. Das gesamte Intervall zwischen zwei akustischen Signalen (ca. zehn Sekunden) soll dabei durch die gleichmäßige achtsame Ausführung eines Schrittes ausgefüllt und gedehnt werden. Die Verlangsamung fordert das Gleichgewichtsgefühl heraus. Gleichzeitig wird die Fußsohle als taktile Oberfläche wahrgenommen. Diese Übung richtet aus auf das Spüren und hat eine sammelnde, beruhigende und ›be-sinnende‹ Wirkung. Erweiternd kann in Unterrichtseinheiten im Anschluss hieran auf Bruce Naumanns performativen Film *Walking in an Exaggerated Manner Around the Perimeter of a Square* von 1968 eingegangen werden. Ebenso können Formen der Verlangsamung und Zeitdehnung als zeitliche Gestaltungsmittel aufgegriffen werden.

Im weiteren Verlauf wird ein spielerischer Stationenlauf angeboten, in dessen Rahmen die Teilnehmer*innen Schwerpunkte der Sensibilisierung wählen und ebenso intuitiv zeitliche Dramaturgien ausprobieren können. Dabei werden vor allem die nicht unmittelbar in digitalen Medien repräsentierten Nahsinne, das körperliche Erleben und damit auch der eher innerlich wirkende Raumklang angesprochen.

In einer der Übungsstation wird der eigene Körper mit dem ihn umgebenden Raumkörper in Relation gebracht, indem architektonische Elemente wie Wände, Säulen, Vor- und Rücksprünge erspürt werden und der Körper zu ihnen positioniert wird. Eine die Propriozeption erkundende Übungsalternative, in der ebenfalls eine

---

34   Flusser, Vilém: Kommunikologie, hg. von Stefan Bollmann/Edith Flusser, Mannheim: Bollmann Verlag 1996, S. 213.

Inbezugsetzung des eigenen Körpers zu einem körperlichen Objekt erprobt werden kann, in der aber zusätzlich auch die eigene körperliche Kraft erfahrbar wird, ist das Schieben relativ schwerer und großer Gegenstände entlang vorgestellter Raumachsen. Zur Verfügung stehen gestapelte Müllbehälter und Hobelspäneballen, die sich dem Schieben über den rauen Boden des Veranstaltungsraums auf je eigene Weise widersetzen. Ergänzend ließen sich hier gut übende Verfahren für performative Erfindungen und Experimente anbinden. Etwa eine performative Handlung, die innerhalb von drei Minuten wieder zu ihrem Ausgangspunkt zurückführt, Handlungen mit einem Stuhl auf einer 20 Meter langen Bahn oder experimentelle Handlungen mit einem Plastikeimer.

In einer weiteren Station finden sich auf Tischen handtellergroße Quadrate aus verschiedenen Materialien wie z. B. Schleifpapier, Samt oder Reinigungsschwamm mit ihren verschiedenen taktilen Eigenschaften. Die unterschiedlichen Formen von Rauheit, Weichheit, Glätte und Strukturierung dieser Flächen werden nun mit geschlossenen Augen ertastet. Nach dieser Erkundung wird pro Person eine tastbare Komposition erstellt, indem die Oberflächen unter Berücksichtigung ihrer Eigenschaften in eine Reihung als eine Art taktile Dramaturgie gelegt werden. Hier kann unter Einbezug zeitlicher Abfolgen im Anschluss in der Gruppe auch nach besonders gelungenen Sequenzen gefragt und untersucht werden, wodurch sie sich auszeichnen. Was erzeugt Spannung und Anreiz für eine solche Sequenz? Welche Anzahl wirkt überzeugend und ist noch erinnerbar? Welche Assoziationen stellen sich ein?

An einer weiteren experimentellen Station setzen die Teilnehmer*innen präparierte Schallschutzkopfhörer auf, in deren mittig durchbohrte Schalen Kunststofftrichter eingesetzt wurden. Diese Hör-Apparatur schränkt als Filter das gewohnte omnidirektionale Hören im Mittel- und Gesichtsfeld ein und hebt ähnlich einem gerichteten Mikrofon die Bereiche rechts und links hervor, während Geräusche, die von vorne oder hinten kommen, gedämpft werden. Auf diese Weise wird das

Hören von der Anbindung an das analytische Sehen und das semantisch-lexikalische Gedächtnis entkoppelt, sodass das Geräusch in seiner reinen Klangwirkung besser untersucht werden kann. Durch den Raum gehend wird dem Hören besondere Aufmerksamkeit gewidmet, Klangereignisse können in ihrer Wirkung unabhängig von ihren visuellen Quellen erkundet werden. Im Kunstunterricht können zur Vertiefung dieser Erkundung von Hördramaturgien Geräte und Objekte als Instrumentarium gesammelt werden, die zu akustisch interessanten Handlungen einladen. Diese Handlungen mit beispielsweise Akkubohrer, Türklinke und Reißverschluss werden dann als punktuelles bzw. an- oder abschwellendes Klangereignis eingeordnet und in Trios zu einminütigen Klangperformance-Studien weiterentwickelt. Nach deren Präsentation in der Gruppe können die verwendeten zeitlichen Gestaltungsmittel hinsichtlich ihrer Wirkungen reflektiert werden.

Phase 2: Kartonerfahrung

Nach diesen, die sinnliche Wahrnehmung vertiefenden und differenzierenden Vorbereitungen wird ein Alltagsobjekt aus leicht zu bearbeitendem Werkstoff, ein körpergroßer Karton, in die Sinne gestellt und soll durch einen intuitiven Zugang erkundet werden. Hierbei geht es darum, sich auf die Kartonobjekte mit allen Sinnen und körperlicher Präsenz einzulassen, sich in der Interaktion berühren zu lassen, um dieses Beteiligtsein später auch auditiv, foto- oder videografisch transportieren zu können. Die Sensibilisierung durch die vorangegangene Übungsphase stellt eine gute Basis dar, um nun jeweils mit einem für jede*n Teilnehmer*in bereitgestellten Karton bei freier Wahl der Mittel entsprechend durch den Karton, mit oder an ihm gestalterisch zu handeln. Interaktionen mit dem Karton werden zu Stellvertretern für Körperlichkeit und Ich-Welt-Dialektik. Viele Teilnehmer*innen nutzen den körpergroßen Quader, um Raumverhältnisse von innerem und äußerem Raum zu erforschen. Etwa, um ihn zu mobilisieren, in ihm zu verschwinden oder ihn durch Öffnungen als Guckkasten in die Außenwelt zu verwenden. Andere stellen Sammlungen und Ordnungen im Karton her oder nutzen ihn als Speicher von Erinnerung oder inneren Bildern. Auch seine Begrenzung lädt zu Untersuchungen von Haut oder ›Interface‹ ein. Ebenso dient er als Baumaterial für Bühnen und architektonische Erweiterungen.

Im Anschluss an diesen Arbeitsabschnitt soll reflektiert werden, welche sinnliche Ebene für die Kartonerfahrung im Vordergrund gestanden und in welcher Dimension – Fläche, Raum, Zeit – das gestaltende Handeln intuitiv einen Ausdruck gefunden hat.

Phase 3: Mediale Übersetzungen der Kartonerkundung

Im dritten Schritt soll nun für die individuell gemachte Kartonerfahrung mit Smartphone oder Tablet eine mediale Übersetzung gefunden werden. Zielführend für Fotos, Videos oder Tonaufnahmen ist dabei die Frage, wie sich der Kern von Erfahrung und Ausdrucksabsicht übermitteln lässt – bereits hier müssen Entscheidungen getroffen werden, welcher Aspekt herausgearbeitet werden soll und eine ihm entsprechende zeitbasierte Form gefunden werden. Auch eine Fotoserie bedeutet eine zeitliche Abfolge des Sehens. Hierbei ist es hilfreich, das Spektrum der Erfahrungseinheit zunächst einmal auf eine sinnliche Ebene zu reduzieren und ihre Besonderheit für eine digitale Aufzeichnung zu überprüfen. Bei einer solchen Überprüfung kann es insbesondere um die Frage gehen, inwiefern nahsinnliche und somatische Ebenen des Kartonerlebens in die mediale Übersetzung einfließen können oder den Übersetzungsprozess beeinflussen.[35]

Ein Teilnehmer konstruiert sich beispielsweise einen tragbaren Kartonschutzraum für den Stadtraum und kommt zu dem Schluss, dass diese Erfahrung sich am ehesten durch eine Videoperformance im Außenraum vermitteln lässt. Er vermutet, dass das Videomaterial zunächst einmal situativ von einer zweiten Person

---

35 siehe auch: »Schalte Deine Sinne an – zeitbasierte Medienkunst« – Lehrveranstaltung im Herbstsemester 2022, Alanus Hochschule für Kunst und Gesellschaft, Tessa Knapp.

gesammelt werden sollte und im Anschluss die besten Momente im Schnitt selektiert und zusammengestellt werden sollten. Eine andere Teilnehmerin baut mit Karton und Taschenlampe ein Lichtobjekt und kommt zu dem Ergebnis, dass eine Reihe von drei Fotos die für sie relevanten Leuchtphasen am besten wiedergeben kann. Eine weitere Teilnehmerin erkundet den Karton durch Öffnen und Zerstückeln seiner Oberfläche in Schnipsel. Dabei experimentiert sie mit der akustischen Wirkung verschiedener Formen und Tempi des Aufreißens der Pappoberfläche. Nun stellt sich die Frage, ob es um die Transformation der visuellen Form – von der kubisch-statischen in ein amorphes Häufchen geht, es also eher ein performativer bzw. bildhauerischer Akt ist. Oder ob ihr individueller Schwerpunkt mehr auf dem Karton als Instrument und seinem akustischen Potenzial liegt.

Sie hält den Prozess zunächst videografisch, noch eher dokumentarisch fest und entscheidet sich gegen einen visuellen Zugang zugunsten akustischer Aufnahmen von Formen des Zerreißens, die sie nun entlang ihrer Anmutungen sortiert in ›konstant‹ und ›punktuell‹, aber auch ›zart‹ und ›kräftig‹. Sie plant eine kurze digitale Soundcollage, in der sich die Klangfarben auch orchestral überlagern sollen.

Schalte deine Sinne an

Ausblick in eine medienkünstlerische Weiterarbeit

Die vorangestellten Beispiele machen deutlich, dass nun eine sukzessive Steigerung erreicht wird, weil auch zeitliche Gestaltungsmittel einfließen können. Eine kurze Übersicht über Gestaltungsmittel des Zeitlichen kann dabei der Orientierung dienen. Bezüge zur Musik, Literatur und anderen zeitbasierten Kunstformen können brauchbare Assoziationen wecken und Möglichkeiten aufzeigen, wie die Parameter Dauer, Geschwindigkeit oder Tempo, Rhythmus oder Periodizität, Sequenz und Synchronisation (also Gleichzeitigkeit, Wiederholung oder Variation)[36] eingesetzt werden könnten. Aus diesen Gestaltungsmomenten entstehen zeitliche Wahrnehmungsdramaturgien. Ebenso lassen sich hieraus Fragen für formale Entscheidungen ableiten. Interessant für Übende ist insbesondere die Frage, welche Länge oder Dauer die mediale Dramaturgie haben muss, damit sie dem, was zum Ausdruck kommen soll, gerecht werden kann. Möglicherweise lässt sie sich in wenigen Sekunden auf den Punkt bringen, vermittelt sich nur prozessual im langsamen Zerdehnen der Zeit, im nonlinearen Loop oder lässt sich am ehesten als eingefangene Zustände durch eine Reihe von Fotos – ähnlich einem Storyboard – übermitteln. Braucht es gar eine subjektive Kamera, einen bewegten Blick, weil die ästhetische Kartonerfahrung eine Raumerkundung ist? Wird durch die Geschwindigkeit eine bestimmte Aussage getroffen? Finden wiederholte Ereignisse statt und entwickelt sich daraus ein visueller oder akustischer Rhythmus? An die erste Reduktion der Mittel schließt sich nun auch die Frage an, ob es notwendig wird, die sinnlichen Ebenen zu verschränken. Braucht es die Gleichzeitigkeit von Bewegtbild und Ton, um eine Situation immersiv wiederzugeben? Möglicherweise verdichtet und fokussiert sich die Absicht durch stumm gehaltenes Bewegtbild, eine rein akustische Wiedergabe oder durch die Hinzunahme einer zusätzlichen Ebene wie Text, Stimme oder Sprache. Braucht es die situative Synchronität von Bild und Ton, oder könnten sich diese Ebenen eigenständig ergänzen und im Kon-

---

36   Vgl. auch: Kaesbohrer, Barbara: Ways of Watching. Eine kurze Geschichte der zeitbasierten Kunst. Oberhausen: Athena 2019.

trast eine neue Wirkung entfalten? Eine Auseinandersetzung mit diesen Fragen bewirkt, dass nur mediale Ebenen einbezogen werden, die für das zentrale Anliegen relevant sind. Die individuellen Vorgehensweisen lassen sich nun gut strukturieren mit den Fragen: Was transportiert das Bild, was der Ton und eben auch: was vermittelt die zeitliche Dramaturgie?

Im letzten Schritt öffnet sich der Prozess den verschiedenen Ausdrucksmöglichkeiten im Medialen mit ihren spezifischen Eigenheiten, sodass ein Eindruck vom möglichen Spektrum medienkünstlerischen Arbeitens vermittelt werden kann.

Welche passenden Formen können für eine ›Übersetzung‹ gefunden werden und inwiefern eröffnet das Medium selbst wiederum neue Ausdrucksformen, die nur hier möglich sind? Wenn wir den digitalen Apparat wie eine Art Prothese für vorausgegangene körperlich basierte Wahrnehmungsmomente verwenden, dann können wir auch ausschnitthaft die Arbeitsweise menschlicher Wahrnehmung kennenlernen. Wir können uns auch in Ausdrucksformen des Medialen und Digitalen üben, um subjektive Sicht- und Wahrnehmungsweisen für andere wahrnehmbar werden zu lassen und so nicht nur in Interaktion mit uns selbst, sondern auch mit Welt zu treten.

Ausblick in kunstpädagogische Zusammenhänge

Wie die Beobachtungen der sich im Workshop entwickelnden Ansätze erahnen lassen, bilden die Vorübungen auch für solche ästhetischen Kartonerfahrungen eine Basis, für die der Einbezug des Fotografier- oder Filmprozesses keine erweiternden Erkundungs- und Transformationschancen bietet. Vielmehr könnte dieser Einbezug hier eine Einschränkung der Möglichkeiten darstellen, dem ästhetischen Interesse am Karton nachzugehen. In diesen Fällen würden sich in der Weiterarbeit möglicherweise Herangehensweisen als geeignet erweisen, in denen der Karton Material und Ausdrucksmedium zugleich ist. Nicht zuletzt vor diesem Hintergrund plädieren wir für einen Kunstunterricht, in dem nicht gattungs- oder medienspezifisch gearbeitet wird. Einen Kunstunterricht also, in dem zwar – auch digital-techni-

Abb. 9: Gwenda Kirchner, Videoinstallation. Studentische Arbeit aus dem Seminar »Schalte Deine Sinne an – zeitbasierte Medienkunst«, Alanus Hochschule von Tessa Knapp Herbstsemester 2022

sche – Impulse gesetzt und zunächst oder punktuell gemeinsam weiterentwickelt werden, in dem aber nicht vorgegeben wird, in welchem Medium eine eigene gestalterische Weiterarbeit erfolgen soll. In Phasen eigenständigen Arbeitens wäre hier freigestellt, ob mit oder weitgehend ohne digitale Medien bzw. Technologien gearbeitet wird. Auf der Basis einer solchen Öffnung können Schüler*innen Souveränität in Bezug auf den Umgang mit Digitalität entwickeln. Auch wenn sie sich dafür entscheiden, ihre künstlerische Arbeit mit einem Karton in einem skulpturalen, installativen oder vielleicht auch malerischen oder grafischen Projekt weiterzuverfolgen, würde ihr Vorgehen Reflexionen der digitalen Möglichkeiten, für die sie sich nicht entschieden haben, beinhalten. Mit dieser Öffnung, die sich z. B. im Rahmen von Projektunterricht verwirklichen ließe, greift Kunstunterricht Entwicklungen zeitgenössischer Kunst auf, in der Einteilungen in Gattungen längst obsolet geworden sind, und damit auch eine Einteilung in digitale und andere Kunstformen keine Relevanz haben kann. Wenn sich das künstlerisch-gestalterische Fragen auf den Kern der Erfahrung richtet (welche Dimensionen, welche Ebenen sind wichtig?) führt dies zu vielfältigen Formen der Erkundung, in der eigene z. B. installative, skulpturale oder videografische Schwerpunkte gesetzt werden können, in denen sich diese aber auch auf vielfältige Weise verschränken können.

Literatur

Becker, Barbara: »Medienphilosophie der Nahsinne«, in: Dies.: Taktile Wahrnehmung. Phänomenologie der Nahsinne, München: Fink 2011, S. 131–147.

Fischer-Lichte, Erika: Ästhetik der Performance. Frankfurt a. M.: Suhrkamp 2004.

Flusser, Vilém: Kommunikologie, Hg. von Stefan Bollmann/Edith Flusser, Mannheim: Bollmann Verlag 1996.

Harrasser, Karin: »Der Tastsinn als Gemeinsinn. Überlegungen zu einer Medienästhetik des Taktilen«, in: Museum Tinguely (Hg.): Prière de toucher. Der Tastsinn der Kunst. Interdisziplinäres Symposium, Museum Tinguely, Basel, 12.02.–16.05.2016, Weitra: Bibliothek der Provinz, S. 27–34.

Hauska, Birgit/Waibel, Nina (Hgg.): Wir machen uns die Welt – ein kreativer Guide für Jugendliche. Oberhausen: Athena 2016.

Höfler, Carolin: »›Jeder Mensch ist tast- und raum-sicher‹. Über die haptische Erfahrbarkeit virtueller Umgebungen«, in: Anne Röhl u. a. (Hgg.), bauhaus-paradigmen. künste, design und pädagogik, Berlin/Boston: De Gruyter 2021, S. 285–301.

Kaesbohrer, Barbara: Ways of Watching. Eine kurze Geschichte der zeitbasierten Kunst. Oberhausen: Athena 2019.

Lauer, Gerhard: »Spiegelneuronen. Über den Grund des Wohlgefallens an der Nachahmung«, in: Karl Eibl/Katja Mellmann/Rüdiger Zymner (Hgg.): Im Rücken der Kulturen. Paderborn: mentis 2007, S. 137–163.

Seel, Martin: Martin Seel: Ethisch-ästhetische Studien, Frankfurt a. M.: Suhrkamp1996.

Seel, Martin: »Über die Reichweite ästhetischer Erfahrung. Fünf Thesen«, in: Gert Mattenklott (Hg.): Ästhetische Erfahrung im Zeichen der Entgrenzung der Künste. Epistemische, ästhetische und religiöse Formen von Erfahrung im Vergleich, Hamburg: Meiner 2004. S. 73–81.

Selle, Gert: Gebrauch der Sinne. Eine kunstpädagogische Praxis. Reinbek: Rowohlt 1993.

Selle, Gert: »›Elementarpraktische Übungen‹ in der Lehrerausbildung. Ein Thesenbeitrag«, in: Rainer Wick (Hg.): Ist die Bauhaus Pädagogik aktuell?, Köln: König 1985, S. 117–134.

Vischer, Robert: Über das optische Formgefühl. Ein Beitrag zur Ästhetik, Leipzig: Credner 1873.

Wetzel, Roland: »Prière de toucher. Der Tastsinn der Kunst«, in: Museum Tinguely (Hg.): Prière de toucher. Der Tastsinn der Kunst. Interdisziplinäres Symposium, Museum Tinguely, Basel, 12.02.–16.05.2016. Weitra: Bibliothek der Provinz, S. 7–18.

Zimmer, Dieter: »Ich bin, also denke ich – Eine kopernikanische Wende unserer Zeit: die evolutionäre Erkenntnislehre«, in: Die Zeit Nr. 24/1980, S. 35–36. https://www.zeit.de/1980/24/ich-bin-also-denke-ich/kompettansicht vom 17.03.2023.

Abbildungen

Abb. 3: Foto: Antonia Hermes
Abb. 1, 2 und 4–9: Fotos: Tessa Knapp

Autor*innen

NADIA BADER, Dr. phil., Juniorprofessorin für Kunst und ihre Didaktik an der Pädagogischen Hochschule Freiburg. Arbeitsschwerpunkte: Qualitativ-empirische Untersuchung von Lehr-Lern-Prozessen im Kunstunterricht vor praxistheoretischem Hintergrund; Erkenntnis-/Vermittlungspotentiale des Visuellen in Forschung und Bildung; kunstdidaktische sowie medienästhetische/-kritische Betrachtung von Tutorial-Videos.

MONIQUE BREUER, Lehrbeauftragte an der Universität Paderborn, Entwicklung von schüler*innenbezogenen Kunstprojekten im urbanen Raum. Arbeitsschwerpunkte: Performance und ihre Vermittlung; Konzeptentwicklung und Forschung im Bereich der Körper- und Raumwahrnehmung bei Kindern und Jugendlichen in außerschulischen und schulischen Kunstprojekten; Materialdiskurse in Performancepraxis und -theorie (Raum-, Körper- und Materialkonzepte in analogen sowie digitalen Vermittlungskontexten).

SARA BURKHARDT, Dr. phil., Professorin für Kunstpädagogik und Kunstdidaktik an der Burg Giebichenstein Kunsthochschule Halle (BURG). Leiterin der Materialsammlung der BURG gemeinsam mit Prof. Mareike Gast im Rahmen des Forschungsprojektes »BurgMaterial. sammeln – zeigen – vermitteln«. Arbeitsschwerpunkte: Kunstunterricht und Materialbildung; Lernen mit Sammlungen und Archiven; Vermittlung im Kontext von Digitalität; öffentlicher Raum als Handlungsfeld von Kunst, forschende Ansätze im Unterricht.

MICHAELA GÖTSCH, Dozentin für Fachdidaktik Design & Technik an der Professur für Didaktik in Kunst & Design und ihre Disziplinen an der Pädagogischen Hochschule Fachhochschule Nordwestschweiz. Arbeitsschwerpunkte: Ästhetische Bildung unter postdigitalen Bedingungen; Bildung für Nachhaltige Entwicklung in der Ästhetischen und Technischen Bildung; Potentiale interdisziplinären, transdisziplinären & interinstitutionellen Lernens; Designprozesse im schulischen Kontext.

JUTTA GÖTZE, wissenschaftliche Mitarbeiterin im Fach Kunst- und Musikpädagogik an der Universität Bielefeld. Arbeitsschwerpunkte: Kunstpädagogische Forschung; Künstlerische und ästhetische Bildung in der Grundschule; Kunstrezeption in analogen und digitalen Vermittlungsformaten.

ANNETTE HASSELBECK, wissenschaftliche Mitarbeiterin im Bereich Kunstpädagogik der Universität Siegen sowie im Leitungsteam des BMBF-Projektes Comeln, Lehrbeauftragte an der Kunstakademie Düsseldorf. Wissenschaftliche Arbeitsschwerpunkte: künstlerische Raum- und Ortserkundungen im Kontext von urbanem Lernen; Ökologie und Nachhaltigkeit als kunstpädagogisches Aktionsfeld; partizipative und inklusive kunstpädagogische Praxisreflexion; künstlerische Buchpraxen in Kunst und künstlerischer Lehre. Künstlerischer Arbeitsschwerpunkt: Malerei.

SUSANNE HENNING, Dr. phil., Wissenschaftliche Mitarbeiterin im Bereich Didaktik der bildenden Künste an der Kunstakademie Düsseldorf. Arbeitsschwerpunkte: Impulse künstlerischer Bildungsprozesse im Umgang mit gesamtgesellschaftlichen Herausforderungen der Gegenwart (Nachhaltige Entwicklung, Digitalität, Inklusion); Architektonische und skulpturale Bildungsprozesse in Lehr- und Lernkontexten.

SARA HORNÄK, Dr. phil., Professorin für Didaktik der Bildenden Künste an der Kunstakademie Düsseldorf. Arbeitsschwerpunkte: Theorien künstlerischer Praxen; Erweiterte Skulpturbegriffe und künstlerische Lehr- und Lernprozesse; Materialdiskurse; Künstlerische Bildungsprozesse in öffentlichen Räumen, Künstlerische und Kunstpädagogische Forschung; Kunstdidaktische Theoriebildung; Kunst, Kunstunterricht und Inklusion; Entwicklung des plastischen und räumlichen Gestaltens bei Kindern und Jugendlichen.

MARIA JÖRGENS, künstlerisch-wissenschaftliche Mitarbeiterin im Bereich Didaktik der Bildenden Künste an der Kunstakademie Düsseldorf. Arbeitsschwerpunkte: Erfahrungen in Entstehungsprozessen gegenwärtiger Künste; Materialität in Lehr- und Lernprozessen; Konzeption generationenübergreifender Lehrangebote in der Kulturellen Bildung, materielle und immaterielle Bedingungen schöpferischen Handelns.

TESSA KNAPP, Professorin für raum- und zeitbasierte Kunst mit dem Schwerpunkt Installation, Medien und Performance an der Alanus Hochschule für Kunst und Gesellschaft in Alfter. Freischaffende Künstlerin und Studium der Medienkunst in Köln. Arbeitsschwerpunkte: Immaterielle und materielle, medienübergreifende Verschränkungen in künstlerischen Prozessen; Bildungspotentiale digitaler und zeitbasierter Kunstformen; interdisziplinäre Forschung der Künste; Austausch der Künste mit Wissenschaft und Bildung; Wahrnehmung als Basis für Interaktion und Weltgestaltung.

ANKE LOHRER ist Künstlerin, lebt und arbeitet in Düsseldorf. Sie studierte an der Kunstakademie Düsseldorf (Fritz Schwegler, Jannis Kounellis) an der École nationale Paris, der École supérieure d´art de Grenoble und der Folkwang Universität der Künste. Sie stellt Ihre eigenen künstlerischen Arbeiten im Bereich Malerei, Grafik und Künstlerbuch seit vielen Jahren im In- und Ausland aus und wird von der Galerie Clara Maria Sels vertreten. Seit 2007 hat sie Lehraufträge/ Dozenturen an verschiedenen Kunsthochschulen und arbeitet als Kunstpädagogin. Sie ist Gründungsmitglied des neuen Düsseldorfer Wim-Wenders-Gymnasiums und erforscht in engem Praxisbezug die besonderen Qualitäten des künstlerischen Forschens bezogen auf das Lernen.

CHRISTINE MOLDRICKX ist bildende Künstlerin. Sie studierte an der Kunstakademie Düsseldorf und der Städelschule in Frankfurt am Main. Von 2015 und 2016 war sie Stipendiatin der Rijksakademie van beeldende kunsten in Amsterdam und von

2019 bis 2021 hatte sie einen Lehrauftrag für Bildhauerei im Orientierungsbereich der Kunstakademie Düsseldorf.

STEFANIE OELKE unterrichtet das Fach Kunst an einem Gymnasium in Köln und am Zentrum für schulpraktische Lehrerausbildung Köln. Ausstellungen u. a. im Field Institute Hombroich und Vorgebirgsparkskulptur Köln.

HEIKE THIENENKAMP, Dr. phil., wissenschaftliche Mitarbeiterin im Fach Kunst- und Musikpädagogik an der Universität Bielefeld. Arbeitsschwerpunkte: Prozesse künstlerischer und ästhetischer Bildung; kunstpädagogische und Künstlerische Forschung; Beziehungen zwischen Kunst und Naturwissenschaft.

MARTIN SCHEPERS, Professur für Kunstpraxis mit dem Schwerpunkt Malerei und Grafik an der JLU in Gießen. Arbeitsschwerpunkte: Künstlerische Arbeit im Bereich Kontextueller Malerei und Zeichnung sowie Rauminstallation; Künstlerische Recherche und ortsbezogene Projekte sowie interdisziplinäre Verbindungen zu künstlerischen Methoden.

LARS ZUMBANSEN, Dr. phil., didaktischer Leiter und kommissarisch stellvertretender Schulleiter am Gymnasium Harsewinkel. Arbeitsschwerpunkte: Ästhetik jugendkultureller Bildwelten; Strategien der Wissensvisualisierung sowie Didaktik historischer Bildpragmatik; Entwicklung, Erprobung und Erforschung zeitgemäßer Lern- und Prüfungsformate im Kontext der Digitalität.